改訂 Q&A
学校部活動・体育・スポーツの法律相談

事故予防、施設管理、部活動・スポーツイベントの運営、
注意義務、監督者責任、部活指導員、地域移行

弁護士 白井 久明・弁護士 片岡 理恵子・弁護士 高松 政裕・弁護士 宮田 義晃 著

日本加除出版株式会社

は じ め に

　本書は，2017（平成29）年に刊行した『Q＆A　学校部活動・体育活動の法律相談』の改訂版です。

　2017年の第1版の刊行当時には，部活動の地域移行の実現可能性について懐疑的であった関係者が多かったというのが実情でした。

　少子化による部活動に参加する生徒の減少，部活動に携わる学校の教師の負担増などの諸々の要因により，賛否を超えて「部活動の地域移行」の流れは否応なく進み，以下の通り，進行しています。

　なお，最近では，「地域移行」に代わるものとして，「地域連携」という用語も使われていますが，本書では，「地域移行」と記載しています。

2017（平成29）年3月31日　小学校・中学校新学習指導要領の改訂
2018（平成30）年3月30日　高等学校新学習指導要領の改訂
2018（平成30）年3月　「運動部活動の在り方に関する総合的なガイドライン」の改訂
2020（令和2）年9月　「学校の働き方改革を踏まえた部活動改革概要」の公表
2022（令和4）年6月　運動部活動の地域移行に関する検討会議提言の概要
2022（令和4）年12月　「学校部活動及び新たな地域クラブ活動の在り方等に関する総合的なガイドライン」の公表

　「部活動の地域移行」は，地域の実情に応じて，その取り組み方，進展の度合いも様々です。

　課題も山積しています。

　指導者の確保と財政的な裏付けが最大の課題です。

　部活動の顧問を担っていた教師は，大学で教職課程をとり，教員採用試

はじめに

験に合格してきた人たちです。部活動の地域移行により，民間の指導者が部活動の指導者となります。

勝利至上主義による暴力的な指導が行われることはないかなど，検証していく必要があります。

部活動に関係する方々が，本書を手がかりに，新たな部活動のあり方を考え，意見を述べあう場にしていただければ幸いです。

* 第1版においては，年号・西暦の順に表記していましたが，本書においては，西暦・年号順の表記に変更しています。
* 「こども」の表記について
「子供」や「子ども」など様々な表記がある中で，2022年9月15日に「こども家庭庁」は，「「こども」表記の推奨について（依頼）」という事務連絡をしています。2023年4月に施行された「こども基本法」の基本理念を踏まえて，「こども」という平仮名の表記を使用することにしました。

2025年2月

執筆者を代表して

白井　久明

初版 はじめに

　日本のスポーツにおいて，学校の運動部活動が果たしてきた役割は大きい。野球，サッカーをはじめ，多くのスポーツが明治年代，学校スポーツを通して普及していった。

　日本全国の小中高校には，グラウンド，体育館，プールなどのスポーツ施設があり，生徒は日常的にスポーツに親しみ，多くのスポーツ選手を育ててきた。

　現在，中学生の6割，高校生の4割が，学校運動部に所属しており，全国大会等の出場を目標として，日々，練習に励んでいる。

　昭和39（1964）年に開催された東京オリンピックを契機に，競技力の向上を大義として，対外試合の規制が緩和され，全国大会等の競技会が盛んになった。

　2020年東京オリンピック・パラリンピックに向けて，ジュニア世代のアスリートの強化，メダル獲得が至上命題となり，若い選手たちが，期待の星として，メディアに取り上げられている。

　反面，古くから指摘されているにもかかわらず，対外試合の過熱は，勝利至上主義となり，長時間の練習，体罰の横行などの弊害は未だ改善されていない。

　最近では，部活動の問題は，「ブラック部活」と一括りにされることが多い。

　部活動に携わる教師の長時間労働による健康被害，経験のないスポーツの部活指導者の就任の強制，無償もしくは低賃金の残業・休日労働等，部活動を指導する教師の問題が端緒であった。

　現在は，生徒の問題，生徒や教師の家族の問題，外部指導者の問題などと，多角的・多面的な議論に広がりつつある。

　少子化により，学校の中で，現在の部活動を維持することが困難な状況になっている。合同チームや外部指導者の試みはその解決策の一つである

初版　はじめに

が，いずれ，地域がスポーツを担い，おとなもこどももスポーツに親しむ環境をつくっていくことが課題となるのではないだろうか。

　学校の運動部活動は教育の一貫である。教育としての部活動はどうあるべきかがもっと問われる必要がある。

　学習指導要領は，学校における保健体育の教育は，「健康で安全な生活と豊かなスポーツライフの実現を目指す」としているが，部活動は，この教育目的に適うものになっているか，もう一度見直すことが大事である。

　本書「Ｑ＆Ａ学校部活動・体育活動の法律相談」は，学校の部活動・体育活動に関わる法律問題を，Ｑ＆Ａ，解説という形式で著している。

　筆者は，京橋法律事務所に所属する４人の弁護士である。スポーツとの関わりも様々であり，弁護士によって，考えていることは異なる。

　大枠の方向性は一致しているが，個々の記述には，各筆者の考えが反映されている。

　問題には，一つの答えがあるわけではない。問題の背景には，様々な問題があり，答えも多様である。本書を契機として，様々な議論をして，考えてもらいたい。

　部活動の合間に，指導者と生徒，さらには，保護者たちが，本書のＱを材料に，考え，意見を述べ合う場ができれば，いいなと考えている。

2017年12月

執筆者を代表して

白井　久明

凡　例

1　本書中，法令名等の表記については，原則として省略を避けたが，括弧内においては以下の略号を用いた。

【法令等】

民	民法	学教	学校教育法
刑	刑法	学教規	学校教育法施行規則
国賠	国家賠償法	学保	学校保健安全法
DBS法	学校設置者等及び民間教育保育等事業者による児童対象性暴力等の防止等のための措置に関する法律（日本版DBS法）		

【裁判例等】

- 最一小判昭51・7・8判時827号52頁
  → 最高裁判所第一小法廷昭和51年7月8日判決判例時報827号52頁
- 静岡地沼津支判平7・4・19判タ893号238頁
  → 静岡地方裁判所沼津支部平成7年4月19日判決判例タイムズ893号238頁

- 平16・7・1医政0701001号厚生労働省医政局長通知
  → 平成16年7月1日医政発第0701001号厚生労働省医政局長通知

凡　例

2　出典の表記につき，以下の略号を用いた。

民集	最高裁判所民事判例集
民録	大審院民事判決録
刑集	最高裁判所刑事判例集
判タ	判例タイムズ
判自	判例地方自治
判時	判例時報
ウエストロー	ウエストロー・ジャパン
LLI／DB判秘	LLI／DB判例秘書INTERNET
LEX／DB	LEX／DBインターネット（TKCローライブラリー）

3　括弧書きにつき，裁判例の後ろに以下の属性等を明記した。

（公立又は私立，中学又は高校，賠償金）

（注）賠償金の額は便宜上1000万円以上の場合，原則として100万円以下切捨てとした。

目　次

第1編　学校運動部の意義と法律問題

第1章　部活動を取り巻く問題 ―― 1
第1節　部活動とは
　Q1　運動部の活動について，文部科学省はどのように考えているか。　*1*

第2節　学習指導要領と部活
　Q2　2017（平成29）年の学習指導要領の改訂により，部活動に影響が生じるか。　*9*

第2章　女子ジュニア・アスリートの健康 ―― 16
Q3　高校2年生の娘は，陸上部に所属して，高校駅伝の全国大会を目指し，毎日，練習に励んでいる。最近，数か月，月経が無い。また，指導者から鉄分不足を指摘され，医師から鉄分の注射等をしてもらっている。娘の健康が心配だ。　*16*

コラム　月経困難症と低容量ピル（OC・LEP）　*21*

第3章　教師の不法行為責任 ―― 22
Q4　部活の顧問でも，私立学校の教師は損害賠償責任を負うが，公立学校の教師は損害賠償責任を負わないと聞いた。指導していることに変わりがないのに，なぜ違うのか。　*22*

第4章　運動部と対外試合 ―― 28
Q5　私の子どもは，高校の野球部に所属している。全国大会に出場する強豪チームということもあって，試合数も，公式戦以外に，練習試合も含めると，年間80日以上の試合をしていると思う。平日の帰宅時間は，午後10時過ぎで，日曜・祭日も部活動があり，家族で一緒に食事をすることもできないし，自宅で，勉強をする時間もなく，心配だ。　*28*

目 次

第5章 運動部と地域スポーツクラブ ―― 34

Q6 現在，部活動の在り方が様々な観点から見直されているが，総合型地域スポーツクラブと協力・連携ということが提唱されている。総合型地域スポーツクラブとはどういうもので，どのような協力・連携があるか。 *34*

コラム 「生徒の自主的，自発的な」部活動 *39*

第2編 学校運動部と事故

第1章 事故と責任 ―― 41

第1節 総 論

Q7 事故が起きたときに，責任が問題とされることがあるが，責任とはどういうものか。 *41*

第2節 指導者の指導内容が不適切なケース

Q8 高校運動部の顧問教諭は，事故予防の観点からどういった点に留意して指導を行うべきか。 *48*

第3節 施設管理が不適切なケース

Q9 学校は部活動にかかる施設管理の欠陥が原因となって発生した事故についてどのような責任を負うか。 *53*

コラム 体育館の床はがれ事故 *56*

第4節 自然災害によるケース

Q10 当校には山岳部やボート部があるが，過去，自然災害による事故にはどのような事例があるか。自然災害による事故が起きた場合，学校や顧問教諭は責任を問われるか。 *58*

第5節 運動会での事故

Q11 運動会において事故が発生した場合，学校側が責任を負う可能性があるのはどのような場合か。 *63*

第2章　事故予防と安全対策—————————————69

第1節　総　論
Q12 運動部活動における事故を防ぐには，どのような予防策，安全対策をすればよいか。　*69*

第2節　事故に対する準備と事故が起きたときの対応
Q13 部活の指導者として，事故を起こさないための準備，万一，事故が起きたときの対応について，具体的なマニュアルはあるか。　*73*

第3節　熱中症
Q14 熱中症による事故を予防するには，どのような安全対策をしておくべきか。　*85*

第4節　脳振盪
Q15 脳振盪による事故を予防するにはどうしたらよいか。　*91*

第5節　自然災害
Q16 自然の中でスポーツを行うに当たり，自然災害に関する事故を予防するには，どのような安全対策をしておくべきか。　*96*

第6節　心室細動・心臓震盪
Q17 当校ではＡＥＤを設置しているが，顧問教諭としてどのような点に留意したらよいか。部活動中に意識不明となり倒れた生徒がいた場合，ＡＥＤを使用しなかったことで責任を問われることがあるか。　*100*

第7節　プールでの飛び込み
Q18 プールでの飛び込み事故を予防するにはどのような点に留意すべきか。　*106*

　図　表　水深とスタート台の高さの目安　*107*

第8節　野球部の練習
Q19 野球部の練習においては事故を防ぐためにどのような点に留意する必要があるか。　*111*

　コラム　飛ぶバット・飛ぶボール　*116*

目次

第9節　施設管理（屋外）
　Q20　サッカーゴールの転倒事故を予防するためには，どのような安全対策をとればよいか。　*117*

第10節　施設管理（体育館）
　Q21　体育館での事故を予防するためにはどのような安全対策をすべきか。　*121*

第11節　運動会での事故予防
　Q22　運動会における事故を防ぐにはどのような対策をすれば良いか。　*124*

第3章　事故と保険 —————————————— *129*

　Q23　部活動中に発生した事故でケガをした場合，治療費等を補償してくれる保険制度としてどのような仕組みがあるか。　*129*

第3編　学校運動部の運営と部員の権利

第1章　体罰・暴力的指導 —————————————— *135*

　Q24　息子が所属しているサッカー部の顧問は，試合中，選手に，「馬鹿野郎，何をやっているんだ」「能なし」などと，聞くに堪えない罵詈雑言を浴びせ続けている。相手チームの先生たちも，大会関係者も注意しない。
　　　　大事な試合に負けた後，キャプテンに指示し，「おまえの責任だ」といって，バリカンで頭を丸刈りにしてしまった。　*135*

　コラム　適切な指導とは　*142*

第2章　セクハラ・パワハラ —————————————— *145*

　Q25　陸上部員である娘は，顧問から，将来性があるとして熱心な指導を受けているが，練習後，部室の中で，マッサージをしてもらっている。娘は，マッサージを受けることを嫌がっている。どうしたらよいか。　*145*

　コラム　同性に対するセクハラ　*149*

目　次

第3章　日本版DBS制度 ——————————— 151

Q26　日本版DBS法が成立したとのこと。日本版DBS法とはいかなる内容の法律なのか。また，当学校法人では，日本版DBS法の成立を受けて，今後，どのように対応していけば良いだろうか。　151

コラム　盗撮防止に関する近年の動向　154

第4章　差　別 ——————————————— 157

Q27　息子は，運動が好きで，バスケットボール部に入っているが，息子の言動をめぐって，「女みたい」とからかわれ，学校に行かなくなった。どうしたらよいか。　157

第5章　特待生問題・奨学金 ————————— 161

Q28　現在，通っている高校には，スポーツ特待生がいる。入学金や，学費を免除されている。ケガをしたために，スポーツを継続することができなくなり，退部した。部活を辞めた場合には，退学しなければならないか。顧問からは，免除されていた2年分の学費を返還するようにいわれている。　161

第6章　転校・移籍 ————————————— 165

Q29　私は，高校2年生でバスケットボール部に所属している。最近，顧問の先生や先輩とうまくいかないので，別の強豪校に転校し，そのバスケットボール部に入ろうと考えているが，部活を移籍することも可能か。また，部活の移籍後に，インターハイやウィンターカップといった大会に参加することは可能か。　165

第7章　部活動の時間・休養日 ———————— 170

Q30　部活動の運営において，どの程度の休養日を確保することが必要か。　170

目　次

第8章　ドーピング ─────────────── 174

Q31　ドーピング違反となる行為として，どのような類型があるか。
　　また，例えば，出場した競技会で行われたドーピング検査で陽性になったものの，その禁止薬物は，競技会前に服用した市販のサプリメントの成分であった，というケースのように，本人に全くドーピングを行う主観的認識がない場合にもドーピング違反になるのか。制裁措置が軽減される可能性はないのか。　174

コラム　ジュニア選手の年齢制限　182

第9章　部活動におけるコンプライアンス指導 ─────── 184

Q32　中学・高校運動部の顧問教諭は，部活動における不祥事防止の観点から，生徒にどういったコンプライアンス指導を行うべきか。　184

コラム　大学体育会コンプライアンスに関する考察　188

第10章　部活動内のガバナンス ─────────── 192

Q33　部活動の運営においてグッド・ガバナンスを実現するためにはどのような点を意識して組織運営を行うべきか。　192

第11章　部活動と選手選考 ─────────── 200

Q34　部活動が参加する大会において，試合に出場する選手を選考する場合にはどういう点に気をつけるべきか。　200

第12章　オーバーユースを防ぐために ─────── 204

Q35　「野球肘」のような成長期に発生しやすいスポーツ障害を防ぐためにはどのような方策が必要か。　204

第13章　部員の不祥事 ─────────────── 211

Q36　部活動に所属する生徒が不祥事を起こした場合，部としてはどのように対応すべきか。またどのような点に注意すべきか。　211

目　次

第14章　大会・試合の引率 ―――― 217

Q37　大会や対外試合参加のために選手や応援の生徒の引率をする際，教職員はどのような点に気をつけるべきか。　*217*

第15章　部活動の運営と校長の役割・責任 ―――― 220

Q38　部活動の運営に関する校長の役割とはどのようなものか。部活動中に発生した事故において，顧問教諭だけではなく，校長が法的責任を問われるケースもあるか。　*220*

コラム　部活動指導者と指導者資格　*225*

第4編　部活動と保護者・家庭

第1章　児童虐待 ―――― 229

Q39　部員の体にあざがあり，どうも家庭での虐待が疑われるが，どう対応すべきか。また，部員から家庭での虐待に関する相談を受けた場合，どう対応したらよいか。　*229*

第2章　保護者への対応 ―――― 234

Q40　部活動について生徒の保護者から「顧問の先生の教え方はおかしいので前の顧問に戻してほしい。他の子も皆そう言っている。」といったものをはじめ，多くの要望や抗議が来ている。どのように対応すべきか。　*234*

第3章　金銭管理 ―――― 238

Q41　部活動顧問として，必要な経費を生徒・保護者から徴収する場合，どのような点に注意すればよいか。　*238*

コラム　部活動とお金　*241*

目　次

第5編　部活動と指導者

第1章　顧問教師の時間外勤務 ——————————————— 243

Q42　公立中学の国語の教師をしている。校長から，サッカー部の顧問を命ぜられ，指導に当たっている。前任の顧問は，熱心な指導者で，定期試験の時期に休養日がある程度で，平日の練習は3時間，土曜・日曜は，毎週のように，練習試合を組んでおり，県大会でもベスト4になるなど，強豪チームとなっている。
　　私は，生徒や保護者の要望もあり，前任者の指導方針を踏襲し，月80時間以上，部活の指導に携わっているが，このような状態を10か月以上，続けていると，精神的にも，身体的にも疲労が蓄積し，本来の授業の準備も十分にできない状態だ。どうしたらいいか。　243

第2章　外部指導者 ——————————————————— 252

Q43　部活動に教員ではなく，外部指導者を起用する制度が検討されているそうだが，問題はないか。　252

コラム　部活動指導員・外部指導員・地域民間クラブ　256

第6編　生徒間の法律問題

第1章　けんか ——————————————————————— 259

Q44　テニス部の部活中に「わざと自分に有利なミスジャッジをしている」と部員同士が口論になった。その場では顧問教諭の私が注意して治まったが，部活後の更衣室で怒りが治まらない部員が先ほどの口論の相手方を殴って怪我させてしまった。顧問である私は，部活中はコート上で監視監督していたが，更衣室にはいなかった。被害部員が顧問教諭と学校を訴えるというが，私は損害賠償責任を負うか。　259

第2章　いじめ・パワハラ ──── 263

Q45　いじめとはどういった態様でなされるものを言うのか。自分が顧問教諭を務める部活動において，他の部員たちからいじられたり，からかわれている生徒がいるが，これはいじめだろうか。顧問教諭としてどう対応したら良いか。　*263*

第3章　生徒間の事故 ──── 273

Q46　生徒間で事故が生じた場合，誰がどのような責任を負うか。また，生徒間で事故が生じた判例にはどのようなものがあるか。　*273*

付　録

資　料

資料1　熱中症予防のための運動指針　*281*

資料2　スポーツ活動中の熱中症予防ガイドブック　*282*

資料3　JFA 熱中症対策ガイドライン　*283*

資料4　サッカーにおける脳振盪に対する指針［メディカル関係者向け情報］　*292*

資料5　サッカー活動中における落雷事故防止対策について（抄）　*295*

資料6　ゴール等の転倒による事故防止対策について　*299*

資料7　合宿の案内通知（例）　*300*

資料8　部費徴収通知（例）　*301*

資料9　現金出納簿（例）　*302*

資料10　会計報告（例）　*303*

目　次

▍索　引

　事項索引　*305*

　条文索引　*310*

　判例索引　*312*

　通達等索引　*314*

　資料等一覧　*315*

▍**著者略歴**　*317*

第1編
学校運動部の意義と法律問題

第1章　部活動を取り巻く問題

第1節　部活動とは

Q1　運動部の活動について，文部科学省はどのように考えているか。

A　文部科学省は，2013（平成25）年，「運動部活動での指導のガイドライン」を公表，2018（平成30）年，「運動部活動の在り方に関する総合的なガイドライン」を公表した。

　さらに，2022（令和4）年12月，運動部活動及び文化部活動を統合した「学校部活動及び新たな地域クラブ活動の在り方等に関する総合的なガイドライン」を策定した。

[解　説]

第1　「運動部活動での指導のガイドライン」

1　2012（平成24）年，大阪市立桜宮高校バスケットボール部の顧問の男性教諭による体罰を苦にして，部員が自殺する事件が起き，運動部活動における体罰が問題となった。

　同バスケットボール部の活動は無期限の停止とされ，男性教諭は懲戒免職処分となり，暴行・傷害罪により，懲役1年，執行猶予3年の有罪

判決を受けた（大阪地判平25・9・26・LLI／DB判秘（事件番号：平成25年（わ）第3059号））。

　上記事件の被害者の両親が大阪市に対し，損害賠償請求をした事件について，東京地裁は顧問の体罰と自殺の因果関係を認め，約7,500万円の賠償を命じる判決を出している（東京地判平28・2・24判タ1432号204頁）。

2　文部科学省・スポーツ庁は，2013（平成25）年5月，「運動部活動での指導のガイドライン」を公表した。同ガイドラインは，各学校の運動部活動において適切かつ効果的な指導が展開され，各活動が充実したものとなるよう，指導において望まれる基本的な考え方，留意点を以下のように述べている。

【基本的な考え方，留意点（下線は筆者加筆）】

① 　部活動は，「生徒の自主的，自発的な参加により行われる」ものであり，「スポーツや文化及び科学等に親しませ，学習意欲の向上や責任感，連帯感の涵養等に資するものであり，学校教育の一環として，教育課程と関連」して，行われる。

② 　部活動は，主として保健体育科の目標である「心と体を一体としてとらえ，健康・安全や運動についての理解と運動の合理的，計画的な実践を通して，生涯にわたって豊かなスポーツライフを継続する資質や能力を育てるとともに，健康の保持増進のための実践力の育成と体力の向上を図り，明るく豊かで活力ある生活を営む態度を育てる」ことを踏まえて行う。

　すなわち，部活動は，スポーツの技能等の向上のみならず，生徒の生きる力の育成，豊かな学校生活の実現に意義を有するとしているのである。

　さらに，

③ 　「大会等で勝つことのみを重視し過重な練習を強いることなどがないようにすること，健全な心と身体を培い，豊かな人間性を育むためのバランスのとれた運営と指導が求められ」るとし，

④ 　「校長のリーダーシップのもと，教員の負担軽減の観点にも配慮しつつ，学校組織全体で運動部活動の運営や指導の目標，方針を検討，

作成するとともに，日常の運営，指導において，必要な場合には校長が適切な指示をしたり，顧問の教員等の間で意見交換，指導の内容や方法の研究，情報共有を図」り，「体罰等が許されないことの意識の徹底を図る」
としている。

第2 「部活問題対策プロジェクト」(http://bukatsumondai.g2.xrea.com/)

　2015（平成27）年，部活動指導の負担に疑問をもつ教師たちが，部活の顧問を拒否したり，部活の負担を減らしたりすることを提起するウェブサイト「部活問題対策プロジェクト」を立ち上げた。

　同プロジェクトは，「部活動問題」とは「部活動によって引き起こされる，様々な負の側面のこと」で，部活動が「教師，生徒，保護者，教師の家族などに様々な不幸をもたらしている」として，以下のような問題提起をしている。

1　教師にとっての部活問題
- ○　無償の長時間労働の強制であり，健康被害，精神疾患，過労死をもたらす。
- ○　私生活・家族生活をすごす時間が奪われ，家庭崩壊や（部活）離婚をもたらす。
- ○　教師本来の仕事である授業準備の時間が不足する。
- ○　心に余裕をもって，生徒と関わることができない。

2　生徒にとっての部活問題
- ○　自主的に行うとされる部活動に入部を強制されるのは人権侵害である。
- ○　体罰，理不尽な指導により，身体的・精神的な被害を受ける。
- ○　連日の長時間練習により，家庭学習をすることができない，慢性的

な疲れ，疲労骨折などの障害が生じる。
- ○　スポーツ科学を無視した指導により，健康被害が生じる。
- ○　部活動等に多忙な教師は，質の低い授業を行い，生徒への目配りも不足している。
- ○　顧問の異動により，指導力・意欲のない顧問となった場合，納得のいく部活動ができない。

3　保護者にとっての部活問題
- ○　強制入部，休養日のない（少ない）部活動により，家族がこどもと一緒に過ごす時間が奪われている。
- ○　送迎，合宿，運営など，部活動への献身的な支援・協力が強制される。
- ○　こどもが部活動に熱中し，部活動以外のことが疎かとなり，人間としての成長に欠けることが心配である。
- ○　こどもが体罰・イジメなどを受けている，受けないか心配である。
- ○　顧問の異動により，指導力・意欲のない顧問となった場合，納得のいく指導を受けることができない。

4　教師の家族の部活問題
- ○　平日も土日も，親である教師が部活で家庭にいない。こどもは孤児状態，配偶者はシングル状態となっている（部活孤児，部活シングルマザー・ファザー）。
- ○　深刻化すると「部活離婚」，「過労死」により，本当のシングルマザー・ファザーになってしまう。

5　外部指導者の部活問題
- ○　学校や顧問教員は，外部指導員を下の存在，駒として扱い，人として，誠意ある対応をしない。
- ○　報酬も少なく，身分も不安定である。

○ ともすれば，練習過多・安全への配慮欠如などに陥り，生徒に被害が及ぶ場合がある。
○ 暴力的指導や体罰などが繰り返されても，無償（又は安価）ゆえに保護者が改善を求めることができない。
○ 顧問教師の部活の運営・指導に問題があっても，指摘できない。

第3 「学校部活動及び新たな地域クラブ活動の在り方等に関する総合的なガイドライン」

　文部科学省・スポーツ庁・文化庁は，2022（令和4）年12月，2018（平成30）年に策定した「運動部活動の在り方に関する総合的なガイドライン」及び「文化部活動の在り方に関する総合的なガイドライン」を統合した上で全面的に「学校部活動及び新たな地域クラブ活動の在り方等に関する総合的なガイドライン」として改定した。

　同ガイドラインは，2022年夏に取りまとめられた部活動の地域移行に関する検討会議の提言を踏まえ，学校部活動の適正な運営や効率的・効果的な活動の在り方とともに，新たな地域クラブ活動を整備するとして，従来，学校が担ってきた部活動を地域に移行する国の考え方を示し，部活動の地域移行を促進するとしている。

　そして，地域のこどもたちは，学校を含めた地域で育てるという意識の下で，生徒の望ましい成長を保障できるよう，地域の持続可能で多様な環境の一体的な整備により，地域の実情に応じスポーツ・文化芸術活動の最適化を図り，体験格差を解消することを目指すとしている。

　同ガイドラインの概要は，以下の「Ⅰ　学校部活動」，「Ⅱ　新たな地域クラブ活動」，「Ⅲ　学校部活動の地域連携や地域クラブ活動への移行に向けた環境整備」，「Ⅳ　大会等の在り方の見直し」からなっている。

　そして，Ⅰは中学生を主な対象とし，高校生も原則適用するとしており，Ⅱ～Ⅳは公立中学校の生徒を主な対象とし，高校や私学は実情に応じて取り組むことが望ましいとしている。

　なお，2013（平成25）年に文部科学省が作成した「運動部活動での指導

のガイドライン」(前掲)については，引き続き運動部活動や地域スポーツクラブ活動の適切な指導の実施のため参照するとしている。

> Ⅰ 学校部活動
> 　教育課程外の活動である学校部活動について，実施する場合の適正な運営等の在り方は，従来のガイドラインの内容を踏まえるとしている。
> （主な内容）
> ・教師の部活動への関与について，法令等に基づき業務改善や勤務管理・部活動指導員や外部指導者を確保
> ・心身の健康管理・事故防止の徹底，体罰・ハラスメントの根絶の徹底
> ・週当たり2日以上の休養日の設定（平日1日，週末1日）
> ・部活動に強制的に加入させることがないようにする
> ・地方公共団体等は，スポーツ・文化芸術団体との連携や保護者等の協力の下，学校と地域が協働・融合した形での環境整備を進める
>
> Ⅱ 新たな地域クラブ活動
> 　学校部活動の維持が困難となる前に，学校と地域との連携・協働により生徒の活動の場として整備すべき新たな地域クラブ活動の在り方を示している。
> （主な内容）
> ・地域クラブ活動の運営団体・実施主体の整備充実
> ・地域スポーツ・文化振興担当部署や学校担当部署，関係団体，学校等の関係者を集めた協議会などの体制の整備
> ・指導者資格等による質の高い指導者の確保と，都道府県等による人材バンクの整備，意欲ある教師等の円滑な兼職兼業
> ・競技志向の活動だけでなく，複数の運動種目・文化芸術分野など，生徒の志向等に適したプログラムの確保
> ・休日のみ活動をする場合も，原則として1日の休養日の設定
> ・公共施設を地域クラブ活動で使用する際の負担軽減・円滑な利用促進

・困窮家庭への支援

Ⅲ　学校部活動の地域連携や地域クラブ活動への移行に向けた環境整備

　新たなスポーツ・文化芸術環境の整備に当たり，多くの関係者が連携・協働して段階的・計画的に取り組むため，その進め方等について示している。

（主な内容）
・まずは休日における地域の環境の整備を着実に推進
・平日の環境整備はできるところから取り組み，休日の取組の進捗状況等を検証し，更なる改革を推進
・①市区町村が運営団体となる体制や，②地域の多様な運営団体が取り組む体制など，段階的な体制の整備を進める
　※　地域クラブ活動が困難な場合，合同部活動の導入や，部活動指導員等により機会を確保する。
・令和5年度から令和7年度までの3年間を改革推進期間として地域連携・地域移行に取り組みつつ，地域の実情に応じて可能な限り早期の実現を目指す
・都道府県及び市区町村は，方針・取組内容・スケジュール等を周知する

Ⅳ　大会等の在り方の見直し

（主な内容）
・大会参加資格を，地域クラブ活動の会員等も参加できるよう見直し
　※　日本中体連は令和5年度から大会への参加を承認，着実に実施するとしている。
・できるだけ教師が引率しない体制の整備，運営に係る適正な人員の確保
・全国大会の在り方の見直し（開催回数の精選，複数の活動を経験したい生徒等のニーズに対応した機会を設ける等）
・学校部活動の参加者だけでなく，地域クラブ活動の参加者のニーズ等に応じた大会等の運営の在り方を示す

第4　今後の部活動のありかた

　「対外試合の隆盛」による「運動部活動の過熱化」の弊害は，日本の学生スポーツの問題として，1900年代の初期から指摘され，様々な議論・方策が試みられてきたが，進展がみられなかった。

　文部科学省・スポーツ庁の上記「運動部活動での指導のガイドライン」(2013（平成25）年5月)，「運動部活動の在り方に関する総合的なガイドライン」(2018（平成30）年3月) も十分に浸透したとはいえない状況であった。

　しかし，少子化の進行が加速し，運動部活動を担ってきた教師の加重負担等の解消の問題等，「部活動の地域移行」の流れが否応なく現実化し，2022（令和4）年12月，運動部のみではなく，文化部の活動も地域移行することになった。

　地域の実情により進行状況は異なるが，現在，全国各地で，「部活動の地域移行」に関し，様々な試みが行われている。

　「部活動の地域移行」について様々な議論がなされてきたが，議論する段階から，関係者が議論を踏まえて，地道にどのように実践していくことができるかという段階となっている。

【参考資料】

①　スポーツ庁・文部科学省ウェブサイト——文部科学省「運動部活動での指導のガイドライン」(2013（平成25）年5月，https://www.mext.go.jp/sports/b_menu/sports/mcatetop04/list/detail/__icsFiles/afieldfile/2018/06/12/1372445_1.pdf)

②　スポーツ庁ウェブサイト「運動部活動の在り方に関する総合的なガイドライン」(2018（平成30）年3月，https://www.mext.go.jp/sports/b_menu/shingi/013_index/toushin/__icsFiles/afieldfile/2018/03/19/1402624_1.pdf)

③　スポーツ庁ウェブサイト「運動部活動の地域移行に関する検討会議提言（令和4年6月6日）の概要」(https://www.mext.go.jp/sports/content/20220722-spt_oripara-000023182_1.pdf)

④　スポーツ庁ウェブサイト——スポーツ庁・文化庁「学校部活動及び新たな地域クラブ活動の在り方等に関する総合的なガイドライン」(2022

（令和4）年12月，https://www.mext.go.jp/sports/content/20221227-spt_oripara-000026750_2.pdf）

（白井　久明）

第2節　学習指導要領と部活

Q2　2017（平成29）年の学習指導要領の改訂により，部活動に影響が生じるか。

A　学校においては，クラブ活動と部活動は区別されており，部活動は学習指導要綱上の教育課程外の活動と位置づけられている。

2017（平成29）年の学習指導要領の改訂においても，部活動の位置づけには変わりがないので，すぐに，大きな影響は生じないと考えられるが，近時，潜在していた部活動の問題が顕在化しており，部活動のあり方自体が大きく変わりつつある。

[解　説]

第1　日本国憲法に関して

日本国憲法26条は，国民は，「その能力に応じて，ひとしく教育を受ける権利を有」し，「その保護する子女に普通教育を受けさせる義務を負」うと定め，教育基本法16条2項は，「国は，全国的な教育の機会均等と教育水準の維持向上を図るため，教育に関する施策を総合的に策定し，実施

しなければならない。」としている。

　学校教育法16条は，保護者に，小学校と中学校の合計9年間の普通教育を受けさせる義務があると定めている。

　普通教育とは，職業教育・専門教育ではなく，国民として必要とする一般的・基礎的な教育を意味する。小学校は基礎的な普通教育，中学校は小学校における教育の基礎の上に，義務教育として行われる普通教育を行う（学教29条・45条）。

　高等学校は義務教育ではないが，義務教育を修了した者の多くが高等学校に進学していることを踏まえ，高度な普通教育・専門教育を行う学校と位置づけられている（学教50条）。

第2　学習指導要領

　学習指導要領は，全国のどの地域で教育を受けても，一定の水準の教育を受けられるようにするために，文部科学省が普通教育に属する小学校・中等学校・高等学校について定める教育課程（教育内容及び方法）の基準である。

　学習指導要領は，1947（昭和22）年に「教科課程，教科内容及びその取扱い」の基準として，公示されて以来，1951（昭和26）年，1958（昭和33）年，1968（昭和43）年，1977（昭和52）年，1989（平成元）年，1998（平成10）年，2008（平成20）年，2017（平成29）年と，ほぼ10年ごとに改訂されている。

　文部科学大臣が諮問する中央教育審議会は教育改革に関する重要事項を調査審議し答申を諮問し，その答申を受けて，学習指導要領が改訂・告示される。各学校は，「学習指導要領」や年間の標準授業時数等を踏まえ，地域や学校の実態に応じて，教育課程（カリキュラム）を編成している。

　2016（平成28）年の答申に基づき，小学校・中学校新学習指導要領の改訂については，2017（平成29）年3月31日に公示され，高等学校新学習指導要領については，2018（平成30）年3月30日に公示された。

　今回の「体育科・保健体育科」の改訂では，「心と体を一体として捉え，生涯にわたる心身の健康の保持増進や豊かなスポーツライフの実現を重

視」する内容としている（独立行政法人教職員支援ウェブサイト「小学校学習指導要領」体育科の改訂のポイント）。

小学校は2020（令和2）年度，中学校は2021（令和3）年度，高等学校は2022（令和4）年度より全面実施となっている。

第3　学習指導要領の法的拘束力

学習指導要領は，「学校教育法43条，同法施行規則84条に基づいて文部科学大臣が定めて公示したものであって，その定めには法的効力がある」（東京高判平23・3・10判時2113号30頁）とされる。ただ，「教育の内容及び方法につき地域差，学校差を超えて全国的に共通なものとして教授されることが必要な最小限度の基準としての大綱を定める」ものであり，「最小限度の基準である以上，定められた内容及び方法を超える教育をすることは，明確に禁じられていない」ので，地域，学校の実情に応じて創意・工夫して実践することが大事となる（東京高判平23・9・16・LLI／DB判秘（事件番号：平21（ネ）第2626号））。

第4　学習指導要領の変遷
1　学習指導要領における部活動

学習指導要領は，小学校については「体育」，中学校と高等学校については「保健体育」として教育課程を定めている。

小学校では，4年生以上のクラブ活動は必修とされ，学習指導要領により，教育課程の特別活動の一つとされているが，中学・高校のクラブ活動は，1989（平成元）年の改訂により今までは必修であったクラブ活動を部活動で代替できるとされ，1998（平成10）年の改訂により，クラブ活動は廃止された。

その結果，中学・高校の部活動（運動部以外の文化部も含む。）は，教育課程外の部活動とされた。

2　2008（平成20）年改訂の学習指導要領

　2008（平成20）年改訂の学習指導要領は，部活動について，以下のように定めており，2017（平成29）年改訂の学習指導要領（中学）にも引き継がれている。

　「生徒の自主的，自発的な参加により行われる部活動については，スポーツや文化及び科学等に親しませ，学習意欲の向上や責任感，連帯感の涵養等に資するものであり，学校教育の一環として，教育課程との関連が図られるよう留意すること。その際，地域や学校の実態に応じ，地域の人々の協力，社会教育施設や社会教育関係団体等の各種団体との連携などの運営上の工夫を行うようにすること。」（編注：下線は筆者による。）

3　2017（平成29）年改訂の学習指導要領

　2017（平成29）年改訂の中学の学習指導要領は，保健体育の目標を「心と体を一体として捉え，生涯にわたって心身の健康を保持増進し，豊かなスポーツライフを実現するための資質・能力を次のとおり育成することを目指す。」としており，2018（平成30）年に改訂された高校の学習指導要領も同様の内容となっている。

　「特に，生徒の自主的，自発的な参加により行われる部活動については，スポーツや文化，科学等に親しませ，学習意欲の向上や責任感，連帯感の涵養等，学校教育が目指す資質・能力の育成に資するものであり，学校教育の一環として，教育課程との関連が図られるよう留意すること」としており，「学校や地域の実態に応じ，地域の人々の協力，社会教育施設や社会教育関係団体等の各種団体との連携などの運営上の工夫を行い，持続可能な運営体制が整えられるようにする」としている。

　すなわち，部活動も，学校教育の一環である以上，心身の健康保持増進，生涯にわたって運動に親しむ資質・能力を育むことが目標であることを忘れてはならない。

4　2016（平成28）年の中央教育審議会（中教審）答申

2016（平成28）年の中教審の答申は，部活動について，以下の通り述べている。

「部活動も学校教育活動の一環であることから，生徒の『主体的・対話的で深い学び』を実現する視点が求められることを明確にする。これにより，部活動と教育課程との関連がより一層明確になると考えられる。」，「少子化が進む中で，部活動の実施に必要な集団の規模や指導体制を持続的に整えていくためには，中学校単独での部活動の運営体制から，複数の中学校を含む一定規模の地域単位で，その運営を支える体制を構築していくことが長期的には不可欠である。」

第5　文部科学省における動き

1　文部科学省は，2016（平成28）年6月に「学校現場における業務の適正化に向けて」を取りまとめ，教員の長時間勤務の状況を改善し，教員がこどもと向き合う時間を確保するための改善方策を示している。部活動については，部活動における休養日の設定の徹底や外部人材の活用などの運営の適正化，勤務時間管理の適正化の推進等を示した。

2　文部科学省は，2020（令和2）年9月，「学校の働き方改革を踏まえた部活動改革について」を公表した。
(1) 部活動の意義と課題

部活動は，教科学習とは異なる集団での活動を通じた人間形成の機会や，多様な生徒が活躍できる場である。

一方，これまで部活動は教師による献身的な勤務の下で成り立ってきたが，休日を含め，長時間勤務の要因であることや，指導経験のない教師にとって多大な負担であるとともに，生徒にとっては望ましい指導を受けられない場合が生じる。
(2) 改革の方向性について

部活動は必ずしも教師が担う必要のない業務であり，部活動改革の第

一歩として，休日に教師が部活動の指導に携わる必要がない環境を構築するとともに，生徒の活動機会を確保するため，休日における地域のスポーツ・文化活動を実施できる環境を整備するとした。

3　文科省・スポーツ庁・文化庁は，2022（令和4）年夏に取りまとめられた部活動の地域移行に関する検討会議の提言を踏まえ，2018（平成30）年に策定した「運動部活動の在り方に関する総合的なガイドライン」及び「文化部活動の在り方に関する総合的なガイドライン」を統合した上で全面的に改定し，2022（令和4）年12月，「学校部活動及び新たな地域クラブ活動の在り方等に関する総合的なガイドライン」を定めた（Q1参照）。

　これにより，学校部活動を地域に移行するとの国の考え方が明確に示されたのである。

4　以上を踏まえて，文科省は2023（令和5）年度から2025（令和7）年度までの3年間を「改革推進期間」とし，まず休日の部活動から地域移行を本格化し，将来的には平日を含めて全ての部活動の移行を目指すとし，2020（令和2）年9月，部活動改革のスケジュールを発表した。

　しかしながら，人材の確保や財政的な支援体制が不透明で，同スケジュール通り，部活動改革が進むかについては疑問があるが，地域の実情に応じて，様々な取組が始まり，部活動改革が動き出しており，その進展状況及び課題がどこにあるのか，慎重に見極めていく流れにあるといえる。

第6　学校教育との関係

部活動は，生徒の学校生活において，重要な位置を占めていたが，地域に移行する流れの中，学校教育の一環としての部活動という位置づけを真剣に再考しなければならない時期が到来しているといえる。

部活動の地域移行の流れにも様々な取組があり，一義的でない，多様な

部活動・地域スポーツが生まれていくことも考えられる。学校教育との関係でも，試行錯誤が生じる可能性があるが，長期的な視点から見守っていく必要がある。

【参考資料】

① 「運動部活動の在り方に関する総合的なガイドライン」(2018（平成30年）3月, https://www.mext.go.jp/sports/b_menu/shingi/013_index/toushin/__icsFiles/afieldfile/2018/03/19/1402624_1.pdf)

② スポーツ庁ウェブサイト「学校の働き方改革を踏まえた部活動改革概要（令和2年9月）」(https://www.mext.go.jp/sports/b_menu/sports/mcatetop04/list/detail/1406073_00003.htm)

③ スポーツ庁ウェブサイト「学校の働き方改革を踏まえた部活動改革・スケジュール」(https://www.mext.go.jp/sports/b_menu/sports/mcatetop04/list/detail/1406073_00003.htm)

④ スポーツ庁ウェブサイト「学校部活動及び新たな地域クラブ活動の在り方等に関する総合的なガイドライン（令和4年12月）」(https://www.mext.go.jp/sports/b_menu/sports/mcatetop04/list/1405720_00014.htm)

⑤ 神谷拓『運動部活動の教育学入門 歴史とのダイアローグ』(大修館書店，2015年)

⑥ 中澤篤史『運動部活動の戦後と現在 なぜスポーツは学校教育に結び付けられるのか』(青弓社，2014年)

（白井　久明）

第2章 女子ジュニア・アスリートの健康

Q3 高校2年生の娘は，陸上部に所属して，高校駅伝の全国大会を目指し，毎日，練習に励んでいる。最近，数か月，月経が無い。また，指導者から鉄分不足を指摘され，医師から鉄分の注射等をしてもらっている。娘の健康が心配だ。

A 「利用可能エネルギー不足」，「月経周期の異常・無月経」，「骨粗鬆症」は，「女性アスリートの三主徴」といわれており，相互に関連している。女子ジュニア・アスリートの健康管理上，取り返しのつかない障害が生じる可能性がある。

至急，女性アスリートの三主徴に詳しい専門医の診断を受け，適切な対処をするとともに，バランスのある食事や休養等をとることが必要である。

[解 説]

第1 女性アスリートの健康障害
1 女性アスリートの三主徴

部活動の指導監督に当たる教師は，生徒の健康状態や体力，技能などに留意し，生徒が病気に罹患したり，負傷したりしないよう適切な措置を講ずべき義務がある。

最近，オーバーユース（使いすぎ）症候群については耳にするようになったが，「女性アスリートの三主徴」といわれている女性アスリート特有の問題は，まだ，広く知られていない。「三主徴」とは，「利用可能エネルギー不足」，「月経周期の異常・無月経」，「骨粗鬆症」である。

エネルギー摂取量が運動による消費エネルギー量より低いと「利用可能

エネルギー不足（low energy availability）」となり，パフォーマンスの低下を来すだけではなく，「月経周期の異常・無月経」となる。また，「骨粗鬆症」となり疲労骨折の原因になる。

2 無月経

　女性には月経周期があり，月経周期によるパフォーマンスへの影響があるアスリートもいる。生理に関連して起こる不快な症状を「月経随伴症状」といい，生理中に症状が現れる月経困難症，生理前に症状が現れる月経前症候群（PMS）があるが，併発する場合もある。

　「女性アスリートの三主徴」は，継続的な激しい運動トレーニングが誘因となり，相互に関連しており，女子ジュニア・アスリートの健康管理上重要である。

　月経は女性アスリートにとって体調のバロメーターであり，女性アスリートのコンディショニングの一つとして自分自身の月経周期を知ることは大切なので，専門医にアドバイスを受けながらトレーニングをするのが望ましい。

　無月経が長期間にわたると回復が難しいことが多く，妊娠できる能力である妊孕性（妊娠のしやすさ）に影響を及ぼす可能性があるので，初経が遅かったり，3か月以上無月経が続き，運動が原因と考えられる場合には，専門医の受診を受ける必要がある。

　骨粗鬆症とは骨量が減少し，かつ骨組織の微細構造が変化し，そのため，骨がもろくなり骨折しやすくなった状態をいう。無月経が続くと，骨量が低下し，僅かな外力や負荷で，疲労骨折が発症することがある。

　女子ジュニア・アスリートは疲労骨折の発症率が高く，またそれは無月経のアスリートに多いとされている。

　「月経」があると運動能力が低下するとして，大会・試合時に月経が生じることを忌み嫌う指導者がいるが，上記のとおり月経は選手の健康維持には不可欠であり，専門医の受診をする必要がある。

3 鉄欠乏性貧血

　激しいトレーニング及び極端な体重制限などが，女子ジュニア・アスリートの身体の正常な発育・発達を妨げる可能性が高く，特に，長距離ランナーや新体操・フィギュアスケートなどの審美系スポーツに多いが，サッカー，バレーボール，バスケットボール，剣道などのスポーツも鉄欠乏性貧血が生じやすい。

　貧血による体調不良やパフォーマンスの低下に対処するために，指導者が鉄分の服用や注射を貧血の対処法として勧めることもあるという。鉄分の過剰摂取は，体外に排出されず，内蔵器や中枢神経に沈着し，回復不能な機能障害を起こすことがあるとして，日本陸連は，アスリートの健康確保のために，貧血の予防・早期発見・適切な治療をするように勧め，「鉄分の過剰摂取は身体に害です！」と警告している。

　鉄欠乏性貧血の治療としてはまず食事の指導が重要であるといわれており，まず，食事環境を整える必要があり，貧血がひどい場合には内服薬の鉄材の投与をするが，過剰摂取とならないように注意する必要がある。

第2　女性アスリートの障害予防

1　指導者の注意義務

　成長期にある女子ジュニア・アスリートのトレーニングに携わる指導者は，女性アスリートの三主徴に関する理解を深め，トレーニング強度・頻度などの調整，体重コントロールなどアスリートの健康に留意していくことが必要となる。

　指導者は，日常的に，指導者自身も含めて，アスリート本人や家族にも「三主徴」の理解を深めていくとともに，バランスのとれた食事や，運動によるエネルギー消費量に見合ったエネルギー摂取量の維持を心掛けるように指導することが大切となる。

2　女性選手の相談しやすい環境づくり

　平成27年度スポーツ庁委託事業・女性アスリートの育成・支援プロジェ

クトに基づく「女性スポーツにおけるトランスレーショナルリサーチの実践プログラム」事業報告書（参考資料③）によれば，約80パーセントの女性アスリートは「女性アスリートの三主徴」について知らないとしており，女性アスリートの64パーセントはコンディショニングに関する教育を受けていないことが分かった。

　株式会社ユーフォリアが開発・提供するスポーツ選手のための体調・コンディション管理ソフト「ONE TAP SPORTS（ワンタップスポーツ）」を利用している女子選手ユーザー及び女子チーム指導者に対し，2021年に行った「月経管理を中心とした女子選手のコンディショニング」に関する実態調査（参考資料④）によれば，普段からONE TAP SPORTSを活用しコンディション管理を行うチームでも，「月経管理」についての意識は高い一方で，約３割の選手で何らかの月経異常が起きているにもかかわらず，婦人科の受診に抵抗感を持っており，34パーセントの指導者がチーム内で女子選手と月経に関するコミュニケーションを十分にとれていないとしている。

　そして，男性指導者より，女性指導者の方が相談を受けることが多く，選手側も身体的なことを相談しづらい環境にあるとしている。

　指導者は，女性アスリートが相談しやすい環境をつくる必要がある。

3　裁判例

　「女性アスリートの三主徴」に関し，指導者の法的責任を正面から認めた裁判例は見当たらないが，指導者の女子ジュニア・アスリートの健康に関する安全配慮義務に言及した下記裁判例は注目に値する。

　県立高校陸上部の顧問教諭の体罰，屈辱的発言等に誘発されて，陸上部の女子高校生が自殺した。裁判所は，体罰・暴言と自殺との因果関係を認めなかったが，体罰・暴言等により，生徒に精神的な苦痛を与えたとして，高校設置者である県に対し，合計300万円の損害賠償義務を認めた（岐阜地判平5・9・6判時1487号83頁。公立，高校，賠償金300万円）。この判決の中で，「医師が疲労骨折と診断しているにもかかわらず，専門医でもない陸上部

の顧問がそれを無視して練習を続けさせることが陸上競技の指導として不適切であることはいうまでもないことである。」と判示している。

近時の女性アスリートの活躍はめざましく注目を浴びているが，その支援を行っている国立スポーツ科学センター（JISS）や日本陸連などは，成長期にある女子ジュニア・アスリートの育成方法について，警鐘を鳴らしている。

女性ジュニア・アスリートの育成に携わっている指導者は，アスリートの健康状態に留意し，指導していく必要があるともに，アスリートに回復し難い障害を与えた場合には，法的な責任を問われることがあることを銘記すべきである。

【参考資料】

① 国立スポーツ科学センター編集「成長期女性アスリート指導者のためのハンドブック」（独立行政法人日本スポーツ振興センター（JISS），2014年，http://www.jpnsport.go.jp/jiss/tabid/1112/Default.aspx）

② 『部活女子からトップ選手まで スポーツ女子のからだの気がかり解決BOOK』（Q&A，日本体育大学発行，https://www.mext.go.jp/sports/content/20210331-spt_kensport01-000011954_PDF10.pdf）

③ 平成27年度スポーツ庁委託事業・女性アスリートの育成・支援プロジェクト「「女性スポーツにおけるトランスレーショナルリサーチの実践プログラム」事業報告書—女性アスリートコンディショニングプログラム」（https://www.jpnsport.go.jp/hpsc/Portals/0/resources/jiss/images/contents/woman/reserch/senshu1.pdf）

④ オムロン ヘルスケア株式会社ウェブサイト「プレスルーム——ニュースリリース——【ONE TAP SPORTSユーザー調査報告】「女子選手の月経・コンディション管理」の実態を探る！」（2021年度，https://www.healthcare.omron.co.jp/corp/news/2021/0426.html）

⑤ 「過剰な鉄分は身体に害です！ アスリートの貧血対処7か条」（日本陸

連，2016年，http://femaleathletes.jp/index.html, http://www.jaaf.or.jp/wp/wp-content/uploads/2016/04/c8645fb0cdbe0e323887838727c42ab3.pdf）

⑥　能瀬さやか『女性アスリートの健康管理・指導Q＆A【電子版付】』
（日本医事新報社，第1版，2020年）

（白井　久明）

月経困難症と低容量ピル（OC・LEP）

　中学生及び高校生アスリートの50〜60パーセントが月経困難症を有しているという。月経困難症とは，いわゆる生理痛のことである。月経時には，下腹部痛，腰痛などの疼痛が発症し，仕事や学業などの社会生活が困難となり，運動選手の場合は，パフォーマンスが低下する。

　日本では，月経困難症の女性の多くは鎮痛剤を服用しており，低容量ピル（OC・LEP）を使用している女性は数パーセントであるという。

　欧米の女性アスリートの約80パーセントがコンディショニングの調整のために，低容量ピルを使用しているのに対して，日本の女性アスリートの使用している割合は低く，認知もされていない。

　低容量ピルは，経口避妊薬として開発され，副効用として，月経困難症の治療薬と認められるようになった。一方，ピルを紹介するなどの性教育が「中高生の性行動をあおっている。」など厳しい批判を受けたことにより，学校における性教育が厳しく批判された。日本において，「低容量ピル」に関する理解及び使用が進まなかった一因である。

　「女性アスリートの三主徴」の問題に対する対処としては，低容量ピルの認知・理解が不可欠となる。

　そして，女性アスリートのみの問題ではなく，一般女性の健康・安全に繋がることなので，学校における性教育のありかたを再度考えていく契機にする必要がある。

（白井　久明）

第3章 教師の不法行為責任

Q4 部活の顧問でも，私立学校の教師は損害賠償責任を負うが，公立学校の教師は損害賠償責任を負わないと聞いた。指導していることに変わりがないのに，なぜ違うのか。

A 故意又は過失によって，他人に損害を与えた者は，不法行為責任を負う。従って，故意・過失により，部員である生徒に損害を与えた部活の顧問は，私立学校の教師の場合は，民法の規定（民709条）に基づき不法行為責任を負うが，公立学校の教師は，国家賠償法の定めにより，不法行為責任を負わないとされている。

[解 説]

第1 私立学校の教師の責任
1 使用者責任

私立学校の教師は，学校法人（使用者）に雇用されている労働者（被用者）である。故意・過失により，他人に損害を与えた者は，損害賠償責任（不法行為責任）を負う（民709条）。

そして，被用者を使用する者が，事業の執行について，被用者が，他人に損害を与えた場合には，使用者も責任も負う（民715条，使用者責任）。使用者に代わって事業を監督する者も，同様の責任を負う。代理監督者とは，学校法人に雇用されている校長等を指す。

被害者の保護のため，一般的に賠償の資力を有し，また，事業の執行により利益を受けている使用者に責任を負わせるのが相当であるという理由に基づく。

なお，民法715条1項は，「使用者が被用者の選任及びその事業の監督について相当の注意をしたとき，又は相当の注意をしても損害が生ずべきであったときは」，使用者は責任を負わないと定めているが，判例上，この規定が適用された例は少ない。すなわち，被用者に故意・過失がある場合には，使用者は責任を負うことになる。

2　求償権

　学校法人もしくは代理監督者が使用者責任に基づき，被害者に損害賠償金を支払った場合には，故意・過失のあった教師に対し，求償権を行使することができる（民715条3項）。

　求償権とは，債務を弁済した者が，支出した金額の全部又は一部を，それを負担すべき者に請求できる権利をいい，被用者の不法行為によって損害賠償義務を負担し，弁済をした使用者が被用者に請求することである。

　ただし，求償権の範囲については，損害の全額ではなく，損害の公平な分担という観点から，その事業の性格，規模，施設の状況，被用者の業務の内容，労働条件，勤務態度，加害行為の態様，加害行為の予防もしくは損失の分散についての使用者の配慮の程度その他の諸般の事情に照らし，信義則上相当と認められる一部を限度とされることが多い（最一小判昭51・7・8判時827号52頁）。

第2　公立学校の教師の責任

1　公務員の個人責任

　日本国憲法17条は，「何人も，公務員の不法行為により，損害を受けたときは，法律の定めるところにより，国又は公共団体に，その賠償を求めることができる。」としており，これを受けて，国家賠償法1条1項は，国又は公共団体の公権力の行使に当る公務員が，その職務を行うについて，故意又は過失によって違法に他人に損害を加えたときは，国又は公共団体が賠償責任を負うとしている。

　そして，同条2項は，「前項（筆者注：1項）の場合において，公務員に

故意又は重大な過失があつたときは,国又は公共団体は,その公務員に対して求償権を有する。」と定めている。

　過失とは,違法な結果を認識・予見することができたにもかかわらず,注意を怠って認識・予見しなかったこと,あるいは結果の回避が可能だったにもかかわらず,回避するための行為を怠ったことをいう。重過失とは,結果の予見が極めて容易にできた場合や,注意義務違反の内容や程度が著しいために結果を予見・回避しなかった場合をいう。

　このように国家賠償法は,国や公共団体のほかに,加害者となった公務員自身が被害者に直接賠償責任を負うか否かについて,規定していないが,公務員個人は被害者に対し,直接,責任を負わないとするのが,通説・判例である。

　個人責任を負わないとする否定説の根拠は,①国家賠償法1条1項が,公務員の不法行為について,国又は公共団体が賠償責任を負うとしていること,②同条2項の求償権の規定は個人責任を否定していると解されること,③被害者救済のためには,支払能力がある国や公共団体が賠償することで十分であること,④個人責任を認めると,公務員の職務執行を萎縮させる等である(最二小判昭53・10・20判時906号3頁)。

2　公務員の重過失と公務員の責任

(1) 私立学校の部活の顧問と公立学校の部活の顧問も,同じ教育活動に従事していることに変わりがないにもかかわらず,私立学校の教師が個人責任を負い,公立学校の教師が負わないことについては,公平さに欠けているともいえる。

　また,公務員に,故意又は重過失がある場合にも,個人責任を負わないということには,批判がある。

　体罰等を原因として,生徒が自殺した場合には,保護者も,加害の当事者である公立学校の教員が責任を負わないとする通説・判例に疑念を抱き,公務員個人に対する損害賠償請求を求めて,提訴する例がしばしばあるが,上記の通り,裁判所は,重過失を理由とする公務員個人の責

任を認めていない。

(2) 大分県の剣道部の生徒が死亡した事件では、遺族が県を相手取り、元顧問らに賠償責任を負わせるため求償権の行使を求める住民訴訟を大分地裁に起こし、大分地裁は、2016（平成28）年12月22日、顧問教師の重過失を認め、県に対し、顧問に100万円の求償権を行使するように命じた（大分地判平28・12・22裁判所ウェブサイト）。控訴審である福岡高裁も、生徒の熱射病による意識障害を疑うべき状況だったとして、「死に至ることを予見することができたのに、演技だと決めつけて指導を続けており、重大な過失がある」と県の控訴を棄却した。県は、上告を断念したので、同判決は確定した（福岡高判平29・10・2・裁判所ウェブサイト。公立、高校。毎日新聞：2016年12月29日、朝日新聞：2017年10月3日・10月11日）。

(3) 市立高校バスケットボール部に所属していた生徒が、被告（本件高校の元教員）から暴行や威迫的言動等を受けたことを原因として自殺したことにつき、遺族らが原告市に対し提起した国賠訴訟において、原告市の責任を認める別件判決が確定したため、被告に求償を求めた事案。

裁判所は、公共団体の公権力の行使に当たる公務員である被告がその職務を行うについて、生徒及び遺族らに対し、故意により違法に加えた損害の賠償金として遺族らに支払った金額の5割に相当する額について求償金を行使できる（国賠1条2項）とし、請求を全部認容した（大阪地判平30・2・16・LLI／DB判秘。求償金請求事件）。

(4) 部活動の地域移行に伴い公立学校の教師等が地域スポーツクラブにおいて指導することにより、報酬を受け取ることが可能となった。公立学校の教師等が地域クラブ活動に従事する場合、兼職兼業希望先の地域団体からの依頼状を基に、校長等の了承、服務監督教育委員会の兼職兼業の許可を得て、地域団体の業務に従事することとなる。

地域スポーツクラブにおいて指導する教師等は、国家賠償法の適用はないので、民法上の損害賠償義務を負うことに注意を要する。教師等に委託（委嘱）する地域スポーツクラブは賠償保険に加入することが必要であり、指導を担当する教師等も損害賠償義務を負うことに備えて、賠

償保険に加入することを忘れてはならない。

　また，地域スポーツクラブで活動する生徒等も傷害保険に加入することが大事である。

【参考資料】
○　文部科学省初等中等教育局初等中等教育企画課・スポーツ庁地域スポーツ課・文化庁 参事官（芸術文化担当）付「公立学校の教師等が地域クラブ活動に従事する場合の兼職兼業について」(https://www.mext.go.jp/content/20230130-mxt-syoto01-000025338_5.pdf)

参考判例

(1) 公権力の行使

　国家賠償法1条1項は，「公権力を行使する」公務員の不法行為について，国もしくは地方公共団体が賠償責任を負うとしている。警察権や課税権は，典型的な公権力の行使といえるが，公立学校の教育活動（部活動においては顧問教師の指導）が「公権力の行使」なのかという議論がある。

　公立中学の体育の授業で，プールの飛び込みの練習中に，プールの底に頭部を激突させて傷害を負った事案につき，最高裁は，公権力の行使には「公立学校における教師の教育活動も含まれる」と判断した（最二小判昭62・2・6判時1232号100頁。公立，中学，賠償金1億3000万円）。

(2) 「公権力の行使」に該当しないとした判例

　県立高校のラグビー部顧問兼監督教諭が，社会人ラグビーチームの要請に応じて，他の県立高校のラグビー部員に対して，社会人チームへの参加を呼びかけポジションの指定をしたところ，同部員がタックルを受けて，転倒し，死亡した事案。

　最高裁は，他校の部員に対し自校のラグビー部員と同様の指揮監督権を有していたと認められるような特段の事情のない限り，顧問教諭は，他校の部員に対して公権力を行使したことに当たらないと判断した（最

二小判昭58・7・8判時1089号44頁。公立，高校，賠償金600万円）。

(3) **教員個人の責任と私立高校の責任**

　　私立高校の教員でサッカー部の部長が，サッカー部員の腹や胸の辺りを5，6回蹴りつけた等の行為は，学校教育法11条によって禁止されている「体罰」に該当し，故意による不法行為に該当するとして，部長は不法行為責任，学校法人は使用者責任により，損害賠償義務がある（鹿児島地判平24・1・12・LLI／DB判秘。私立，高校，賠償金165万円）。

(4) **使用者責任と被用者の責任**（求償権の制限）

　　石油等の輸送及び販売を業とする会社は，業務上タンクローリーを運転し，事故を起こした被用者に対し，事故により生じた会社の損害（直接の損害及び第三者に対する損害賠償義務を履行したことによる損害）の賠償請求権及び求償権を行使した。裁判所は，会社が業務用車両を多数保有しながら対物賠償責任保険及び車両保険に加入せず，また，右事故は被用者が特命により臨時的に乗務中生じたものであり，被用者の勤務成績は普通以上である等判示の事実関係のもとでは，会社は，信義則上，会社の被った損害のうち4分の1を限度として，賠償及び求償を請求し得るにすぎない（最一小判昭51・7・8判時827号52頁）。

　　　　　　　　　　　　　　　　　　　　　　　　　　（白井　久明）

第4章 運動部と対外試合

Q5 私のこどもは，高校の野球部に所属している。全国大会に出場する強豪チームということもあって，試合数も，公式戦以外に，練習試合も含めると，年間80日以上の試合をしていると思う。平日の帰宅時間は，午後10時過ぎで，日曜・祭日も部活動があり，家族で一緒に食事をすることもできないし，自宅で，勉強をする時間もなく，心配だ。

A 部活動の過熱化は，生徒の学習，健康，家庭生活に悪影響を及ぼす可能性がある。顧問の教師も，部活動に多忙となると，健康，家庭生活，そして，教育という本来の業務に支障が生じる可能性がある。学校も家庭も部活動のあり方を見直していくことが重要となっている。

[解 説]

第1 部活動の過熱化の背景

1 水泳，卓球，フィギュアスケート，新体操など，中学生・高校生のアスリートの活躍が目立つ。野球も，甲子園の季節となると，次々と，スター選手が生まれている。メディアが活躍を報じることにより，ますます過熱し，親も子も，小さいころから，特定の種目のスポーツをする，させようとする傾向が強くなっており，それに伴い，地域・学校等による温度差はあるが，部活動も過熱傾向にある。

2 1950（昭和25）年，文部省（現在の文部科学省）は，中学校の対外試合は，宿泊を要しない程度の小範囲のものにとどめるとしていた。その理由は，対外試合の過熱により，勝敗にとらわれるようになり，生徒の心身の正

常な発達を阻害する，限られた施設や用具が特定の選手に独占される，練習や試合のために多額の経費が掛かっているなどであった。

　このような中高生の対外試合の基準も，次第に緩和され，宿泊を要しない都府県大会，さらには，全国大会の開催，国際大会への参加等と拡大し，現在に至っている。

　対外試合基準の緩和の契機は，オリンピックである。1952（昭和27）年に開かれたヘルシンキオリンピックで成績が振るわなかった日本水泳連盟などの競技団体は，ジュニアの選手養成の必要性から対外試合基準の緩和を求め，さらに，1964（昭和39）年の東京オリンピック開催ということから，宿泊を要する大会に参加を認め，全国大会や国際大会への参加もできるようになっていった。

3　「2020年東京オリンピック・パラリンピック」の開催が決まり，JOC（日本オリンピック委員会）は，金メダルの獲得数3位を目標に掲げ，国を挙げての支援体制をとった。JSC（日本スポーツ振興センター）は，適性を有する潜在能力（ポテンシャル）の高いタレントを見出し，優れたコーチによる質の高い育成プログラムを提供し，将来性の豊かなタレントのパフォーマンスを最大限に引き上げるとするタレント発掘・育成事業を行っており，各競技団体も同様の試みを行っている。

4　日本のスポーツの普及，選手の育成は，学校の部活動の成果ともいえるが，その歪みも生じている。上記の通り，中高生の全国大会は，様々な教育的配慮から抑制されていたが，今では，小学生の全国大会も盛んに行われ，レベルや熱意の差があっても，学校の部活動は全国大会を目指して行われているといっても過言ではない。

　本来は生徒の自主的，自発的な参加で行われるはずの部活動であり，教育上の意義は少なくないが，教育的配慮にかけた部活動が存在していることにも注意を要する。

　部活動の過熱化は，顧問の教員を多忙にし（労働基準法に違反する労働），熱意のある教員による体罰や過剰な練習等により，生徒の学習権（教育を受ける権利）の侵害，心身に悪影響を及ぼしかねない事態も生じている。

また，生徒の保護者もこどもの部活動にのめり込むことにより，指導者やこどもの部活動に干渉するという弊害が目につくことも気になるところである。

5　2013（平成25）年5月，文部科学省（以下「文科省」ということがある。）が策定した「運動部活動での指導のガイドライン」は，「年間を通して，1年間を試合期，充実期，休息期に分けてプログラムを計画的に立てること，参加する大会や練習試合を精選すること，より効率的，効果的な練習方法等を検討，導入すること，1週間の中に適切な間隔により活動を休む日や活動を振り返ったり，考えたりする日を設けること，1日の練習時間を適切に設定すること等を考慮しつつ，計画を作成し，指導を行っていくことが必要」としている。

　また，都道府県中学校体育連盟及び学校の設置者に対し，「学校の運動部が参加する大会・試合の全体像を把握し，週末等に開催される様々な大会・試合に参加することが，生徒や運動部顧問の過度な負担とならないよう，大会等の統廃合等を主催者に要請するとともに，各学校の運動部が参加する大会数の上限の目安等を定める。」としている。

　しかしながら，このガイドラインの趣旨に従って部活動が行われているのかというと，はなはだ心許ない状況にあるといわざるを得ない。

第2　対外試合等に関わる問題

1　高体連が主催，また後援している試合や大会が平日に行われる場合，国際大会に参加する場合など，学校長の判断により，欠席とはならずに出席扱いとされる公欠といわれる取扱いがある。

　最近では，国際大会の代表選手となるためには，合宿を行い，海外での大会で一定の成績をあげることが必要とされるなど，特定の選手が長期間学校に行っていないにもかかわらず，出席扱いとされていることがある。

　部活動は，教育活動の一環として存在する以上，このような特別扱いをすることが教育上許されるのか，再考すべきではないか。選手活動を

全うするためには，一定期間，休学を認めるとともに，代替的な勉学の機会を義務付けるなど制度的手当をすべきである。
2　高校野球では，夏の甲子園の予選を前に，遠隔地での強豪同士の遠征（練習）試合が行われており，それも，かなり頻繁に行われている。勉学との両立，休養日の設定などが叫ばれている最中，練習試合も含めて，対外試合の制限をしてもいいのではないだろうか。
3　上記の中学生・高校生のアスリートの活躍の背景をみるに，幼少時から，民間のクラブで専門的な競技を行っており，学校部活動に所属しているとして，中体連・高体連の大会に出場しているが，実際には，民間のクラブを練習の拠点にしている例も少なくない。

　上記ガイドラインは，生徒の多様なニーズを把握し，運動部活動への参加の効果を一層高めるために，活動内容や実施形態の工夫，シーズン制等による複数種目実施，複数校による合同実施等の様々な取組，さらに学校の取組だけではなく，総合型地域スポーツクラブ等との連携や地域のスポーツ指導者，施設の活用など，地域社会全体が連携，協働した取組も望まれるとしている。

　部活動の地域移行の流れにより，このような取組が増えていくと考えられる。
4　ジュニア世代の全国大会は，スポーツの普及にとっては良い面もあるが，3年間という短い期間で，勝利を目指すという現在のシステムが，ジュニア選手に，目先の過度なトレーニングを課し，選手の将来性を奪っていると批判されている。個々の選手の成長に見合ったトレーニングを行い，選手を育てるという長期的な視点から，大会のあり方を見直す必要がある。

　2022（令和4）年6月，スポーツ庁の運動部活動の地域移行に関する検討会議は，以下のような提言をしている（スポーツ庁ウェブサイト「審議会情報——運動部活動の地域移行に関する検討会議提言について」（第6章1.(3)））。

"少子化や学校の働き方改革の進展，学校に代わって地域においてス

ポーツに親しめる環境が整備されていく方向性を踏まえ，スポーツ関係団体等において，中学校等の生徒向けの全国大会は，生徒にとってどのような意義があるのかを改めて議論し，意義が認められる場合にはその意義を踏まえて，生徒にとってふさわしい全国大会の在り方や，適切な大会の運営体制などについて検討する必要がある。

　また，全国大会の開催回数も「生徒の心身の負担や保護者による金銭等の負担が過重にならないようにするとともに，学校生活との適切な両立を前提として，運動種目毎に適正な回数に精選するべきで」ある。"

5　2024（令和6）年6月，日本中学校体育連盟（中体連）は，2027年度以降，水泳やハンドボール，体操，スケートなどの9競技に関して，全国中学校体育大会を廃止すると発表した。

　中体連は，廃止する理由について，①少子化で部員が減少していること，②暑さ対策，③部活指導や大会運営を担っている教員の負担の軽減などを挙げている。

　また，全国大会が行われる競技においても，大会期間を3日以内に短縮したり，参加者数と大会経費を30パーセント削減したりするなどとしている（朝日新聞：2024年6月8日）。

　学校の教師が大会を運営する主体となることは変わりなく，教師の負担は増えこそすれ，減少しないと考えられるが，（全国）大会出場を目指して活動をしている部活動，地域スポーツ団体の指導者・部員・保護者の意向は根強い。

　今後の推移を慎重に見極めていく必要がある。

第3　部活動と生涯スポーツ

　部活動は「学校教育の一環として，教育課程との関連が図られるよう留意する」と学習指導要領は定めており，保健体育は，生涯スポーツの実現を目標としている。

　対外試合の過熱は，生徒の心身の正常な発達を阻害する，限られた施設や用具が特定の選手に独占されるとした前記1950（昭和25）年の文部省の

懸念は，70年近くを経た現在においても変わっていない。

　生徒に等しく生涯スポーツを実現させるためには，部活動が多くの生徒にスポーツを親しむ機会を与えるための契機とすべきではないだろうか。このような視点から，部活動をツールとする特色のある学校づくりを目指す学校があってもいい。

【参考資料】

① 　中澤篤史「運動部活動の『社会的意義』の変遷」，神谷拓「運動部活動の教育制度史」友添秀則編『運動部活動の理論と実践』（大修館書店，2016年）
② 　「第2期　スポーツ基本計画」（文科省，2017年3月24日）
③ 　「第3期　スポーツ基本計画」（スポーツ庁，2022年3月25日）

（白井　久明）

第5章　運動部と地域スポーツクラブ

Q6 現在，部活動の在り方が様々な観点から見直されているが，総合型地域スポーツクラブと協力・連携ということが提唱されている。総合型地域スポーツクラブとはどういうもので，どのような協力・連携があるか。

A 総合型地域スポーツクラブは，多種目，多世代，多様な目的をもつ地域の住民たちが構成員となるスポーツクラブであり，住民が主体となって，地域のスポーツ環境を形成することを目的としている。専門的な指導員の配置，合同部活動の実施する場の提供など学校の授業や部活動を支援し，新たなスポーツコミュニティを形成する契機となることが期待されている。近時，部活動の地域移行の流れの中で，その受け皿としての役割も期待されているが，専門的指導員や財源の確保など様々な課題がある。

[解　説]

第1　スポーツ基本計画

1　2000（平成12）年「スポーツ振興基本計画」

　文部科学省は，2000（平成12）年9月，スポーツ振興法に基づき「スポーツ振興基本計画」を策定した。同計画は，① スポーツの振興を通じたこどもの体力の向上，② 生涯スポーツ社会の実現に向けた，地域におけるスポーツ環境の整備充実，③ 我が国の国際競技力の総合的な向上を政策課題とし，生涯スポーツ社会の実現に向け，2001年度から2010年度（平成13年度から22年度）までの計画期間内に，全国の各市区町村に少なくとも一

つは総合型地域スポーツクラブを育成することを目標としていた。

　総合型地域スポーツクラブは，多種目，多世代，多様な技術・技能の人たちで構成される，クラブの構成員が主体的に，スポーツサービスの受け手，送り手となり，地域におけるスポーツ文化の確立を目指すものである。新しいスポーツ環境の整備により，少子・高齢社会の進展，地域社会の機能低下などの問題に対応していこうという試みとして，総合型地域スポーツクラブの育成を促す事業が実施された。

2　2012（平成24）年「スポーツ基本計画」

　文部科学省は，2012（平成24）年3月，スポーツ振興法の改正により制定されたスポーツ基本法に基づき「スポーツ基本計画」を策定した。

　同計画によれば，国及び地方公共団体は，生徒のスポーツに関する多様なニーズに応えた部活動の充実を促進し，生徒の部活動への参加機会を充実させるため，複数校による合同実施やシーズン制等による複数種目実施，総合型地域スポーツクラブとの連携等の取組を行うとし，学校体育団体等スポーツ団体においては，主催する大会等について，総合型クラブで活動する生徒等の参加を認めたり，地域スポーツクラブの大会との交流大会を実施したりするなど，柔軟な対応が図られるよう検討することを期待するとしている。

3　2017（平成29）年「第2期スポーツ基本計画」

　2017（平成29）年3月に策定された「第2期スポーツ基本計画」では，総合型地域スポーツクラブが地域スポーツの担い手としての役割を果たしていくため，クラブ数の量的拡大から質的な充実により重点を移して施策を推進するとした。

　総合型地域スポーツクラブ登録・認証制度（以下「登録・認証制度」という。）の整備を具体的施策として掲げ，これに伴い日本スポーツ協会・都道府県体育・スポーツ協会が，総合型地域スポーツクラブ全国協議会・都道府県総合型地域スポーツクラブ連絡協議会を母体として登録・認証制度

を整備し，2022（令和4）年4月1日からその運用を開始している。

　そして，運動部活動における指導力の向上や指導体制の充実を図るため，スポーツ指導に係る専門性を有し，教員と連携して運動部活動を支え，大会引率も可能な部活動指導員の配置について，総合型地域スポーツクラブは，中体連，高体連，スポーツ団体，総合型クラブ，民間事業者等と連携・促進するとしている。

4　2022（令和4）年「第3期スポーツ基本計画」

　2022（令和4）年3月に策定された「第3期スポーツ基本計画」は，日本の総人口は平成20年をピークに減少局面に入り，小中学生の児童生徒数の減少が加速化し，深刻な少子化が進行しており，高齢化も更に進むとし，この事象は，スポーツに参画する者やそれを支える担い手の不足，学校部活動や地域におけるスポーツ・運動環境の維持の困難さをもたらすとしている。

　その一方，「運動部活動の在り方に関する総合的なガイドライン」（平成30年3月）を策定したところ，運動部活動の平均活動時間は短縮傾向にあり，休養日は増加傾向にあるものの，ガイドラインに定めた時間数等には達していないとしている。

　国は，地方公共団体及びスポーツ団体等と連携し，部活動の運営主体を学校から地域へ移行することを前提として，2023（令和5）年度以降の休日の部活動の段階的な地域移行に向けて，各地域の実態に応じた様々な課題に対応するための実践研究を行うとした。

　また，中学生のスポーツ活動が地域・学校等に応じて多様な形で最適に実施されるよう，国は，地方公共団体及びスポーツ団体等と連携し，2023（令和5）年度以降の休日の部活動の段階的な地域移行に向けて，各地域の実態に応じた様々な課題に対応するための実践研究を行い，情報発信することにより，地域移行の促進を図るとした。

　「第3期スポーツ基本計画」において，総合型地域スポーツクラブは，関連スポーツ団体とともに，運動・スポーツ指導者の資質向上や相互派遣，

活動の場の調整等について，積極的に連携・協力することが期待されている。

第2　総合型地域スポーツクラブ

1　2013（平成25）年「運動部活動の在り方に関する報告書」

2013（平成25）年5月に公表された文科省「運動部活動の在り方に関する調査研究報告書」は，顧問教員の負担増等を背景に，生徒が取り組みたいスポーツの種目，身に付けたい技能や記録の向上の程度は様々であり，より高い水準の技能や記録に挑むことを重視する生徒，自分なりのペースでスポーツに親しみたい生徒，一つの種目よりも様々な種目に挑戦したい生徒など多様なニーズがあり，当該スポーツ種目の技術的な指導は，地域などでの優れた指導力を有する外部指導者が中心となって行うことが効果的であり，総合型地域スポーツクラブ等との連携が重要であるとしている。

2　総合型地域スポーツクラブの実態調査

総合型地域スポーツクラブは，スポーツ庁の令和5（2023）年度の実態調査（令和5年11月20日〜令和6年1月8日）によれば，2023（令和5）年7月現在，全国では1,397の市区町村（1,741市区町村中）においてクラブが創設（創設準備中の122も含む。）されている。クラブ数としても，3,551のクラブが創設（創設準備中の137も含む。）となっている。クラブの育成を開始してから30年近く経過し，クラブ数は直近10年で3,500前後を推移しており，中学生，高校生の参加者が少なく，理想とされている中学校の学区に1クラブという理想にはほど遠い状況が続いていたが，部活動の地域移行に伴い，その受け皿としての総合型地域スポーツクラブ（総合型にとらわれないスポーツクラブ）の役割，存在が見直されているといえる。

地域の実情に応じたスポーツクラブの存在がそれぞれの地域において，スポーツ環境の充実に貢献するとともに，スポーツを通じて，高齢者の健康増進や子育て支援などの様々な地域課題の解決にも寄与していくことが期待される。

少子化により，複数校による合同部活動の実施やシーズン制等による複数種目実施は不可避の状況になっている。また，既存のスポーツクラブも，同様に，選手の確保が難しくなっている。

　地域クラブとの連携により，従来，学校の部活動や野球，サッカー等の既存の民間のスポーツクラブとの協力関係をつくることが困難であった状況を解消していくことになるのではないだろうか。

　このような視点から，地域の実情に応じて，幅広い世代の人々が，各自の興味・関心・競技レベルに合わせて，様々なスポーツに触れる機会を提供するという地域密着型のスポーツクラブが学校や地域と連携して，スポーツをする場を提供することにより，スポーツコミュニティを形成するという役割，期待が大きくなっている。

3　部活動と総合型地域スポーツクラブの連携

　部活動が教育の一環として行われるという趣旨からすると，多くの生徒がスポーツに親しむ生涯スポーツの基盤づくりや中高生の居場所をつくるという視点も重要である。

　大会での勝利を目指しての専門的な部活動から，多くの生徒がスポーツに親しむという部活動まで多様な部活動があり，その受け皿として，棲み分けを考えて，総合型地域スポーツクラブとの協力・連携を再構築していく時代になってきたといえる。

【参考資料】

① 　平成29（2017）年「第2期スポーツ基本計画」（https://www.mext.go.jp/sports/content/1383656_002.pdf）

② 　令和4（2022）年「第3期スポーツ基本計画」（https://www.mext.go.jp/sports/content/000021299_20220316_3.pdf）

③ 　「総合型地域スポーツクラブ育成マニュアル」（文科省，平成20年，http://www.mext.go.jp/a_menu/sports/club/main3__a7-htm）

④ 　「総合型地域スポーツクラブの現状と課題」（文科省，平成27年4月23日，

https://www.mext.go.jp/b_menu/shingi/chousa/sports/025/shiryo/__icsFiles/afieldfile/2015/05/01/1357467_2.pdf）

⑤ 令和5年度総合型地域スポーツクラブ育成状況調査（https://www.mext.go.jp/sports/b_menu/sports/mcatetop05/list/detail/1412250_00012.htm）

⑥ 「運動部活動の在り方に関する総合的なガイドライン」（平成30年3月，https://www.mext.go.jp/sports/b_menu/shingi/013_index/toushin/__icsFiles/afieldfile/2018/03/19/1402624_1.pdf）

■ 参考判例

◎ 民間の会社が主催するスキューバダイビング講習会に参加した者が講習会の練習海域に移動する途中で溺れた事故

　受講者は講習会に参加するに当たって，スキューバダイビングには生命の危険が伴うことを充分認識した上で，仮に講習会の中で自己の生命に関わる事故が発生したとしても，一切主催者の責任を問わないとする免責同意書を提出していた。

　主催者や講師に対し，損害の賠償を求める事案において，免責同意者が被免責者の故意，過失に関わりなく一切の請求権をあらかじめ放棄するという内容の免責条項は，少なくともその限度で公序良俗に反し，無効であると判示した（東京地判平13・6・20判タ1074号219頁。賠償金1億5900万円）。

　➡ なお，免責同意書が全て無効となるかは議論のあることである。

（白井　久明）

「生徒の自主的，自発的な」部活動

　2016年8月，全国高校サッカー選手権の予選にあたる大阪大会に出場する予定であった私立高校のサッカー部が開会式を欠席した。顧問の教師が

開会式の日程を間違えたためである。高体連の「開会式要項」には，「7人以上の出席がなければ棄権扱いとする」と明記されており，6月に行われた大会の抽選会でもその旨の説明がされていたという。

　高体連は，「開会式要項」に基づき，参加を認めなかった。

　保護者会は，日程を間違えたのは顧問であって，「選手たちに罪は無い」として，救済を求める嘆願書を高体連に出していたが，受け入れられなかった。

　7人以上の出席を必要とする「開会式要項」の規定の是非は別として，選手たちが，どうして，大会の要項や開会式の日程を知らなかったのだろうかと疑問が生じた。

　現行の学習指導要領は，「生徒の自主的，自発的な参加により行われる部活動については，スポーツや文化及び科学等に親しませ，学習意欲の向上や責任感．連帯感の涵養等に資するものであり，学校教育の一環として，教育課程との関連が図られるよう留意すること」と定めている。

　運動部活動が「生徒の自主的，自発的な参加」により行うということは，選手たちが，自主的に，大会日程を把握し，本番の試合に向けて，コンディションを整えていくことである。ルールや大会要項にも関心をもち，知っていてしかるべきではないだろうか。

　なにごとも，顧問任せであったとすれば，そこには自主的・自発的な部活動はなく，そのことこそ，問題と言わざるを得ないと考えている。

（白井　久明）

第2編
学校運動部と事故

第1章　事故と責任

第1節　総　論

Q7　事故が起きたときに，責任が問題とされることがあるが，責任とはどういうものか。

A　責任とは，自分がしなければならない義務で，行為の結果について非難を受ける資格・立場のことである。

　責任には，法的責任と道義的責任がある。法的責任は，法律に照らして法律的な制裁を受ける責任で，道義的責任は，重大な問題が生じたとき，法律的な制裁を受けるか否かは別に，道徳や人として正しい道をとる責任を意味する。

　法的責任には，民事責任と刑事責任がある。民事責任は，損害賠償義務などを負う責任で，不法行為責任と債務不履行責任がある。刑事責任は，法律を犯した者（犯罪者）に対し，国により刑罰などの罰が与えられる責任である。

[解 説]

第1 法的責任と道義的責任

1 法的責任（刑事責任と民事責任）

法的責任とは，法律に照らして責任があるのか否かという問題で，刑事責任と民事責任がある。

刑事責任は，刑事罰（懲役，禁固，罰金等）を科される責任で，民事責任は，損害賠償義務等を課される責任である。

民事責任は，契約関係にある者が債務を履行しなかったときに負う債務不履行責任（民415条）と，契約関係の有無に関係なく，故意又は過失により，他人の権利・利益を侵害したときに負う不法行為責任（民709条）がある。

2 道義的責任（社会的責任）

道義的責任は，人としての常識に照らして，正しい道を守るべき責任で，社会一般的に考えて重大な問題にかかわった時に負う。法的責任を問われないとしても，社会常識的に問題とされる。なお，法的な責任がなくても，一定の地位にある者について，解雇，解任等の処分がされたり，辞任等をしなければならない場合がある。

第2 責任の関係

1 事故が生じたときの責任

事故が生じたときに，損害賠償義務（民事責任）の問題が生じるとともに，業務上過失致死傷等の刑事責任の有無が問題とされる。刑事責任が無いとされても，民事責任が生じることがある。

部活動に伴う事故に関していえば，多くは民事責任で，刑事責任を問われることは少ない。手続的にも，民事責任は民事訴訟法に基づき，刑事責任は刑事訴訟法に基づく異なる手続によって，審理・判決がなされる。

(注) 2017年3月，那須温泉ファミリースキー場付近で発生した雪崩事故の場合，引率していた教員は刑事責任を問われている。

2 契約関係がある場合の責任

被害者と加害者の間に，契約関係がある場合には，債務不履行責任と不法行為責任の両方が成立する。

不法行為責任と債務不履行責任の違いは，不法行為責任の消滅時効期間が損害及び加害者を知ってから3年とされるのに対し，債務不履行責任の時効期間は債権の権利行使ができるときから5年とされている。ただし，生命・身体を害する不法行為による損害賠償請求権の消滅時効期間は損害及び加害者を知った時から，5年間となっている。

なお，時効の期間は，2020（令和2）年，民法の債権関係の規定（契約等）が改正により，上記の通り変更されている。

また，不法行為の場合，故意・過失等の立証を被害者がしなければならないのに対し，債務不履行の場合には，加害者が自分に落ち度が無いことを立証しなければならないとされている。

3 教師の責任

私立学校においては，教師が不法行為責任（民709条）を負い，学校設置管理者は教師の使用者として不法行為責任（民715条）を負い，校長なども代理監督者責任（民714条2項）を追求される。

国公立学校においては，国家賠償法1条1項に基づき，学校設置管理者である国又は地方公共団体が責任を負うが，公務員である教師は個人責任を負わないとするのが判例である（24頁参照）。

現行法制度上，私立学校と国公立学校の教師の個人責任について差があることについては，様々な批判がある。

なお，近年において公務員である教師の個人の責任に関し，県に対し顧問に求償権を行使するよう命じた判決がある（25頁参照）。

第3　注意義務と安全配慮義務

1　不法行為責任の有無

　不法行為責任の有無については，加害者側の故意・過失の有無が問題となる。過失責任が認められるためには，加害者側に，予見可能性があり，さらに回避可能性があったかどうか（注意義務違反の有無）が問題となる。

2　生徒と教師の関係

　私立学校においては，生徒と学校の間の在学契約の付随義務としての安全配慮義務違反として，債務不履行責任が問題となる。

　公立学校においては，生徒と学校の間には，契約ではなく，在学関係という法律関係があるとして，債務不履行責任が問題とされることが多い。

3　注意義務

　不法行為の場合の注意義務と債務不履行の場合の安全配慮義務は，裁判例では，実質的に重複して主張されたり，判断されており，理論的な問題は別として，内容的にこの二つの義務を明確に区別するのは困難である。

■ 参考判例

(1) 私立高等学校のラグビー部の合宿訓練において，部員（1年生）が日射病で死亡した事故につき，同部の顧問として全般的な指導監督に当たっていた同校教諭に業務上過失致死の責任があるとされた（禁固2月，執行猶予1年）。

　本件は，合宿訓練中の事故といっても，炎天下で被害者が突如倒れ直ちに手当てをしたが死亡したという事案ではなく，グラウンド上で2度も倒れるという異常な様相を呈していたのに，被害者を説教の列に加わるように促したり，歩いて宿舎に帰らせようとして手遅れになった事案で，訓練の厳しさそのものに過失の重点があるのではなく，倒れた被害者への対応に問題があったとした（東京高判昭51・3・25判タ335号344頁）。

(2) 私立高等学校の体操部の体操競技のつり輪運動の練習において，部員

（1年生）が，つり輪から2回転宙返り降りを試みた際，これに失敗し，床面に敷かれたセーフティ・マット上に頭部から落下し，頸椎第五及び第六間脱臼の傷害を負った事案。

　裁判所は，技術的にも精神的にも優れた上級生ないし他の適当な指導教師を配するか自らこれに当たる等の措置をとってこれを監督し，もって不測の事故の発生を未然に防止し生徒の生命，身体の安全を保持すべき義務があったとして，学校法人の債務不履行責任及び不法行為責任を認め，校長に対しては，民法715条2項の代理監督者責任を認めた。なお，被害者側にも過失があったとして7割の過失相殺を認め，損害額を1514万円とした（山形地判昭52・3・30判時873号83頁。私立，高校，賠償金1500万円（過失相殺7割あり））。

(3) 高校の野球部員が川に落ちたボールの回収のために，グラウンドの反対側のガードレールを越えて法面を下りはじめ，中腰の姿勢で法面の下の方（草が生えている辺りの高さ）まで下り，水面に向けて回収道具を出した際に河川に転落し，死亡した事案。

　河川に落ちたボールを回収しようとする生徒の河川への転落を防止するには，生徒がガードレールを越えないようにすることで必要かつ十分であるから，指導担当教員らとしては，本件野球部の生徒に対し，ガードレールを越えてボールを回収しないよう指導すべき注意義務があったと認められる。一般に高校生は一定の判断能力を備えているとはいえ，指導をしなければ，危険を軽視して法面の下方まで下りることも十分あり得ることであり，生徒の河川への転落の危険を予見できたので，指導担当教員は，転落した部員に対し個別に注意をしたにとどまり，改めてボールの回収方法について他の生徒らに指導するなどの対応を執っておらず，指導担当教員らが十分な指導をしたとはいえない（金沢地判令4・12・9・LLI/DB判秘（事件番号：令2(ワ)422号）。公立，高校，賠償金2300万円（過失相殺3割，受領済み災害給付金2800万円控除後の金額））。

(4) 体育の時間に実施されたサッカーの試合中にボールが右眼に当たり，1年余りのちに網膜はく離により失明した小学生の事故につき，同児童

が，事故当時12歳であって眼に異常があればそれを訴える能力を有し，事故直後から眼に異常を感じていたにもかかわらず，担当教師が再三尋ねても異常がないと答えたばかりでなく，外観上何らの異常も認められなかったうえ，担当教師において右児童が異常を感じてもあえてこれを訴えないことを認識し得る事情もなかったときは，担当教師には失明防止のため事故の状況等を保護者に通知してその対応措置を要請すべき義務があったものとはいえないとした（最二小判昭62・2・13民集41巻1号95頁，判タ652号117頁）。

➡ ボールが眼部に当たった場合には，後日障害が発生することは考え得るところである。被害者本人が幼稚園児の場合，異常がないと言っていても，担当の教師に発生した事故の内容を保護者に通知すべき義務が生じる。また，未成年でも高校生や大学生であれば，通知義務は生じないと考えられる。本件は事故当時12歳という年齢で，眼部に異常を感じた場合に，自発的に保護者等にそれを訴える能力があると判断できるのか，担当教師が自発的訴えに期待することが許されるのかなどについての評価がポイントとなったといえる。

(5) 加害者（後衛）が被害者（前衛）とペアを組んでバドミントンのダブルス競技を行っていた際に，加害者のラケットが被害者の左眼に当たった事故。後衛は，前衛の動静を把握でき，相手方の打ったシャトルは後衛の守備範囲に飛来したことから，前衛が動き出した時点で後衛が動き出す可能性を予見でき，前衛の動静に注意し，自身のラケットがXに衝突しないように配慮しながら競技を行うべき注意義務を怠った過失があるとした。バドミントン競技の場合，競技者が，同競技に伴う他の競技者の故意又は過失により発生する一定の危険を当然に引き受けてこれに参加しているとまではいえないとした（東京高判平30・9・12判時2402号23頁。賠償金1300万円）。

(6) 野球の試合中，二塁手が三塁手から投げられた球を捕ろうとして二塁ベース近くに移動したところ，一塁を回って二塁方向にスライディングした走者とぶつかり，全治6か月を要する副靭帯損傷の傷害を負った事

故。

　野球のようなスポーツの競技中の事故については，もともとスポーツが競技の過程での身体に対する多少の危険を包含するものであることから，競技中の行為によって他人を傷害せしめる結果が生じたとしても，その球技のルールに照らし，社会的に容認される範囲内における行動によるものであれば，右行為は違法性を欠くとして，加害者の不法行為責任を否定した（東京地判平元・8・31判時1350号87頁）。

(7)　54才，スキー歴約30年の女性がスキーで滑走中，同じくスキーで滑走中の34才，スキー歴は3年，1シーズン目に3級合格，1シーズン10回程スキー学校で受講している男性に衝突し，それぞれが負傷した。女性が男性に対し金177万余円の損害賠償請求をしたのに対し，男性が女性に金60万余円の反訴請求をした事案。

　女性，男性の双方に，いずれも過失があるとはいえないとの原審の判断を相当とし，スポーツやレクリエーション中の事故については，そのルールないしマナーに照らし，社会的に容認される範囲内における行動により，他人に傷害を負わせた場合は，正当行為ないし正当業務として違法性が阻却されると解すべきであるとし，男性が暴走していたとか，危険な滑走方法をとっていたとの事情は認められないから，男性はレクリエーションとしてのスキーのマナーに照らし，社会的に容認される範囲内における行動により，女性に傷害を負わせた場合に当たり，違法性が阻却されるとした（札幌高判昭61・9・30判タ633号174頁）。

（白井　久明）

第2節　指導者の指導内容が不適切なケース

Q8　高校運動部の顧問教諭は，事故予防の観点からどういった点に留意して指導を行うべきか。

A　顧問教諭は当該スポーツの特性，特有の危険性を認識・理解し，生徒にルール遵守を徹底し，安全指導を行う。危険性高い競技では可能な限り練習や試合に立ち会って監視指導を行う。初心者や仮入部員の行動にも留意し，練習・試合では体格差・技量差に配慮する。頭部打撲，頸髄損傷等による重大事故が生じやすいラグビー，アメフト，柔道，体操等は日頃からの安全指導が特に重要である。事故の際には直ちに応急措置を行う。

[解　説]

第1　顧問教諭の注意義務

　教育活動の一環として行われる学校の課外の部活動においては，生徒は指導者である顧問教諭の指導監督に従って行動するから，顧問教諭はできる限り生徒の安全に関わる事故の危険性を具体的に予見し，その予見に基づいて当該事故の発生を未然に防止する措置を執り，部活動により生じるおそれのある危険から生徒を保護すべき一般的注意義務を職務上当然に負っている。

　その上で，顧問教諭は，各スポーツの性質に応じた具体的内容の安全配慮義務を負い，安全配慮義務違反（＝過失）があった場合，民事（損害賠償）や刑事（業務上過失致死傷罪等）の責任を問われることとなる。

第2　指導者の指導内容不適切による事故

　指導者の指導内容不適切による事故に関する判例としては，後記「参考判例」⑴～⑹がある。特に危険性高い競技では顧問教諭が部員の経験・技量に応じた適切な練習メニューを組むとともに，可能な限り練習や試合に立ち会って監視指導を行うべきである。打撃・格闘技系や身体衝突を伴う競技では相手選手との体格差・技量差に配慮する必要があるとともに，脳振盪（セカンドインパクト症候群）(注)には十分注意しなければならない。また，初心者や仮入部員は予想外の行動をすることがあるので注意が必要である。事故発生時には，顧問教諭や養護教諭はそれぞれの知識・能力に応じた応急措置を直ちに行うべき事後措置義務を負う。

　なお，脳振盪に関しては，Q15参照。

> (注) セカンドインパクト症候群とは，1度衝撃によりダメージを受けた脳に対して2回以上の同様のダメージを受けることによって軽症であった患部のダメージが広がり致命的になる症候群で，プレーの復帰については，慎重に判断・対処する必要がある。後記Q15の参考判例⑴は同症候群を認めた裁判例である。

参考判例

⑴　県立高校1年体操部員がミニトランポリンでの前方2回宙返りで頭から落下して頸椎骨折等の傷害を負った。①体操部は事故発生の危険があり，高校生は冒険心に富むが未熟だから難技を試みて失敗する危険がある，②コーチ役は新任講師ゆえ，顧問教諭は日頃生徒に安全教育を周知徹底し，自ら練習に立ち会えない場合は講師に危険な練習を行わないよう指導すべきなのにこれを怠ったとして，在学契約上の義務の履行補助者の安全配慮義務に違反するとして顧問教諭の過失を認め，生徒の過失も6割認めて過失相殺した上，県の賠償責任を認めた（浦和地判平3・12・13判タ783号214頁。公立，高校，賠償金4700万円（過失相殺6割あり））。

⑵　道立高校2年女子柔道部員が合同合宿での練習試合中，対戦相手の他校有段者に大外刈りをかけられて後頭部強打し，四肢不全麻痺，高次脳

機能障害等の後遺障害を負った。柔道は死亡や重傷事故が発生するから，指導教諭は生徒の健康状態や体力，技量等を把握して応じた指導をして事故防止すべき注意義務を負うところ，教諭は部員に急性硬膜下血腫が生じていることを認識し又は認識し得た上，部員の技量が高くない中，漫然と他校生との練習試合に出場させた過失があるとして，道に損害賠償責任を認めた（札幌地判平24・3・9判タ1382号110頁。公立，高校，災害共済給付金3770万円控除後の賠償金1億3700万円）。

(3) 県立高校2年ラグビー部員が社会人チームとの練習試合で負傷退場選手に替わって重要ポジションで出場し，対戦相手選手の肩に自己の首を激突させ頸椎骨折等の重傷を負った。ラグビーは激烈なスポーツで，経験浅い高校生のスクラムで死亡事故もあるから，高校ラグビー指導者は成年男子チームとの対戦はできるだけ慎み，技能・体力等を鑑みて格段の差があるチームとは対戦しない，経験技術が必要な重要ポジションに経験の浅い者を起用しない等して事故防止すべき義務を負うところ，顧問教諭が実力差ある強力社会人チームとの試合で未熟な原告部員を重要ポジションで起用した安全配慮義務違反ありとし，県に損害賠償責任を認めた（福岡地判昭62・10・23判タ662号157頁。公立，高校，見舞金1500万円控除後の賠償金1億3300万円）。

(4) 市立中学剣道部活動中に仮入部生が横に振った竹刀が他部員の右眼に当たって視力低下，内斜視等の障害を負った。顧問教諭は仮入部期間中はできる限り練習に立ち会って直接仮入部生の指導に当たり，竹刀の危険性と用い方等注意事項を説明し，練習時には適切な間隔を保つよう指導監督したり，本来の用法と異なる竹刀の用い方を発見したら直ちにこれを中止し厳禁する等周知徹底すべき義務があったが，顧問教諭は仮入部期間中の練習にほとんど立ち会わず，仮入部生に直接指導もせず，自ら指導監督を怠っていたと過失を認めた。1審，控訴審とも過失相殺は否定して，心因的要因の寄与を認めた4割の素因減額をした（1審：仙台地判平19・9・27判自314号47頁，仙台高判平20・3・21判自314号44頁（控訴審）。公立，中学，賠償金1000万円（素因減額4割あり））。

(5) 公立中学3年生が体育授業のミニサッカー中に具合が悪くなり競技離脱後に倒れ，救急搬送するも死亡した件につき，体育教諭と養護教諭の過失が問われた。体育教諭は救急法実技講習会に定期的に参加していなかった，生徒に定期検診等での異常所見は無かった，生徒の競技離脱経緯を知らなかった等から，体育教諭の義務は生徒に声を掛け仰向けにして状態を十分観察し，直ちに養護教諭の応援を頼むべき注意義務にとどまるとして過失を否定した。養護教諭は救急法実技講習会に参加しており，自ら心肺蘇生法の応急措置を直ちに執る注意義務を負うが，養護教諭には医療従事者に要求される高度の医学的知識・技術までは要求されないから，本件状況下で直ちに人工呼吸を開始しなかったことはやむを得ないとして過失を否定した（青森地八戸支判平17・6・6判タ1232号290頁）。

(6) 県立高校2年ホッケー部員が，相手選手がボールを打った際のスティックがこめかみを直撃し，重度の後遺障害を負った。受傷後近隣外科医で受診後，自宅に送り届けた顧問教諭につき，教諭は学生時代からホッケーやスティックに精通し，県運動部指導者への配布冊子にも頭部打撲の際には注意深く観察し，脳外科ある総合病院を受診するよう記載されていたから，頭部を受傷した部員が車内で吐いた時点で速やかに専門医に搬送しなかったのは，事後措置義務を怠った過失があるとした（山口地判平11・8・24判時1728号68頁。公立，高校，見舞金及び医療費2500万円控除後の賠償金3100万円（第三者の過失を認め，県の責任は2割の限度にとどめられた。））。

(7) 県立高等学校の陸上部に所属する選手が棒高跳びの練習中に跳躍に失敗し，左足関節前脛腓靱帯損傷の傷害を負った。同選手は，その約3週間後に，陸上競技大会に出場したところ，棒高跳び競技の跳躍中に空中でバランスを崩して落下し，第6頸椎を脱臼骨折する傷害，両上下肢機能障害及び神経因性膀胱直腸障害の後遺障害を負った。

　選手とその両親は，選手の先行負傷や事故当日の状況にかんがみれば，あえて競技を強行すれば本件のような事故を生じる危険性があり，顧問教諭は，上記危険性を認識し又は認識し得たのに，大会に出場させ本件事故を発生させたとして，国家賠償法1条1項に基づき，県に対し損害

賠償を求めた。

　第1審は，選手の先行負傷の症状はすでに著明に改善し，腫れも圧痛もなく，練習の際にも以前と同様の助走や踏切りができており，選手が負傷や練習不足により不安等を生じていたともいえないこと等から，顧問教諭には事故の危険性を具体的に予見するべき義務の違反があったとはいえないとして，選手らの請求を棄却した。

　控訴審は，棒高跳びが性質上本件事故のような事故の危険性を一定程度伴うものであること，選手が先行負傷を負い，顧問教諭が，選手が受けた診断を知っていたこと，体調に不安があり一部の競技について棄権を申し出ていたこと等から，選手が大会に出場すれば選手の安全にかかわる事故が発生する危険があることを具体的に予見することが可能であったとして顧問教諭の過失を認め，選手の請求を一部認容し，両親の請求を全部認容した（福岡高判平22・2・4判タ1342号128頁）。

（片岡　理恵子）

第3節　施設管理が不適切なケース

Q9　学校は部活動にかかる施設管理の欠陥が原因となって発生した事故についてどのような責任を負うか。

A　野球場，サッカー場，体育館，プール等の部活動の学校の施設において，学校や自治体の設置・管理に欠陥があり，事故が発生した場合には，学校等は民法（及び国家賠償法）に基づき損害賠償責任を負うことになる。

いかなる場合に欠陥があるとされるかは，構造，本来の用法，場所的環境及び利用状況等諸般の事情を総合考慮して施設ごとに具体的，個別的に判断される。

【解説】

1　責任の法的根拠

(1) 工作物責任（民法）

部活動に使用される学校の施設において，その施設の設置・管理に欠陥があり，事故が発生した場合，占有者又は所有者である学校側（自治体を含む。）は民法717条の土地工作物責任に基づき損害賠償責任を負うことになる。

同法にいう「土地の工作物」は，判例上，土地に接着して築造した設備，土地に接着して人工的作業によって成立したもの等と定義されており，野球場，サッカー場，テニスコート，体育館，プール等がこれに該当することは問題なく認められている。

また，これらの施設に付着する設備，具体的にはプールの飛び込み台やサッカーゴール等もこれに含まれると考えられる。

施設の設置・管理の欠陥については，法律上は「瑕疵」と言われており，「工作物が通常有すべき安全性を欠いていること」を指し，安全性を欠くか否かの判断は，当該工作物の構造，本来の用法，場所的環境及び利用状況等諸般の事情を総合考慮して具体的，個別的に判断すべきであるとされている（最三小判昭53・7・4民集32巻5号809頁等）。

(2) 営造物責任（国家賠償法）

道路，河川その他の公の営造物の設置又は管理に瑕疵があったために他人に損害を生じたときは，国又は公共団体は，これを賠償する責任を負うものとされている（国賠2条1項）。

つまり，上記（1）の工作物責任が発生し得る土地の工作物について，国又は公共団体が設置し，公の目的に供されている場合には営造物責任の対象にもなるのであり，国公立の学校の施設に関しては同法の適用もあるということになる。「瑕疵」についての解釈は工作物責任と同様である。

(3) 運用，維持管理，指導に関する責任との関係

上記（1）及び（2）の責任は，施設の安全性に関するものであるが，仮に当該施設が通常有すべき安全を有していると判断されたとしても，当該施設の実際の運用が事故発生のリスクを高めるものであったり，日常的な維持管理が行われていなかったり，顧問教諭の指導に問題があった場合等は，別途，債務不履行責任（民415条）が生じる可能性があることに留意する必要がある。

2　施設ごとの事故の傾向

(1) 野球場

グラウンド内では，バッティング練習の際に防球ネットの間をボールがすり抜けて打撃投手に直撃する事故，ノック（守備練習）の際のイレギュラーバウンドにより生じる事故，バッティングケージの転倒事故等がある。これらの設備が十分な性能を有していなかったり，劣化していたりする結果，事故が生じた場合には，工作物責任が生じ得る。

観客席との関係では，プロ野球において，ファウルボールや折れたバッ

トが観客に直撃する事故がよく知られているところ（仙台高判平23・10・14・LEX／DB（事件番号：平23㈹第169号，原審：仙台地判平23・2・24裁判所ウェブサイト），札幌高判平28・5・20判時2314号40頁等），部活動においても観客席にいる部員や保護者，ブラスバンドについて同様の事故が発生している。予期しない方向から小さなボールが飛んできた場合には回避は困難であり，顔面に直撃した場合には，視力障害等，重篤な後遺症が生じる場合もある。こうした事故類型においては，バックネットの強度や内野フェンス・ネットの高さ等が問題となる。

(2) サッカー場

　グラウンド内では，サッカーゴールの転倒事故が死亡を含む重大な結果につながることが多い。サッカーゴールが全く固定されていなかった場合には，設置・管理の瑕疵が認められる可能性がある（Q20参照）。

　観客席との関係では，野球場と同様の事故が生じ得る。

(3) 体育館

　床板等，体育館の設備そのものに関する事故としては，剥がれた床板が腹部等に突き刺さる事故が近時採り上げられ，消費者庁による調査の対象となった。また，壁面への衝突事故（衝突の際の突起物等への接触による負傷）も発生している。

　ほかにも，バスケットゴールへのぶら下がりによる落下事故，キャットウォーク（2階部分の細い通路）からの転落事故等も発生している。

(4) プール

　飛び込みによるプール底への衝突事故は，頚椎損傷等により死亡を含む重篤な結果を生じることが少なくない。原因としては，プールの水深に問題があるケースもあれば，顧問教諭等の指導に問題があるケースもある（Q18参照）。

　ほかに，吸水口・排水口への吸い込み事故も発生している（さいたま地判平20・5・27裁判所ウェブサイト（ふじみ野プール事故訴訟））。

　　　　　　　　　　　　　　　　　　　　　　　　（宮田　義晃）

体育館の床はがれ事故

　2017年5月29日，消費者庁の消費者安全調査委員会（消費者事故調）は，体育館で，バレーボールなどのプレー中，床に滑り込んだ際，はがれかけた床材が身体に刺さる大けがをした事故が，約10年間に7件があったとする報告書を公表した。

　"事故があった体育館は床が湿気や雨漏りでぬれたり，水拭きやワックス掛けがされたりしていた。古いワックスを洗い落とす作業では水を使う。床板は水分の吸収や乾燥を繰り返すことで，損傷や板割れが生じてはがれる可能性がある。このため，<u>「清掃の際には原則として水拭きをするべきではない」</u>などと注意を促している。"

　文科省も，同日，「当該事故は新しい体育館でも発生していることから，同様の事故が発生するリスクはあらゆる体育館に存在する」として，フローリング等の不具合を発見した場合には，速やかに応急処置又は補修を行うほか，必要に応じて専門業者に相談して補修又は改修を行うようにとの通知を出している（平29・5・29付29施企第2号文部科学省大臣官房文教施設企画部施設企画課長通知「体育館の床板の剥離による負傷事故の防止について（通知）」）。そして，「事故が発生した場合に事故原因の事後的な検証を行うことができるよう，フローリング等の不具合を把握した場合には，写真を撮影する等の方法で不具合の内容を記録し，不具合の位置や箇所数とともに記録し保管」することを求めている。

　床板は水吸収や乾燥を繰り返すと，損傷や板割れが生じてはがれる可能性があるので，日常的な水拭きはしない，古いワックスを除去するに際して水拭きをするときも，固く絞ってするようにと注意されている。

　半月後の6月10日，日本スポーツ振興センター（JSC）の組織下にあるナショナルトレーニングセンター（NTC）の体育館で，バレーボールのレシーブの練習をしていた男子大学生が床からはがれた木片が刺さり大けがをしている。

　NTCが体育館の清掃をどのように行っていたのだろうか，指導者・選手が事前の点検でこのような床の状態を発見することができたのであろう

か，施設の管理者，指導者，選手らは，上記文科省の通知を知っていたのであろうかと，次々と疑問が生じてくる。

8月29日に，NTCが公表した調査委員会による報告書によれば，「事故発生以前から床板が剥離していたのか，レシーブにより床板が剥離したのかは確定的な結論を出すことは困難で，床板が剥離した物理的な原因を特定するには至らなかった。」としており，「あくまで推測の域を出ないが，元々ひび割れが床板に生じており目視では確認できない程の僅かな床板の浮きなどが，レシーブした際に，一瞬浮き上がるなどして，ユニホームに引っかかり，そのまま体が滑るスピードと相まって床板が剥離し，滑らせた体（太腿）に突き刺さった可能性が考えられる。」としている。

また，「コートの保全・管理面から」も，直接的な原因となったと「特定するまでには至らなかった」としている。

そして，再発防止のために，①利用実態に即した計画的な改修（再塗装など）の実施，②実効性のある日常点検の実施，③専門家による定期点検の実施などの取組を行うとしている。

②の「実効性のある日常点検の実施」については，「共用コートの利用者に対して，類似の事故に関連して消費者安全調査委員会から提言されている内容（目視の担当範囲の設定，ダブルチェック，ストッキングの利用等）や床板のチェックポイントの教示，素人でも利用可能な簡易チェック表の作成，提供などを行い，その運用を徹底することが必要である。」としている。

このような施設の瑕疵（通常有すべき安全性の欠如）による事故は，法的には，施設管理者などが責任負うことになると考えられ，施設管理者の安全点検が重要なことは当然であるが，指導者や選手自身も，このような事故情報を有していると，施設を利用するに当たって，ケガをしないように注意をするようになる。

スポーツ施設に限らず，公共施設に対する維持補修費は，地方自治体の一般財源が充てられてきたが，財政状況が厳しいおり，公共施設に対する維持補修費の支出は充分とはいえない。修繕費が支出できないと，危険で

あるという理由で，施設の利用停止，閉鎖に至ってしまうことになる。

そういう意味では，スポーツ施設の利用者は，日常的に，施設の維持補修がどのように行われているか，その予算はどうなっているのか，もっと，関心をもつ必要がある。

なお，2024年11月，ナショナルトレーニングセンターのエントランス部分の壁が崩落した。原因は調査中とのことである（共同通信：2024年11月14日）。

国の施設においても，このような事故が生じている。

日常的に，施設の維持管理，点検が重要であり，施設管理者のみではなく，利用者もこのような視点で利用することが必要である。

(白井　久明)

第4節　自然災害によるケース

Q10 当校には山岳部やボート部があるが，過去，自然災害による事故にはどのような事例があるか。自然災害による事故が起きた場合，学校や顧問教諭は責任を問われるか。

　山岳部の登山においては雪崩，滑落，熱中症等の危険が，ボート部の活動においては突風・横波・増水等による転覆の危険があり，いずれも死亡事故が複数件発生している。自然災害による事故は，即ち不可抗力ではない。顧問教諭には職務上，生徒の生命身体を害する結果の発生を防止すべき注意義務があり，注意義務に違反した場合には民事・刑事の両面で顧問教諭や学校の責任が問われることがある。

なお，自然災害に関する予防としては，Q16参照。

[解　説]

第1　自然の中でのスポーツ

　屋外でのスポーツは多々あるが，その中でも登山やスキーは山で，ボート，カヌー，ヨット，サーフィン等は海や川で行われる自然の中でのスポーツであるから，高温・低温，暴風，豪雨，豪雪，洪水，増水，高潮，津波といった気象・自然現象の影響を直接的に受け，異常な自然現象による自然災害から痛ましい事故が発生することがある。学校や顧問教諭においては，自然の脅威を十分に認識・理解した上で，当該スポーツの特性に従った万全な事故予防・安全対策をとらなければならない。

第2　学校及び顧問教諭の責任

　教育活動の一環として行われる学校の課外のクラブ活動においては，生徒は指導者である顧問教諭の指導監督に従って行動するから，顧問教諭はできる限り生徒の安全に関わる事故の危険性を具体的に予見し，その予見に基づいて当該事故の発生を未然に防止する措置をとり，クラブ活動により生じるおそれのある危険から生徒を保護すべき一般的注意義務を職務上当然に負っている。

　その上で，顧問教諭は，各スポーツの性質に応じた具体的内容の安全配慮義務を負い，安全配慮義務違反（＝過失）があった場合，民事（損害賠償）や刑事（業務上過失致死傷罪等）の責任を問われることとなる。

第3　山岳部の事故事例

　高校及び高等専門学校の山岳部における事故事例としては，(1)夏山登山合宿中，雨で増水した川を渡渉中に転倒し川に流され死亡した事例，(2)登山合宿中に強い吹雪に遭い，下山強行するも途中の沢筋で表層雪崩に巻き込まれて死亡した事例，(3)引率教諭が途中で登山コースを誤り，予定外の

岩場の登山路を漫然と登攀継続させ、生徒が岩場から転落死した事例、(4)夏山登山で猛暑と疲労により熱中症になり死亡した事例、(5)春山登山において雪崩に巻き込まれて死亡した事例がある。詳細は後記「参考判例」(1)〜(5)を参照のこと。

第4　ボート部の事故事例

高校のボート部における事故事例としては、(6)川での練習中に艇が転覆、水中に転落して溺死した事例、(7)大会参加中、突風と横波を受けボートが転覆し溺死した事例がある。詳細は後記「参考判例」(6)(7)を参照のこと。

■ **参考判例** ▶

(1)　府立高校1年生が参加する山岳部の夏山登山合宿で、雨で増水した川を渡渉中に転倒し川に流され死亡した。部員が顧問教諭に提出した計画（この計画自体は危険でない。）よりも日数短縮したタイトな登山計画が顧問教諭への報告無しに実行されたため修正計画に対する顧問教諭の指導助言が期待できなかったこと、OBの影響が強く顧問教諭の指導監督が制約されていたこと等から、顧問教諭の指導監督義務違反を否定し、遺族からの国家賠償請求を棄却した（京都地判昭61・9・26判時1217号105頁）。

(2)　高専山岳部員が3月下旬の登山合宿中に強い吹雪に遭い、ルート変更して下山強行し、下山途中の沢筋で表層雪崩に巻き込まれて死亡した。1審は引率教諭の下山決定や下山方法等も許されるとして引率教諭の過失を否定した。2審と最高裁は過失を認め、遺族の請求を認めた。2審は、学校行事の登山はより一層安全な枠内で慎重な配慮が要求されるから、本件状況下で下山を強行し、漫然とラッセル進行を継続した過失があると認定した（最二小判平2・3・23判タ725号57頁、東京高判昭61・12・17判タ624号254頁、東京地判昭59・6・26判タ528号131頁。公立、高校、賠償金6500万円）。

(3)　高校山岳部顧問教諭が山岳部員6名を引率して登山実施した際、教諭が途中でコースを誤り、予定外の岩場の登山路を漫然と登攀継続させた

ところ，岩登り未経験で訓練も受けていなかった３年生部員２名が転落死した。教諭に業務上過失致死罪で罰金刑が科された。引率教諭は事前にコース，地形等につき十分調査し，装備，食糧等整えて周到な登山準備をし，登攀開始後も岩壁全容を観察し前後の措置を判断し，危険予知した場合は潔く引き返す等事故防止の注意義務があるとし，教諭の義務違反を認定した（札幌地判昭30・７・４判時55号３頁。公立，高校，罰金３万円）。

(4) 県立高校２年山岳部員が夏山登山合宿で登頂し下山中，脱水と高体温により熱射病で死亡した。登山は自然現象や体力・登山技術不足の危険があり，引率教諭には一層慎重な配慮が要求される。引率教諭は登山中，部員に熱射病が疑われる場合は直ちに応急措置を開始し，速やかに医師に連絡し，緊急に下山させる注意義務を負うところ，猛暑の中，意識障害で高熱の部員を数時間の冷却措置のみで医療機関に搬送しなかった過失があるとし，県に損害賠償義務を認めた（浦和地判平12・３・15判タ1098号134頁。公立，高校，見舞金2570万円控除後の賠償金5100万円）。

(5) 県高体連が３月下旬に主催した春山登山講習会において，参加した県内高校の生徒及び教員が雪崩に巻き込まれ，生徒７名及び教員１名が死亡し，40名が重軽傷を負った事案につき，本件講習会の講師であった被告３講師は県の公務員たる県立高校教員であるから，公務員たる被告３講師が職務行為を行うに当たり発生した事故につき，賠償責任を負わないとした。他方，被告県及び被告県高体連は，当日朝の時点で付近の気象情報や雪崩注意報等の発令の有無等を確認し，雪崩が発生する危険性を想定して本件講習会を中止すべき義務があったのにもかかわらず，これを怠って漫然と本件講習会を続行し，これによって本件事故が発生したという注意義務違反（違法性ないし過失）を争わず，賠償責任が認められた（宇都宮地判令5・6・28判タ1516号188頁，宇都宮の雪崩事件（民事判決）。公立，高校，生徒一人あたり見舞金控除後の賠償金額6400万円）。

(6) 県立高校２年ボート部員が川での練習中に艇が転覆，水中に転落して溺死した。顧問教諭は艇転覆等の事故発生に備えて，水中での行動の仕方を適切かつ十分に指導し，救命具装着を部員に徹底する必要があった

が，泳力・救命具装着の両面で指導が不十分であったとして顧問教諭の注意義務違反を認め，他方で被害者の過失も認めて 5 割の過失相殺をして学校側の損害賠償責任を認めた（青森地判平 5・9・28判夕857号139頁。公立，高校，災害共済給付金及び弔慰金合計1590万円控除後の賠償金1400万円（過失相殺 5 割あり））。

(7) 高校 1 年ボート部員が新人戦参加中，突風と横波を受けボートが転覆し溺死した。新人戦は事故が発生する可能性が高く，被害部員は経験浅く初の公式戦参加，大会運営主体の態勢が脆弱，事故現場付近の水域が風の影響を受け易い上に寒冷前線の影響や強風注意報発令等の事情を顧問教諭が認識しつつ，被害部員に本件現場の危険性を周知徹底しなかったことや，被害部員が離岸し水上に出た後の動向を監視し，安全確保の適切な指示を与えなかったとして顧問教諭の注意義務違反を認め，遺族からの国家賠償請求を認めた（札幌地判平17・11・25裁判所ウェブサイト。公立，高校，災害共済給付金及び見舞金合計3550万円控除後の賠償金3400万円）。

（片岡　理恵子）

第5節 運動会での事故

Q11 運動会において事故が発生した場合,学校側が責任を負う可能性があるのはどのような場合か。

A 運動会において,教員には
① 事前に十分に計画を練り,運営方法を検討する義務
② 競技内容,生徒の能力に応じて,生徒に対し,指導,監督,注意する義務
③ 生徒の動静を監視して,行事の進行状況等を把握し,危険な状態が発生すれば直ちに対応できるようにしておくべき義務
がある。
　これらの義務に違反したと認められる場合には,学校側に事故により生じた損害を賠償する責任が生じることになる。

[解 説]

第1 運動会の意義・目的

　学習指導要領(平成29年告示)では,「特別活動　健康安全・体育的行事」として,「心身の健全な発達や健康の保持増進,事件や事故,災害等から身を守る安全な行動や規律ある集団行動の体得,運動に親しむ態度の育成,責任感や連帯感の涵養,体力の向上などに資するようにすること」が掲げられている。

　これを受け,学校ごとに運動会の目的が設定されているものと考えられるが,「責任感」,「連帯感」,「絆」,「感動」が取りあげられることが多く,これらの視点が強調されるあまり,実施競技が過激なものとなったり,運

用に無理が生じたりして（練習期間の短さ，教員の指導体制の不十分等），事故につながるケースが否定できないように思われる。

第2　運動会における事故の概要

　平成28年度スポーツ庁委託事業スポーツ事故防止対策推進事業「体育的行事における事故防止事例集」によると，2015（平成27）年度の学校管理下での事故災害の総発生件数は約108万件，うち，体育的行事（運動会・体育祭）中の事故災害は，13,582件とされている。種目別では，徒競走が36.5パーセントと最も多く，騎馬戦等の対戦型種目が2番目に多い19.7パーセント，組体操やむかで競争も4～5パーセントを占めている。

　このうち，組体操や騎馬戦は，転落等による重大な事故が発生するリスクが高いといえる。

第3　運動会における学校側の義務

　裁判例（福岡地判平11・9・2判時1729号80頁，参考判例(4)）においては，校内学校行事の一つである運動会は，校外で行われる行事と異なり，生徒が日頃慣れ親しんだ場所で行われるものであるが，日常的な教育活動と違って一時的要素の強いものであり，危険に対する対応能力が生徒に十分に備わっているとはいえないとして，学校側（自治体）に，十分な計画策定，適切な指示・注意，事故が発生した場合の対応策等危険を防止し，生徒の安全を確保するための措置を講じるべき義務が課されているとされている。

　具体的には，事前に十分に計画を練り，運営方法を検討する等の義務，競技内容，生徒の能力に応じて，生徒に対し，指導，監督，注意する義務，運動会に伴う事故を回避するため，一定の場合には生徒の動静を監視して，行事の進行状況等を把握し，危険な状態が発生すれば直ちに対応できるようにしておくべき義務があり，これらの義務に違反したと認められる場合には，学校側に事故により生じた損害を賠償する責任が生じることになる。

　以下，事故の結果が重大なものとなりやすい組体操及び騎馬戦について個別に検討する。

第4 組体操における事故と責任

1 組体操における事故

　日本スポーツ振興センターの分析によると，組体操の練習中などに起きる事故は年間8000件を超え，昭和44年以降に組体操の事故で9人が死亡，障害が残ったこどもは92人に上っているという（同センター「平成28年度　スポーツ庁委託事業・スポーツ事故防止対策推進事業―体育的行事における事故防止事例集」組体操における事故防止の留意点（8頁））。演技別にみると，「タワー」，「ピラミッド」が多くの割合を占めている。

　裁判例においては，ピラミッドの崩落により最下段の生徒が頸椎骨折等の障害を負ったケース，ピラミッドの最上段から転落して傷害を負ったケース等がある。

2 組体操における責任

　ピラミッドやタワーは，落下・崩壊する危険性を有する技であるから，指導をする教員が，練習段階において，生徒に対し，危険を回避・軽減するための指導を十分に行う義務があると考えられる。

　また，実演時には，各生徒が安定しているか否かを十分確認したり，不安定な場合には立つのを止めさせたり，生徒が自ら危険を回避・軽減する措置がとれない場合に補助する教員を配置するなどして生徒を危険から回避させたり，危険を軽減したりする義務もあると考えられる。

　教員がこれらの義務を怠った場合には過失があるというべきである。

第5 騎馬戦における事故と責任

1 騎馬戦における事故

　騎馬戦は，三人が手を組んで馬をつくり，その手を組んだ上に騎士が乗って一組の騎馬を構成し，騎士同士が組み合って相手騎士を落とす方法の外，帽子やはちまきを取るとか風船を割る等の方法により勝敗が決せられる競技である。いずれの対戦方法にも，馬の接触，騎士の落馬，馬の崩壊等による事故の危険性が存在している。

また，相手騎士を落馬させようとしてもみ合う騎馬戦においては，本来不安定な騎馬の重心を力ずくで安定範囲の外に出そうとすることになるため，騎馬は一層転倒しやすくなるといえる。

2　騎馬戦における責任

　騎馬戦における騎馬は安定性に乏しく，騎馬が崩壊した場合には，その構成員が身体に多大な衝撃を受ける危険性があるから，騎馬戦を運動会において実施する場合には，騎馬戦を実際に行う生徒の身体の安全を確保するため，危険性に十分留意した計画策定等を行う必要がある。

　特に一騎対複数騎の対戦を認める場合には，生徒負傷の危険性は高くなるから，練習において，自分の騎馬が崩れそうになった場合，すみやかに組み手を外し，他の構成員を支える等の指導及び訓練や，審判員による対戦中止，転落，転倒の防止等についての監視を徹底する必要がある。

　教員がこうした騎馬戦の危険性を認識，理解し，生徒の騎馬戦の経験，生徒の運動能力等を十分に把握し，生徒に対し，騎馬戦における安全確保のための注意，指示，指導等を十分に行わなかった場合には，事故発生の責任を負うことになる。

参考判例

(1)　県立高校の生徒であった原告が体育祭の騎馬戦において落馬して負傷し第七頸椎以下完全麻痺の後遺障害を負ったのは，十分な練習をしていなかった等の県の安全配慮義務違反及び同校の校長らの過失によるものであると主張して治療費，逸失利益等を請求した事例。県の安全配慮義務違反等が認められ，約2億円の損害賠償請求が認容された（福岡地判平27・3・3判時2271号100頁。公立，高校，賠償金2億円）。

(2)　高等学校の体育大会の種目の8段のピラミッドの練習中，崩落し，最下段の生徒が頸椎骨折等の傷害を負った事故について，生徒が発熱しており体調が不十分なのにもかかわらず代替要員を確保するなどの措置をとらず，漫然と参加させる等指導教諭らの過失が認められた（福岡地判

平5・5・11判時1461号121頁。公立，高校，賠償金1億2500万円）。

(3) 高校の体育の授業として8段の人間ピラミッドを練習中，6段目が上がりかけたところでピラミッドが崩落し，最下段中央部の生徒が下敷きとなり，頸椎骨折等の傷害を負った事故について，学校長，指導教諭らの過失が認められた（福岡高判平6・12・22判時1531号48頁。公立，高校，賠償金1億700万円（(2)の控訴審））。

(4) 県立高校の運動会での騎馬戦競技中，複数の騎馬が押し合い一塊になって転倒し，第四頸椎脱臼骨折等の重傷を負った事故について，騎馬の倒壊の仕方，組み手の外し方についての指導・訓練をすべきだったとし，県に安全配慮義務違反があったとして損害賠償責任が認められた（福岡地判平11・9・2判時1729号80頁。公立，高校，賠償金1億5300万円）。

(5) 公立小学校の組体操の練習中に4段ピラミッドの最上段から落下し傷害を負った事故につき，当時6年生の児童が，練習に際し，指導及び監督に当たった教員らに過失があったと主張して，国家賠償法1条1項に基づき損害賠償を求めた事案。体育の授業は，積極的で活発な活動を通じて心身の調和的発達を図るという教育効果を実現するものであり，授業内容それ自体に必然的に危険性を内包する以上，それを実施・指導する教員には，起こりうる危険を予見し，児童の能力を勘案して，適切な指導，監督等を行うべき高度の注意義務があるというべきところ，教員には注意義務を怠った過失があったとして請求の一部が認められた（名古屋地判平21・12・25判タ1333号141頁。公立，小学，賠償金110万円）。

(6) 区の設置する小学校において運動会の種目として行う組体操の練習をしていたところ，生徒が転落して傷害を負ったことから，指導教諭らの安全配慮義務違反を主張して損害賠償を求めた事案につき，相当程度の危険性が認められる5人技を組体操のプログラムの一つとして採用するに当たっては，担当教諭らは，中央の児童がバランスを維持することができるように，倒立等の仕方について，各役の児童に対し適切な指示を与え，それぞれの児童がその役割を指示どおり行えるようになるまで補助役の児童を付けるなどしながら，段階的な練習を行うなど，児童らの

安全を確保しつつ同技の完成度を高めていけるよう配慮すべき義務を負っていたとして，生徒の請求を一部認容した（東京地判平18・8・1判時1969号75頁。公立，小学，賠償金300万円）。

(7) 市立中学で体育祭に行うむかで競争の練習中に生徒が転倒して受傷した事故につき，歩行から駆け足へと段階的に練習すべきところをせず，目標タイムを設定し実戦さながらの練習を最初からさせたとして指導教諭の過失を認定して国家賠償請求が認められた（神戸地判平12・3・1判時1718号115頁。公立，中学，賠償金300万円）。

(8) 区立小学校の5年生であった原告が，同小学校における組体操の練習中に，土台となっている生徒の上から落下し，左橈骨遠位端骨折等の傷害を負った事故について，組体操の指導及び監督に当たっていた教諭らに安全配慮義務違反があったと主張して損害賠償を求めた事案。土台となる2人の児童の上で1人の児童が立ち上がる技は，一般に小学校における組体操で行われる技の中で特に難易度の高いものとはいえないところ，本件事故当時，原告ら3人組について本件技の習熟度が低かったとは認められず，指導に当たっていた教諭らにおいて，児童を支える補助者を付したり，原告が転落した場合に備えてマットを用意したりするなど，安全を確保するための特段の措置をとる義務があったとは認められない旨判断して，本件技の危険性や習熟度に応じた指導・監督を怠った等の過失を否定して，請求を棄却した（東京地判平29・9・29ウエストロー（(事件番号：平28(ﾜ)9805号）。公立，小学，請求棄却）。

(9) 学校運動会で組体操演技に参加した2日後に脳内出血を生じて死亡した中学生の遺族である原告らからの，学校設置者である被告に対する安全配慮義務違反及び事故原因の調査・報告義務違反等を理由とする損害賠償（国家賠償）請求について，騎馬の解体時に頭部に加わった外力によって生徒が死亡したとはいえない，調査・報告義務違反も認められないとして，いずれも棄却した（広島地福山支判令5・4・26判時2590号70頁。国立，幼小中一貫，請求棄却）。

（宮田　義晃）

第2章　事故予防と安全対策

第1節　総　論

Q12 運動部活動における事故を防ぐには，どのような予防策，安全対策をすればよいか。

A 顧問教諭は当該スポーツの特性，特有の危険性を認識・理解し，生徒にルール遵守を徹底し，安全指導を行う。練習前は設備や用具の点検を行い，練習には可能な限り立ち会って監視指導を行う。練習中は適切に水分と塩分を補給させ，休憩を取る。天候や気温にも留意する。

[解 説]

第1　中学生・高校生の特性

　学校における運動部活動は教育活動の一環として重要であり，スポーツは生徒の健全な心身の調和的な発達に資する。しかし，スポーツは身体運動を伴う競技及び遊技であるため，本質的に生命身体を損傷する事故の危険が内在している。

　その上，中学生や高校生は生徒自身の身体の成長，知識の増加に伴ってより危険な行為がなされる可能性が高い一方で，身体能力，技術，判断能力は未熟であり，かつ知識や経験も乏しいため，部活や体育活動において事故が生じやすい。

　学校や顧問教諭は，できる限り生徒の安全に関わる事故の危険性を具体的に予見し，その予見に基づいて事故の発生を未然に防止する措置をとり，部活中の生徒を保護しなければならない。

第2　知識・技術の習得とルール遵守の徹底
1　知識・技術の習得
　部活動の顧問教諭はスポーツ科学・スポーツ医学の基本的な知識や理論を身につけることが望ましい。その上で当該部活動に係るスポーツの特性，特有の危険性を認識・理解しておく。相手と激しく接触・衝突する競技や水泳，登山等特に危険なスポーツについては日頃から研修を受けたり文献を読む等して知識・技術を身に付けるべきである。顧問教諭は日頃から当該スポーツの特性や特有の危険性を生徒に教授し，安全対策（練習前点検・危険状況下での声掛け・傷害の知識と処置方法等）を指導しなければならない。
　事故発生時の緊急時対応マニュアルを作成し，徹底しておく。応急措置の知識も身に付け（熱中症や脳振盪の応急処置やAEDの使用方法は最低限理解したい。），養護教諭や医療機関との連携も確認する。

2　ルール遵守の徹底
　事故防止のためにはルール遵守が必須である。顧問教諭はルールや練習中の決まり・約束事，マナーを守ることを生徒に周知徹底し，的確な安全指導・助言を行う。

第3　生徒の健康状態と能力の把握
　生徒の心身の発育・発達や体力・技能等を把握して，体調・健康状態も勘案した上で，これに応じた無理のない練習計画・活動計画を立てる。成長期にある生徒の能力・体力の個人差に配慮しつつ，基礎体力の養成から始めて段階的に技術を身に付けさせる指導を行う。個人ごとに適切な練習メニュー（準備運動，練習プログラム，トレーニングプログラム，整理運動，ストレッチ等）を作成する。柔道，相撲，ラグビー等の身体接触競技では相手方の体格・レベルとのバランスにも留意する。

第4　練習・競技への立会い
　顧問教諭には常に立会義務があるわけではないが，可能な限り練習・競

技に立ち会うのが望ましい。特に重大事故の危険性ある種目（水泳，登山等）の場合は，指導者が練習・競技に立ち会い，監視や適宜指導を行い，事故を防止する。

　練習・競技中は適切に水分と塩分を補給させ，休憩を取る。怪我や疲労，注意力の欠如は大事故の原因となるので無理をさせず，場合によっては試合への出場を見合わせる等生徒の安全に配慮する。

第5　施設・設備・器具・用具のメンテナンスと競技場所のチェック

　老朽化した施設・設備や破損した器具・用具は事故の原因となるため，練習施設（競技場，体育館，プール等）・器具・用具のメンテナンスを定期的に行うとともに，日々の練習前にも必ず点検・安全確認を行う。

　隣接グラウンドからの飛来物による事故や，練習中の生徒同士による接触・衝突事故，ボールが当たる事故も発生するので，周囲の状況につき常に注意を払って安全確認するとともに，競技場においては，他部活・他種目とは練習時間帯を分ける，練習スペースは十分な距離を保つ，あるいは防護ネット等で安全を確保する。

　競技場所が学外の山岳や海・川といった特に危険が予想される場所の時は事前に競技場所を入念にチェックする。

第6　天候・自然環境

1　屋外競技

　屋外競技では天候，気温，湿度，強風，雷といった気象状況に留意が必要である。春季から秋季にかけて熱中症の危険がある。気温31度以上は激しい運動や持久走は中止，気温35度以上の時は運動は原則禁止である。これ以下の気温でも湿度が高い場合は危険なので注意する。熱中症予防の指標である暑さ指数（WBGT（湿球黒球温度），Wet Bulb Globe Temperature）が28（厳重警戒）を超えた場合には熱中症の危険性が高いので，激しい運動や持久走など体温が上昇しやすい運動は避ける（巻末資料1～3）。

また，落雷の危険にも注意が必要である。雷鳴が聞こえたり，入道雲がモクモク発達したり，頭上に厚い雲が広がった時は練習を即刻中止し，直ちに生徒を安全な屋内に避難させる（巻末資料5参照）。積雪時登山やスキーでは，豪雪・吹雪・寒気による雪崩や遭難，天候急変による低体温症の危険があるので，気象情報は事前及び常にチェックが必要である。ボートや遠泳等の水上競技は海や川で行われ，暴風（強風，突風），豪雨，洪水，増水，高潮，高波（横波），津波といった気象・自然現象の影響を直接的に受け，転覆，溺水（溺死），低水温時の転覆では心停止等の危険があるので，気象や海況に関する情報を事前及び常にチェックすることが必要である。

2 屋内競技

屋内競技においても，春季から秋季にかけて高温・多湿によって熱中症の危険があるため十分に注意が必要である。体育館は風通しを良くして，定期的に換気を行う（巻末資料1参照）。

第7 事故が発生したら

万一事故が発生した場合は，素早い応急措置を行うとともに，救急車・医師に連絡し，怪我人を早急に医療機関に搬送することが肝要である。また，保護者への連絡も速やかに行う。

（片岡　理恵子）

第2節　事故に対する準備と事故が起きたときの対応

Q 13　部活の指導者として，事故を起こさないための準備，万一，事故が起きたときの対応について，具体的なマニュアルはあるか。

A　学校保健安全法（3条・26条）は，国，地方公共団体及び学校設置者に対し，各学校が安全にかかる取組を確実かつ効果的に実施する責務があるとし，地方公共団体及び学校の設置者は，財政上の措置を含め，当該学校の施設及び設備並びに管理運営体制の整備充実その他の必要な措置を講ずるように努めることを求めている。

　各学校は，危険等発生時対処要領（危機管理マニュアル）を策定し，校長は，周知，訓練の実施等，危機発生時に職員が適切に対処するための措置を講ずるとしている（学保29条）。

　2016（平成28）年3月，文部科学省は，児童生徒等や教職員の生命や心身等の安全を確保することを目的として，「学校事故対応に関する指針」（以下「指針」という。）を公表した。

　更に2022（令和4）年3月25日に閣議決定された「第3次学校安全の推進に関する計画」においては，被害児童生徒等及びその家族への配慮した支援が十分に取られていないと考えられる事案があることや，死亡事故に関する国への報告がなされていない事案も見られることから，「指針策定当初に想定していた取組について実効性を高める観点」から，2024（令和6）年3月，「学校事故対応に関する指針【改訂版】」（以下「指針改訂版」という。）を取りまとめ公表した（https://anzenkyouiku.mext.go.jp/guideline-jikotaiou/data/outline/jikotaioushishin-all.pdf?v2403262)。

　「指針改訂版」は，事故発生に備えた事前の取組から，事故が発生した後の取組まで，下記解説の1の(1)から(5)の内容を，詳細に記述しているので参考となる。ただし，「指針改訂版」の内容は詳細すぎて，学校の現場において，周知・徹底するには難しいのではないかと感じている。都道府県・市町村において，研修等を行うに際して，指針の内容を分かりやすくする工夫が必要である。

　（注）「指針改訂版」は学校事故に対応する指針であるが，学校から地域に移行する部活動においても，学校事故に準じた取組・対応をすることが必要である。特に，部活動の受け皿となる地域スポーツクラブ等の組織の体制の整備が重要となる。

【 解　説 】

1　「指針改訂版」の骨子

　危機管理には，以下の三つの場合があり，それに対応した危機管理マニュアルを策定し，教職員へ周知し，研修を行う。「指針改訂版」の骨子は2以下に記載しているが，詳細な内容は後記参考資料「指針改訂版」を必要に応じて参照してほしい。

(1) 事故発生の未然防止策（事前の危機管理）
　危険をいち早く発見して事件・事故の発生を未然に防ぐ（安全教育，施設及び設備の安全点検，教職員の研修等）。

(2) 事故対応に備えた事前の取組等（発生時の危機管理）
　万が一事件・事故が発生した場合に，適切かつ迅速に対処し，被害を最小限に抑える。

(3) 事故対応に備えた事前の取組等（事後の危機管理）

保護者等への説明や生徒等の心のケアを行うとともに、発生した事故等をしっかりと検証し、得られた教訓から再発防止に向けた対策を講じる。

2　事故発生の未然防止
(1) 重大事故・ヒヤリハット事例の共有と活用
　全国の学校等で発生した重大事故をはじめ、学校等で発生した重大事故、校内等で発生したヒヤリハット事例も教職員間で共有し、実効性ある学校安全の体制を構築する。
(2) 危機管理マニュアルの策定・周知・研修・見直し
　事故等の発生の際に、教職員の迅速かつ適切な対応が、組織的に行われるようにするためには、危機管理マニュアルの策定が不可欠であるとともに（学保29条で各学校に策定が義務付けられている。）、毎年度、訓練等の結果を踏まえて、絶えず検証・見直しを行い、実効性のある危機管理マニュアルに改訂していくことが重要である。
　訓練等の結果を踏まえて、絶えず検証・見直しを行い、実効性のある危機管理マニュアルに改訂することが重要となる。
(3) 教職員の危機管理に関する資質の向上
　教職員は、児童生徒等の安全確保を優先し、被害を最小限にとどめ、事故に遭った被害児童生徒等の心のケアやその保護者の支援などについて十分な対応を行うことが大切である。危機管理に関する資質の向上を図る研修等を通じて、教職員個々に、状況に応じた判断力や機敏な行動力等の対応能力を高めることが重要である。
(4) 安全点検の実施
　施設等からの転落事故、運動設備による事故、固定していない備品による地震の際の被害等、過去の事故が繰り返されることの無いよう、随時、安全点検を行い、施設設備の不備や危険箇所の点検・確認、改善等を設置者と連携を図りながら実施していくことが必要である。
　緊急時に使用するAED等の救命や避難等に必要な器具等について、使用可能な状態にあるかについても適宜点検し、使用できない状況にある場

(5) 安全教育の充実

学校の安全を図る上では，教職員の研修だけでなく，児童生徒等自身が安全について学び，自ら危険を回避できる行動がとれるよう，安全教育の充実が重要である。

3　事故発生に備えた事前の取組等
(1) 緊急時対応に関する事前の体制整備
(2) 保護者や地域住民，関係機関等との連携・協働体制の整備
(3) 事前の取組等の推進に当たって
（3－1）学校安全計画について
（3－2）事故発生に備えた取組（詳細調査委員会の設置を含む）について

4　事故発生後の対応の流れ
4－1　事故発生直後の取組
(1) 応急手当の実施

事故直後は，まずは被害児童生徒等の応急手当を最優先で行うこと。

第一発見者は，被害児童生徒等の症状を確認し，近くにいる管理職や教職員，児童生徒等に応援の要請を行い，被害児童生徒等の症状に応じて，速やかに，心肺蘇生，AED の使用，気道異物除去，止血などの応急手当を行い，症状が重篤にならないようにする。

呼びかけに応じないなど重篤な事故と考えられる事象が起きたときは，救命処置が秒を争うことである点を理解し，大声で応援を呼ぶ，119 番通報，心肺蘇生の開始，AED の装着など迅速に行動することが必要である。

(2) 被害児童生徒等の保護者への連絡
(3) 現場に居合わせた児童生徒等への対応

4－2　初期対応時（事故発生直後～事故後1週間程度）の取組
(1) 危機対応の態勢整備

(2) 被害児童生徒等の保護者への対応
(3) 学校の設置者等への事故報告，支援要請
(4) 国への一報（報告，支援要請連絡系統図 の作成）
(5) 基本調査の実施
(6) 保護者への説明
(7) 記者会見を含む情報の公表及び関係機関との調整

4－3　再発防止に向けた中長期的な取組（事故後1週間程度経過以降）

　危機管理には，以下の三つの場合があり，それに対応した危機管理マニュアルを策定し，教職員へ周知し，研修を行う。
(1) 事前の危機管理
　危険をいち早く発見して事件・事故の発生を未然に防ぐ（安全教育，施設及び設備の安全点検，教職員の研修等）。
(2) 発生時の危機管理
　万が一事件・事故が発生した場合に，適切かつ迅速に対処し，被害を最小限に抑える。
(3) 事後の危機管理
　保護者等への説明や生徒等の心のケアを行うとともに，発生した事故等をしっかりと検証し，得られた教訓から再発防止に向けた対策を講じる。

5　事故発生の未然防止及び事故発生に備えた事前の取組

○　全国の学校等で発生した重大事故の情報について，後記参考資料等を活用して，収集し，教職員で共有し，重大事故が発生する前に対策を講じる。
○　現在及び将来に直面する安全の課題に対して，的確な思考・判断に基づく適切な意思決定や行動選択ができるようにする。
○　施設設備の不備や危険箇所の点検・確認を行うとともに，必要に応じて補修，修繕等の改善措置を講じる。
○　安全点検の実施に当たっては，生徒等の意見も聴き，児童生徒等の

視点で危ないと思っている箇所についても点検を行う。
○　各学校で作成している危機管理マニュアルは，絶えず，検証・見直しを行うとともに，各学校の地域特性や生徒等の実情・状況に対応した，マニュアルを整備する。
○　学校での部活動等における事故の場合も適切に対応できるよう，教職員体制が通常と違う場合の役割分担や連絡の取り方，事故対応の手順についてもあらかじめ定める。
○　学校外での活動の際には，あらかじめ，現地における交通事情，連絡の方法，救急病院等の医療機関の有無などを詳しく調査しておく。

6　事故発生後の取組としては
(1) 事故発生直後の取組
○　事故が発生した場合には，被害児童生徒等の症状を確認し，近くにいる管理職や教職員，生徒等に応援の要請を行うとともに，児童生徒等の症状に応じて，速やかに止血，心肺蘇生などの応急手当を行い，症状が重篤にならないようにする。
○　救命処置において，意識や呼吸の有無が「分からない」場合は，呼吸と思えた状況が死戦期呼吸(注)である可能性にも留意して，意識や呼吸がない場合と同様の対応とし，速やかに心肺蘇生とAED装着を実施する。
○　救急車を手配するために119番通報をし，さらに，心停止かどうかの判断に迷ったり，胸骨圧迫のやり方などが分からない場合は，電話を切らずに指示を仰ぐようにする。
○　応急手当を優先しつつも，事故の発生状況や事故後の対応及びその結果について，適宜メモを残すことを心がけ，対応が一段落した時点でメモを整理する（応援に駆けつけた教職員に対し，記録担当の役割を指示する。）。

(2) 被害児童生徒等の保護者への連絡
○　被害児童生徒等の保護者に対し，事故の発生（第1報）を可能な限り早く連絡する（事故の概況，けがの程度など，最低限必要とする情報を整理して

行う。)。
○ 被害の詳細や搬送先の医療機関名等を整理し、把握できた段階で、第2報の連絡を行う。

(3) 現場に居合わせた児童生徒等への対応
○ 学校事故では、他の生徒等がもう一方の当事者（加害者）となることもある。事故にあった本人はもとより、加害生徒等も傷つき、相当の心的負担がかかっていることに留意し、心のケアを十分に行う。
○ 命にかかわるような状況に遭遇したり、それを目撃したりした場合には、通常のストレスでは生じない精神症状と身体症状（PTSD）が現れることがあるので、迅速に心身の健康状態の把握を行う。なお、これらの症状は、事件・事故の直後には現れず、しばらく経ってから現れる場合がある。

　(注)「死戦期呼吸」とはしゃくりあげるような途切れ途切れの呼吸のこと。心停止直後に見られ、あえぐように呼吸していたり下顎を動かして呼吸したりしているように見えるが、本人に意識はなく、生命維持に必要な有効な呼吸ではない状態であるため、直ちに心肺蘇生（胸骨圧迫・AEDの使用）を開始する必要がある。

7　初期対応時（事故発生直後〜事故後1週間程度）の取組

(1) 危機対応の態勢整備
○ 事故発生後の対応は、校長のリーダーシップの下、被害生徒等の保護者対応、報道対応等、チームとして対応する。
○ 危機発生時には様々な対応を集中して行う必要があるため、的確な方針と実施のための人員が必要になる。学校だけでは手が回らない場合は、学校の設置者に人員の派遣等の支援を要請し、必要な人員を確保し対応に当たる。
○ 事故発生後の対応を行う教職員には相当の心的負担が掛かっていることに留意し、関係教職員に対する配慮も必要である。

(2) 被害生徒等の保護者への対応

○ 応急手当等，事故発生直後の対応終了後は，できる限り迅速かつ確実に事実確認を行い，学校側が知り得た事実は，被害生徒等の保護者に対し正確に伝える等，責任のある対応を行う。

○ 学校は，被害児童生徒等の保護者に寄り添い，信頼関係にたって事態への対処ができるよう，対応の責任者を決め，常に情報の共有化を図る。

○ 学校は，被害児童生徒等の保護者の要望や状況に応じて，信頼できる第三者（スクールカウンセラーやスクールソーシャルワーカー等）を紹介し，相談・支援が受けられるようにする。

(3) 学校の設置者等への報告，支援要請

○ 学校は，死亡事故及び治療に要する期間が30日以上の負傷や疾病を伴う場合等重篤な事故が起こった場合には，学校の設置者等に速やかに報告を行う。

○ 学校の設置者は，状況に応じて，必要な人員の派遣や助言等の支援を要請する。

(4) 保護者への説明

○ 保護者間に臆測に基づく誤った情報が広がることを防ぐために，被害生徒等以外の保護者に対しても，状況に応じて，学校から速やかに正確な情報を伝えることが必要であり，状況に応じて，保護者説明会等の開催など，必要な情報共有を行う。

○ 情報を発信する際には，外部に出せる情報を明確にし，

① 発生事実の概要
② 対応経過
③ 今後の取組・方向性

などに整理して説明する。

(5) 記者会見を含む情報の公表及び関係機関との調整

○ 情報の公表のためには，正確な情報の把握が必要である。事故に対し，警察の捜査が行われている場合は，警察が公表している情報などにより事実確認を行うなど，関係機関等からも情報を収集しつつ整理する。

(6) 基本調査の実施

○ 「基本調査」とは，調査対象となる事案の発生後，速やかに着手する調査であり，学校がその時点で持っている情報及び基本調査の期間中に得られた情報を迅速に整理するものである。
○ 学校において死亡事故及び重篤な事故のうち，学校の設置者が必要と判断した事故については，学校は，速やかに「基本調査」に着手する。
○ 原則として３日以内を目途に，関係する全ての教職員から聞き取りを実施し，必要に応じて，事故現場に居合わせた児童生徒等への聞き取りを実施する。

8　詳細調査の実施
(1) 基本調査等を踏まえ，学校の設置者が必要と判断した場合には，学校設置者は，外部専門家が参画した調査委員会を設置し，必要な再発防止学校運動部と事故策を検討することを目的とした「詳細調査」を行う。
○ 詳細調査は，民事・刑事上の責任追及やその他の訴訟等への対応を直接の目的とするものではなく，学校とその設置者として，以下の目的の下に行う。
　① 日頃の安全管理の在り方等，事故の原因と考えられることを広く集めて検証し，今後の事故防止に生かすため
　② 被害生徒等の保護者や生徒等及びその保護者の事実に向き合いたいなどの希望に応えるため
(2) 調査の目標
　① 事故の兆候（ヒヤリハット事例を含む。）なども含め，当該事故に関係のある事実を可能な限り明らかにする。
　② 事故当日の過程（①で明らかになった事実の影響を含む。）を可能な限り明らかにする。
　③ 上記①②を踏まえ今後の再発防止への課題を考え，学校での事故防止の取組の在り方を見直す。
(3) 調査委員会の設置
○ 死亡事故等の詳細調査は，外部の委員で構成する調査委員会を設置し

て行う。
○ 調査の実施主体は，調査委員会を立ち上げその事務を担う。
○ 詳細調査は原因究明及び再発防止のための取組について検討するためのものであって，責任追及や処罰等を目的としたものではない。
○ 事故に至る過程や原因を調査するには高い専門性が求められるため，中立的な立場の外部専門家が参画した調査委員会として，調査の公平性・中立性を確保することが求められる。
○ 調査委員会の構成については，学識経験者や医師，弁護士，学校事故対応の専門家等の専門的知識及び経験を有する者で，当該調査の公平性・中立性を確保するために調査対象となる事案の関係者と直接の人間関係又は特別の利害関係を有しない者（第三者）とする。

(4) 調査委員会の情報収集・整理の進め方
① 基本調査の確認
基本調査の経過，方法，結果の把握，関係する教職員や児童生徒等に対する追加調査実施の必要性の有無を確認
② 学校以外の関係機関への聞き取り
警察や医療機関等，これまで対応していた行政機関等があれば聞き取りを依頼（守秘義務が課されていることが前提）
③ 状況に応じ，事故が発生した場所等における実地調査（安全点検）
④ 被害児童生徒等の保護者からの聞き取り

(5) 報告書の取りまとめ
① 報告書の作成
② 調査結果の報告（調査委員会は，調査結果を調査の実施主体に報告する。）
③ 報告書の公表（報告書の公表は，調査の実施主体が行う。）
○ 報告書を公表する段階においては，被害生徒等の保護者や生徒等など関係者へ配慮して公表内容，方法及び範囲を決める。

9 再発防止策の策定・実施
○ 学校又は学校の設置者は，調査委員会の報告書の提言を受けて，被害

児童生徒等の保護者の意見も聴取するなどして、より具体的、実践的な再発防止策を策定し、それを実践する。

10 被害生徒等の保護者への支援
(1) 被害生徒等の保護者への支援に当たっては、被害生徒等の保護者の心情に配慮した対応を行う。
(2) 被害生徒以外の生徒等の心のケア
(3) 災害共済給付の請求
(4) コーディネーターによる事故対応支援

第2 注意すべきこと

(1) 指針改訂版の詳細は、文部科学省ウェブサイトに掲載されており、多岐にわたって丁寧な説明がなされている。

　ただ、注意しなければならないのは、事故が発生した後の対応を間違えると、被害生徒の保護者やその支援者と、学校、教育委員会、学校設置者、他の保護者たちとの間において、情報の共有不足・説明の不足等を原因として行き違いが生じ、紛争が生じることがある。

(2) 外部の有識者による調査委員会の調査・検証作業が十分ではない場合、被害生徒の保護者は、真実が明らかにされずに幕が引かれてしまった等の不満を抱き、真実を知りたいとして、民事裁判の提起（損害賠償責任の追及）という選択をせざるを得なくなる。

(3) 学校の内外で危機的な事件・事故などが突発的に発生した場合、二次被害の拡大防止のために、臨床心理士などの専門家による緊急支援チームを派遣することがある。また、指針は、被害生徒等の保護者と学校の二者間ではコミュニケーションがうまく図れず、関係がこじれてしまうおそれがあるときは、学校設置者は、双方にコミュニケーションを取ることができ、中立の立場で現場対応を支援するコーディネーターの求めることができるとしている。

　コーディネーターは、中立的な視点で被害児童生徒等の保護者と教職

員双方の話を丁寧に聴き，情報を整理し，当事者間の合意形成を促す等，常に公平な態度で双方の支援を行うことで，両者が良好な関係を築けるよう促すことを主な役割であるとされている。

(4) 事故の発生から時間が経過するにつれて，学校関係者や被害者以外の保護者達は，被害者の保護者らの事実経過の究明及び事故の再発防止策の策定という願い・意向とは別に，学校を正常化しようとする意識が働き，早期に幕引きしようとする力が働き対立するという構図になりやすい。

学校側の対応策，調査委員会・コーディネーターの人選，在り方を考えるに当たって，留意すべきことである。

【参考資料】

① 独立行政法人日本スポーツ振興センター「災害共済給付 Web——学校等事故事例検索データベース」(http://www.jpnsport.go.jp/anzen/anzen_school/anzen_school/tabid/822/Default.aspx)

② 文部科学省ウェブサイト「文部科学省×学校安全——学校事故対応に関する指針と学校管理下における重大事故事例」(https://anzenkyouiku.mext.go.jp/guideline-jikotaiou/jikojoho.html)

③ 文部科学省「学校の危機管理マニュアル作成の手引」(平成30年2月, https://anzenkyouiku.mext.go.jp/mextshiryou/data/aratanakikijisyou_all.pdf)

④ 文部科学省「学校の「危機管理マニュアル」等の評価・見直しガイドライン」(「解説編」「サンプル編」，令和3年6月, https://anzenkyouiku.mext.go.jp/mextshiryou/data/kikikanri/kikikanri-all.pdf)

⑤ 文部科学省総合教育政策局，男女共同参画共生社会学習・安全課，安全教育推進室「「学校事故対応に関する指針」に基づく詳細調査報告書の横断整理」(令和2年3月, https://anzenkyouiku.mext.go.jp/mextshiryou/data/jikoshishinseiri.pdf)

⑥ 住友剛『新しい学校事故・事件学』(子どもの風出版会, 2017)

(白井　久明)

第3節　熱中症

Q 14　熱中症による事故を予防するには，どのような安全対策をしておくべきか。

A　熱中症は高温多湿下での激しい運動によって発症するため，気温が高いときは運動を軽減し，休息を適宜とる。練習時には水分・塩分を適切に補給する。生徒の体調に注意し（特に新人や肥満者には注意），無理をさせない。

［解　説］

1　熱中症とは

　熱中症とは，暑熱環境で生じる障害である，① 熱失神（皮膚血管拡張による血圧低下。めまい，失神等。顔面蒼白，脈は速く弱い），② 熱疲労（脱水症状。脱力感，倦怠感，めまい，頭痛，吐き気等），③ 熱痙攣（大量発汗も塩分補給しないため，血液塩分濃度が低下し，足，腕，腹部の筋肉に痛みを伴う痙攣），④ 熱射病（体温上昇により中枢機能に異常。意識障害が起こり死亡率20パーセント超）の総称で，高温多湿環境下での激しい長時間持続的な運動によって，身体の水分や熱のバランスが崩れ（水分不足による体温調節機能低下），正常な機能が損なわれて生じる。気温・湿度・風速・輻射熱（直射日光等）が関係し，同じ気温でも湿度が高いと危険性が高まり，運動強度が強いほど熱の発生も多くなり，熱中症の危険性が高まる。

　運動による熱射病は基礎疾患の無い若年者に多く発症し，高温多湿下でのトレーニング不足，体調不良，肥満等がリスク要因となる。真面目で我慢強い人は頭痛やめまい等熱中症の症状が出始めているのにそれを我慢して練習を続け，重篤な結果に陥ることがある。

近年の異常気象により,従前の経験知に安易に頼ることなく,新たな知見を得,対策を講じていく必要がある。

2　熱中症の予防

(1) 気温・湿度等環境条件に応じた運動と適切な休憩をとる。活動場所の気温測定を励行し,気温が高い時は運動を軽減し,休息を適宜とる。気温31度以上は激しい運動や持久走は中止する。気温35度以上は皮膚温よりも気温が高くなり,熱中症の危険性が極めて高いため運動は原則禁止する。これ以下の気温でも湿度が高い場合は危険なので注意する（巻末資料1参照）。熱中症予防の指標である暑さ指数（WBGT（湿球黒球温度），Wet Bulb Globe Temperature）が28（厳重警戒）を超えた場合には熱中症の危険性が高いので,激しい運動や持久走など体温が上昇しやすい運動は避ける。
(2) 体力の低い者,肥満,暑さに慣れていない者には運動を軽減し,無理のない練習メニューを課す。
(3) 汗は体から熱を奪って体温上昇を防ぐが,失われた水分を補給しないと脱水状態となり,体温調節能力が低下し,回復不能な状態となる。暑い時は頻回に半ば強制的にでも水分補給させる。汗からは水分と同時に塩分も失われるため,水分補給と併せて必ず塩分も摂取させる。練習前後の体重をチェックし,水分補給が適切に行われているか確認する。
(4) 皮膚からの熱の出入りには衣服が関係するので,暑い時は軽装にし,素材も吸湿性や通気性の良いものを着用させる。
(5) 体調が悪いと体温調節能力が低下し,熱中症が起こりやすい。連日猛暑が続く場合,疲労も蓄積する。十分に生徒の健康観察をし,疲労,発熱,風邪,下痢等体調不良の際は練習を休ませ,無理をさせない。

3　屋外競技・屋内競技

(1) 屋外競技

春季から秋季にかけて熱中症の危険がある。夏季の練習はできるだけ日

差しの強い時間帯は避けて，涼しい時間帯に行い，運動が長時間にわたる場合はこまめに休憩と水分を取る（30分程度に1回）。急に暑くなったときは運動を軽くして徐々に慣らしていく。直射日光を避けるため，帽子着用が望ましい。

(2) 屋内競技

春季から秋季にかけて高温多湿によって熱中症の危険がある。

頻繁に休憩を取り，体育館は風通しを良くする。空気の流れが競技に影響するため閉めきった状態で活動する場合も休憩時に空気の入れ換えをし，室温が上がらないようにする。

防具や厚手の衣服を着用している場合，熱がこもりやすい。休憩中に衣服を緩める等し，できるだけ体から熱を逃がす工夫をする。

4 熱中症の対処法

早期発見が重要である。練習中にフラフラしていたり，動きが明らかにのろくなった時は熱中症の疑いが強いので，涼しいところで安静にさせ，身体に水を掛けたり，氷やアイスパック等でできるだけ早く体温を下げる。脱水症防止のため，水分・塩分を補給させる。

熱射病は，体温の過上昇，意識障害がある場合には放置すると生命の危険が高いため，発症現場で直ちに冷却措置を開始する等救急処置を行うと共に，一刻も早く集中治療できる施設やスタッフの整った医療機関へ搬送することが必要であり，一旦症状が発生したら全て医療機関受診の適応である。

参考判例

(1) 市立中学2年生で肥満のハンドボール部員が7月下旬の練習中，グラウンドで熱中症により倒れ，1か月後に熱射病を原因とする多臓器不全で死亡した。気温31度を超える暑熱環境下で持久走やダッシュ等の熱負荷が大きい運動であること，夏季練習2日目で暑熱馴化されていないこと，肥満に配慮した予防措置を講じなかったこと等から顧問教諭の過失

を，肥満が熱中症のリスクファクターである周知や気温に応じて練習内容を変更する体制作りの指示が無い等熱中症予防体制が未確立であったことから校長の過失を認め，市の損害賠償責任を認めた（名古屋地一宮支判平19・9・26判時1997号98頁。公立，中学，死亡見舞金及び災害救済給付金2700万円控除後の賠償金4500万円）。

(2)　私立高校2年ラグビー部員が8月中旬の合宿中，水分補給を許されない中，二つの練習試合後に休息無しに約1時間の罰トレーニングを課され，体力消耗と疲労により何度も倒れるも襟首を掴んでなお走らされ，ついに力尽きて倒れた時には意識朦朧で過呼吸となって熱中症による多臓器不全で死亡した。ラグビー部監督教諭は練習中，熱中症発症を予見し得たのに，直ちに同人の練習を中止し全身状態を観察し，休ませて水分補給させる等の措置をとらず，更に練習を命じて身体状況を更に悪化させた過失があるとし，監督教諭及び学校にそれぞれ損害賠償責任を認めた（静岡地沼津支判平7・4・19判夕893号238頁。私立，高校，見舞金1400万円と香典150万円を控除した後の賠償金5200万円）。

(3)　町立中学1年の肥満体の野球部員が8月上旬，河川敷での高温多湿・炎天下での2時間の部活練習後の休憩時に意識を失って倒れ，熱中症で死亡した。野球が不得意で練習にも慣れていない生徒には熱中症防止の細心の注意を払うべきであったが，教諭は十分な水分補給をさせず，技量が不十分で練習にも慣れていないのに激しい練習をさせ，フラフラになった姿を認めながら放置した点に過失を認め，町と県に損害賠償責任を認めた（徳島地判平5・6・25判時1492号128頁。公立，中学，賠償金4700万円）。

(4)　市立高校1年の女子バスケットボール部員が8月初旬，暑熱環境下での部活練習により脱水更には熱中症状を来し，急性心不全により死亡した。本人が1回目に倒れた際の教諭の対応は適切で，その後1時間40分の休息後に練習に再度参加させたことも過失ではないが，短時間の練習再開で前回よりも異常な状態で2回目に倒れた時点では，本人の身体状態が尋常でないことを容易に認識できたから，教諭にはこの時点で直ちに医師の診断を受けさせる注意義務があるのにこれを怠った過失がある

とし，市に損害賠償責任を認めた（松山地西条支判平 6・4・13判タ856号251頁。公立，高校，見舞金1800万円控除後の賠償金3000万円）。

(5) 市立中学 1 年女子バドミントン部員が 8 月末，屋外でのランニング後に体育館で 2 時間の練習をした後，地面に落ちたシャトルを 2 回拾い損ね「頭が痛い。しんどい」と訴えたため，顧問教諭がスポーツドリンクを飲ませるも，上手く話せず顔も引きつっていたため，タクシーで病院外来受診させたが，熱中症による脳梗塞を発症し左半身麻痺の後遺障害が残った。校長及び顧問教諭は熱中症予防に努める義務を負い，温度・湿度，運動内容や種類，身体への影響の程度，補給水分量等を踏まえて発症を未然に防止することが必要なところ，校長には温度計を設置しなかった過失及び熱中症予防指針の趣旨・内容を顧問教諭に周知徹底しなかった過失があるとし，市に損害賠償責任を認めた（大阪地判平28・5・24裁判所ウェブサイト。公立，中学，賠償金400万円（素因減額 3 割あり））。

(6) 県立高校 1 年の相撲部員が 8 月初旬，3 校合同相撲合宿に参加中，20人超を相手に相撲をとった後，ふらつき日向で寝てしまい，一旦起き上がらせるも倒れたので水を掛けて日陰で寝かせた後，嘔吐と下痢状の脱糞をしたため，顧問教諭は異常に気付いて救急車で病院搬送するも，熱中症により翌日死亡した。相撲は激しい運動で，高温多湿で熱中症発症を予想し得る状態下で，本人の意向に反して練習を続けさせ，ふらついたり倒れた時点で熱中症に罹患していたにもかかわらずこれに気付かず，応急措置も行わずに日向のグラウンドや日陰の体育館脇に寝かせて放置し，異常に気付くのが遅れて適切な救護義務を怠った過失を認め，県に損害賠償義務を認めた（千葉地判平 3・3・6 判タ757号142頁。公立，高校，見舞金1400万円控除後の賠償金3600万円）。

(7) 10日間の夏期休暇後初めて練習が実施された 8 月中旬の高温多湿の晴天日における中学校野球部の部活動において，2 時間以上のノック練習後，5 分間の給水休憩を取らせた後，5 キロの持久走を実施したところ，太り気味で体力の無い部員（当時13歳）がふらついて転倒する等熱中症の症状が出始めていたのにもかかわらず，教諭がこれに気付かずに持久

走を続けさせた結果，当該部員が意識を失って転倒し，その後救急搬送されたが熱中症の病状は回復せず，熱中症に起因する多臓器不全による出血性ショックによって死亡した事案につき，当該中学校の野球部指導に当たっていた顧問教諭の業務上過失致死罪の刑事責任が問われた事案。判決は，炎天下における持久走を実施するに当たり，部員の健康状態への配慮に欠け，適切な救護措置を執り得る態勢にも欠けていたとして，教諭の注意義務の懈怠は厳しい非難に値するとしつつも，被害者遺族に災害共済給付制度により2500万円の死亡見舞金が支払われたこと，教諭が6か月間給料の月額10分の1を減給する懲戒処分を受けたこと，事故後2年間教壇を離れて生徒との接触を断っていること，報道を通じて本件が広く世間に認知され社会的制裁を受けたこと，その他前科前歴が無いこと，反省・謝罪の意思等を考慮して量刑し，罰金50万円の求刑に対して，罰金40万円の判決が下された（横浜地川崎支判平14・9・30裁判所ウェブサイト。横浜地裁川崎支部の熱中症刑事判決）。

(8) 水泳教室に参加した練習生（知的障がい者）が水泳中に熱中症にり患して死亡した場合において，同水泳教室の指導者に同練習生を一定時間ごとに強制的にプールから上げて給水させるなどの措置をとるべき注意義務違反があり，同指導者が同措置をとっていたならば同練習生がその死亡の時点においてなお生存していた相当程度の可能性があったとして，教室の主催者であるNPO法人に債務不履行責任，同指導者に不法行為責任があるとされた事例。室内プールにおいても熱中症が生じること，知的障がい者のスポーツ指導に関し，休憩時間について「休む」ということが理解し難い者も多く，情緒の安定には具体的な指導者の動きと指示が必要であり，身体不調や変化を訴えない者も少なくないので，運動展開中の表情（チアノーゼ，発汗の様子等）を観察しながら運動量を加減することが必要であるとしている（大阪地判平29・6・23判タ1447号226頁。賠償金770万円）。

（片岡　理恵子）

第4節　脳振盪

Q15 脳振盪による事故を予防するにはどうしたらよいか。

A 競技ルールを遵守させ，反則や危険行為を絶対にさせない。防具・安全具は点検し，劣化の無いものを適切に装着させる。指導者は生徒の健康状態等を把握し，相手との技量・体格差に配慮した練習・試合メニューを組み，練習・試合には立ち会う。日頃から怪我を防ぐ身体作りをし，初心者には段階的指導を行う。生徒には頭痛の怖さを周知徹底する。

[解　説]

第1　脳振盪とは

　脳振盪とは頭部外傷の一つであり，脳の機能に障害をもたらす外傷性脳損傷である。一般的な症状は頭痛，めまい，記憶障害，バランス障害。

　脳振盪の多くはボクシング，ラグビー，アメリカンフットボール，サッカー，柔道，空手，相撲，スノーボード，アイスホッケー等のスポーツにおける頭部（首から上）への直接的な衝撃等によって生じるが，それに限らず，むち打ち等体幹部への強い衝撃によって頭蓋骨内で脳が揺さぶられて起こる場合もある。

　スポーツにおける脳振盪によって，意識消失や麻痺等の症状が出ていなくても，急性硬膜下血腫等の重大な脳損傷が発生している場合もあるので，脳振盪を軽くみてはいけない。

第2　脳振盪の予防

　脳振盪は年齢問わず発症し得るが，小児及び少年アスリートは脳振盪になりやすい上，回復に時間が掛かり，より明らかな記憶・精神機能の問題が生じるため，特に注意が必要である。

　脳振盪の予防としては，それぞれの競技ルールを遵守させ（頭突きの禁止等），反則や危険行為を絶対にさせない（危険行為があった場合，直ちにその行為を繰り返さないよう指導し，約束事を徹底する。），適切に防具・安全具（ヘッドギア等）を装着させる（防具は点検し，劣化・老朽化の無いものを使用）。指導者は生徒の健康状態・疲労度・注意力を把握し，相手との技量・体格差を考慮して適切な練習・試合メニューを組む。練習や試合には基本的に指導教諭が立ち会い，不在時は無理な練習をさせない。基本練習やフィジカルトレーニングで首・僧帽筋等を強化して怪我を防ぐ身体作りをし，初心者には基礎・基本から段階的指導を行う。近隣の医療機関（救急病院・専門医）を把握して連携をとる。また，生徒には頭痛の怖さをしっかりと周知徹底させるとともに，危険を自ら予見・回避する能力を身に付けさせることも大事である。

第3　脳振盪の場合の対処法

1　症　状

　脳振盪は競技中の様々な状況下で発生する可能性があるため，健忘・混乱・ふらつきといった分かりやすい症状が出ていなくとも，まずは脳振盪を疑ってみて，競技を止めさせて安静にさせるという姿勢が大事である。

　脳振盪の症状はいつ発症してもおかしくないが，一般的には頭部外傷受傷後24～48時間に発症する。最初の24時間は受傷者を一人にしてはならない。意識を失うかどうかは決め手にならない（巻末資料4参照）。

　受傷後に，選手に以下の兆候・症状が一つでも見られた場合，脳振盪の疑いがあるため，プレーやトレーニングを即座に止めて，専門家の評価を受けさせる。

　　○放心状態，ぼんやりする，目がうつろ

○地面に横たわって動かない，起き上がるのに時間がかかる
○足元がふらつく，バランス障害，転倒，協調運動障害（失調）
○意識消失，無反応，混乱，健忘
○頭を抱える，掴む
○発作，痙攣
○より感情的になる，イライラする

また，選手から以下の訴えがある場合も脳振盪の疑いがあるので同様に専門家の評価を受けさせる。
○頭痛，めまい，視覚障害
○意識混濁，混乱，動きが鈍い
○吐き気，嘔吐感
○疲労，眠気，霧の中にいる感じ，集中できない
○頭が圧迫される感覚
○光や音に過敏

住所・氏名・生年月日，自分が今おかれている状況，今日の日付，周囲の人の名前，事故前後の競技内容・試合経過，数字の逆唱等を質問し，一つでも間違えるようであれば，軽い意識障害であり，脳振盪を起こしている。意識障害は時間と共に変化するので，正常になるまで5分おきに質問を繰り返す。時間とともに悪化する場合は，出血等重大な障害の可能性が高いので，直ちに専門施設に搬送して精密検査を受けさせる。

また，頭部や頸部の強い痛み・痛みの増悪，強い眠気，意識混濁，嘔吐，発作（痙攣），混乱やイライラ，普段と違う行動，物が二重に見える，腕や脚に力が入りにくい・チクチク感やヒリヒリ感，認知障害が表れた場合も，すぐに病院へ搬送して医師の診断を受けさせる。

2 対処法

練習や試合中に上記脳振盪の兆候・症状が見られた場合，直ちにプレー・練習を止めさせなければならない。止めさせた後，脳振盪発症の当日は活動に復帰させない。まずは絶対安静が不可欠であり，身体を休ませ

るとともに，脳も休ませる。受傷後24時間は，走る等の身体活動及び勉強，テレビを観る，スマートフォンやＰＣの使用等認知活動のいずれもさせない。脳振盪の症状が完全に消失し，医師の許可が出た後に，まずは認知活動から活動再開し，その後に運動復帰する。中高生はより慎重な対応が必要であり，プレー復帰は最低でも２週間後とする。以下の復帰プログラム（各段階は最低24時間，症状無ければ次の段階に進む。）で徐々に運動・競技に復帰させる。

① 最低安静期間（絶対安静・身体と脳の完全休息）
② 軽い有酸素運動（10分程度の軽いジョギング，水泳等）
③ 競技に特化した運動（ランニングドリル等，頭部衝撃禁止）
④ 複雑なトレーニングドリル，筋力トレーニングも徐々に
⑤ 医師の許可後，通常の接触プレーを含むトレーニング
⑥ 競技への復帰

3　復帰後の再度の受傷

　２度目の脳振盪を起こした場合には，その衝撃がさほど酷くなくとも，より重篤な脳損傷を発症する場合があるため，脳振盪の治療経験がある医師の診断を受け，許可が出るまで競技には復帰させない。１度脳振盪を起こすと，その後数週間は２度目の脳振盪が起こりやすい状態なので（セカンドインパクト症候群），競技への復帰は十分な休養期間をおいて段階的に行わなければならない。

　脳振盪を複数回繰り返した場合，脳機能に障害が発生し，記憶障害や集中力低下等社会生活に支障を来す慢性期症状が生じることがある。

■ 参考判例

(1) 私立高校１年で初心者の柔道部員が，練習時に投げられ脳振盪受傷の17日後，県予選大会出場者の練習相手をして投げられ，急性硬膜下血腫を発症し，意識障害により常に要介護状態となった。１審は本件事故の予見は困難として顧問教諭の指導上の過失を否定したが，２審は指導上

の過失を認めた。2審は，脳振盪の診断を知りながら，練習を見ることができない場所にいて，被害部員が準備運動もしないで練習参加したのを見逃し，技量差・体格差ある部員から投げられ受傷したと注意義務違反を認めた。当時のスポーツ指導者向け文献では一見大きな衝撃がなかったと思われる状況にもかかわらず重度の脳損傷を来した例やセカンドインパクト症候群の事例から，脳振盪後の競技復帰に関しては適切な判断をする必要がある旨の指摘もされていたと予見義務も肯定した（1審：横浜地判平25・2・15判タ1390号252頁，2審：東京高判平25・7・3判タ1393号173頁。私立，高校，賠償金1億8700万円（過失相殺1割あり））。

(2) 公立高校1年のアメリカンフットボール部員がタックル・ブロックの当たり練習中に頭部打撲により急性硬膜下血腫の傷害を負い死亡した。顧問兼監督教諭には事故防止の観点から部員に対し，頭部よりも手を先に相手の身体に当てるヒッティングフォームを徹底して指導すべき注意義務があるが，正しいヒッティングフォームの指導を徹底していなかったとして教諭の過失を認めたが，死亡との因果関係を否定した（京都地判平19・5・29裁判所ウェブサイト）。

(3) 未だ経験半年程度の公立高校1年のボクシング部員がインターハイ出場経験ある3年生との練習中に相手の繰り出すパンチに対応できずに頭部又は顔面に当たって倒れ硬膜下出血で死亡した。ボクシングは極めて危険性が高いため，指導教諭は極めて高度の注意義務を負う。技量差のある者同士がパンチの当たる可能性あるマスボクシング練習を行うことを避けるか，行うにしてもヘッドギアを装着させたり，絶対パンチを当てないよう上級者に改めて注意する等して重大事故を未然に防止する高度の注意義務があったが，教諭はこれを怠った過失があるとし，被告北海道の損害賠償責任を認めた（札幌地判平9・7・17判タ959号235頁。公立，高校，見舞金2500万円を控除した後の賠償金4000万円）。

（片岡　理恵子）

第5節 自然災害

Q 16 自然の中でスポーツを行うに当たり，自然災害に関する事故を予防するには，どのような安全対策をしておくべきか。

A 自然の脅威を十分に認識・理解した上で，当該スポーツごとにその特性に従った万全な事故予防・安全対策をとっておかなければならない。具体的には，競技場所の事前調査，気象状況のチェックを行い，競技当日は教諭が生徒の動向を観察し，常に生徒の安全に配慮しなければならない。

[解 説]

　自然災害に関する事故によって，生徒の生命身体に甚大な被害が発生する場合があるから，顧問教諭は研修・講習を受けたり文献を読む等して知識と技術の習得に努め，当該スポーツごとの特性や危険を理解して事故予防・安全対策をとらなければならない。また，顧問教諭は生徒にその知識と技術を教えなければならない。

第1　登山における事故予防・安全対策

　登山においては，豪雪・吹雪・寒気による雪崩や遭難，天候急変による低体温症や熱中症，落石や滑落の危険がある。慢心や準備不足が死亡事故等甚大な被害を招くことがあるので，十分な注意を払って生徒の生命身体に対する安全を確保しなければならない。特に，沢，岩，積雪期登山は危険なので，技術・経験を有する指導者の下で行う。

　また，学校行事としての登山は，一般の冒険的な登山あるいは同好の士

による登山と異なり，より一層安全な枠の中で行うべきことが要求され，その危険の回避についてより一層の慎重な配慮が要求されていることも肝に銘じておくべきである。特に，中学生や高校生は未だ経験も少なく，危険を未然に回避する知識も能力も備わっていないから，中学生や高校生の登山に関しては，引率又は顧問教諭に極めて高度の注意義務が課せられている。

　具体的には，① 登山の際は必ず登山経験に富む者が同行する，② 登山計画立案に当たっては参加者の性別，技術，経験，体力等を十分考慮して目的地及びルートを選定し，登山地の積雪状況，気象，コースの状態，岩質，地形等を十分に調査研究・情報収集し，できるだけ現地の事前調査を行う（指導者の登山経験ある山が望ましい。），③ 常に最悪の事態を予想して食糧，燃料，装備等の万全を期する，④ 事前に健康診断を行い，医師の指示に従って参加させる，⑤ 気象庁の長期予報を参考とし，気象注意報・警報が出ている時は登山を見合わせ，もし行動中に暴風雨雪に遭遇した場合は計画を中止又は変更して体力の消耗を避け，天候回復を待つ，⑥ 雪崩の危険性のある場所には絶対に近づかない，⑦ 登山中は特に統制をとり，指導者は参加者の健康状態を観察し，体調や天候次第で柔軟に計画変更する余裕をもつ，⑧ 登山中は水分をこまめにとり，無理な加重や歩行はしないことが重要である。

　2017（平成29）年3月に栃木のスキー場で発生した雪崩事故に関連しては，ビーコンの携行が必要だったのではと指摘されている。

第2　水上競技における事故予防・安全対策

　ボート，カヌー，ヨット，サーフィン，遠泳等の水上競技は海や川で行われ，暴風（強風，突風），豪雨，洪水，増水，高潮，高波（横波），津波といった気象・自然現象の影響を直接的に受けるので，転覆，溺水（溺死），低水温時の転覆では心停止等の危険がある。これら水上競技は自然水面上で行われるスポーツであり，地上におけるスポーツと比して，気象等の自然条件の影響により事故が発生する可能性が高く，また何らかの事故が発

生した場合の救助活動にも制約があり，直ちに生命身体の危険につながるおそれがあるから，顧問教諭は危険性を十分に認識し，部員の技能，経験を考慮し，競技場の気象状況等に注意し，部員の生命身体に不測の事態が生じないよう安全に配慮しなければならない。

　具体的には，① 転覆時の対応につき，生徒に事前に十分理解させておく，② 気象や海況に関する情報を事前及び常にチェック，③ 救命胴衣・浮き輪や救命浮環・ロープ等の備品を備える，④ 救助艇の確保，⑤ 携帯電話や無線等通信・連絡手段の確保，⑥ 競技当日は生徒の動向を監視して適宜危険性を周知し，安全確保の指示を与えること等が重要である。

　また，ボートやヨット競技においては，陸上での艇の整備中や運搬中に転倒やぶつけ・挟み込み等による怪我も多いので，注意が必要である。

第3　屋外競技における落雷事故予防・安全対策

　屋外で行われる競技においては，落雷の危険がある。ゴルフクラブ，テニスラケット，カヌーのパドルはグラスファイバーやカーボン製で落雷の危険がより高いので，これらの競技は特に注意が必要である。

　天気予報，注意報は必ず事前及び常にチェックしておくことが必須である。その上で，競技場で雷鳴が聞こえるとき，入道雲がモクモクと発達するとき，頭上に厚い雲が広がるときは落雷の危険があるので，練習や競技会は即刻中止し，直ちに生徒を安全な場所（建物，自動車，バス，列車等の内部）に避難させることが必要である。雷鳴は遠くかすかでも，既に雷雲は頭上近くに来ているので直ちに屋内に避難する。落雷は雨の降り出す前や小やみのときにも多いので，雷鳴が聞こえたらすぐに避難し，雨がやんでもすぐに屋外に出ないようにする（巻末資料5参照）。

【参考事例】
・令和6年4月3日の宮崎落雷事故
　　宮崎市の高校サッカーグラウンドに雷が落ち，試合に来ていた高校サッカー部員18人が救急搬送（うち9名入院，1名意識不明の重体）された

事案。この日は宮崎県全域に雷注意報が発令されていたが，高校の監督らは雷注意報を認識していなかった。午前11時35分頃には雨が強くなり複数の雷鳴も遠方に確認したのでハーフタイムを延長したが，その後は雷鳴はなく，小雨降る中で試合が続けられた。その後も小雨が降ったり止んだりしていたものの雷鳴は無い状況で，午後3時からの試合に向けてサッカー部員がピッチサイドでウォーミングアップしていたところ，午後2時35分に突然，閃光と激しい雷鳴を伴ってグラウンドに雷が落ちた。落雷と同時にサッカー部員4名がグラウンド上に倒れた。

参考判例

◎ 私立高校サッカー部員1年生が，市が開催するサッカー大会出場中に落雷を受け，視力と両手両足の自由を失う後遺障害を負った件につき，「遠くで雷鳴が聞こえたら，すぐに避難し，雨がやんでもすぐに屋内に出ないこと」，「雷鳴は遠くかすかでも危険信号ですから，時を移さず，屋内に避難します」等の落雷事故予防の注意に関する文献上の記載が事故当時に数多く存在していたことから，運動場の南西方向の上空に黒く固まった暗雲が立ちこめ，雷鳴が聞こえ，雲の間で放電が起きるのが目撃されていた本件試合開始直前の状況下では，雷鳴が大きな音でなかったとしても，サッカー部引率者兼監督の担当教諭は，落雷事故発生の危険が迫っていることを具体的に予見可能であり，予見すべき注意義務を怠ったとした（最二小判平18・3・13判タ1208号85頁，高松高判平20・9・17判タ1280号72頁（差戻審）。私立，高校，賠償金3億700万円）。

（片岡　理恵子）

第6節　心室細動・心臓震盪

Q 17　当校ではAEDを設置しているが，顧問教諭としてどのような点に留意したらよいか。部活動中に意識不明となり倒れた生徒がいた場合，AEDを使用しなかったことで責任を問われることがあるか。

A　AEDが設置されている学校において，関係者にはこれを使用した応急手当ができるような体制を整備するよう努める義務が生じると考えられる。

　具体的にはまず，心停止から5分以内にAEDを装着できるような体制が整備されているかを確認する必要がある。万一，事故発生時に，顧問教諭らがAEDの設置場所を知らず使えなかった，AEDを取りに行って戻るのに長時間を要したということになれば，設置者は責任を問われる可能性があることから，日頃からシミュレーションをしておくことが肝要である。

　また，部活動の顧問教諭には，自己の担当するスポーツにおける心臓震盪(しんとう)発生のリスクについて十分認識した上，積極的に救命講習を受ける等して，AEDの使用方法をしっかり修得することが求められている。

【解説】

第1　AEDとは

　AED（Automated External Defibrillator，自動対外式除細動器）は，けいれんし血液を全身に送り出すことができない危険な状態（心室細動）の心臓に

電気ショックを与え，正常な心拍を取り戻させるための医療機器である。

　スポーツは，一般に心臓に負荷が掛かることが多く，選手同士の接触やボールの直撃により胸部に衝撃が加わり心室細動が発生する（心臓震盪）危険もある。球技，ランニング，サッカー，水泳，マラソンなどのスポーツにおいては，心室細動の発生が多いとされている。また，野球，サッカー，ラグビーなどの球技，あるいは空手等の格闘技では，心臓震盪の発生が多いとされている。

　2004（平成16）年以降普及が進み，現在では，国内のほぼ全ての学校にＡＥＤは設置されている。

第2　ＡＥＤの使用について

1　一般市民のＡＥＤ使用は医師法違反にならない

　ＡＥＤは医療機器であり，かつては医療従事者しか使用することが許されていなかったが，救急隊員到着までに現場に居合わせた者のＡＥＤ使用による救命への期待が高まる中，2004（平成16）年7月1日の「非医療従事者による自動対外式除細動器（ＡＥＤ）の使用のあり方検討会報告書」において，「救命の現場に居合わせた一般市民が自動対外式除細動器を用いることは一般的に反復継続性が認められず，医師法違反にはならないものと考えられる」との見解が示され，これを受けて厚生労働省も同様の見解を示した（平16・7・1医政0701001号（最終改正：平25・9・27医政0927第10号）厚生労働省医政局長通知「非医療従事者による自動体外式除細動器（ＡＥＤ）の使用について」）。

　したがって，部活動中に心室細動を起こして意識を失った生徒にたまたま居合わせた一般市民がＡＥＤを使用することは，医師法違反とはならないものと考えてよい。

2　ＡＥＤが設置されている学校の関係者等は講習受講が必要

　現場に居合わせた一般市民と異なり，必要な場合にＡＥＤを使用することがあらかじめ想定されている者（ＡＥＤ設置施設の関係者等）については，

以下の条件を満たせば，医師法違反にならないと考えられている。
① 医師等による速やかな対応を得ることが困難であること
② 使用者が，対象者の意識及び呼吸がないことを確認していること
③ 使用者が，AEDの使用に必要な講習を受けていること
④ 使用されるAEDが医療機器として「医薬品，医療機器等の品質，有効性及び安全性の確保等に関する法律」（薬機法）上の承認を受けていること

　また，①から④までの条件を満たさない場合であっても，個別のケースによっては，緊急やむを得ない措置として違法性が阻却され，医師法違反とならないとされている。

　AEDが設置されている学校の関係者は「必要な場合にAEDを使用することがあらかじめ想定されている者」といえ，講習を受けることが求められている。

3　「使用したこと」で損害賠償責任を問われることはない

　部活動中あるいはその前後などに生徒が倒れ，意識及び呼吸がないという事態を想定した場合，この生徒に対してAED使用を含む救命救急措置を施すことは，民法上，緊急事務管理（民698条）として位置づけられる。
　この条文は，緊急事態において他人に損害を負わせたとしても，害意や重大なミスがなければ，賠償の責任を負わない旨定めているが，AEDが基本的に音声ガイドに従って使用される安全性の高い機器であり，電気ショックを与えるかどうかの判断は機器が自動的に行うものであることを考えると，使用者がガイドに従った使用をする限り，重大な過失ありとして損害賠償責任を負うことはおよそ想定できないと言ってよい。

第3　AEDの適正な配置

　AEDによる除細動は，心停止から3分以内に実施されることにより，40パーセント近い社会復帰率が得られ，1分遅れるとこれが約9パーセント減少するとのデータがある。そうすると，学校内において効果的にAE

Ｄを使用するためには，心停止が発生しやすい場所（例えば，グラウンド，体育館等）を優先的に起点と想定し，心停止から遅くとも５分以内にＡＥＤを装着できるような場所（現場から片道１分以内が理想）に配置すべきである。

広い学校内での時間短縮に当たっては，自転車等の移動手段も活用されるべきである。また，場所の適切な選択のみならず，

① 施設内の関係者全員が配置場所を把握していること
② 施設案内図への設置場所明示等，利用者に十分な周知がなされることも重要である。

施錠されていたり，利用者が立ち入れない場所に設置されたりしていないか，学校内において望ましい場所に配置されているかを確認すべきである。教職員による使用の便宜を重視して，保健室や職員室にＡＥＤを配置しているところも少なくないようであるが，心停止事故の多くが，グラウンドや体育館，プール等において発生していることからすれば，これらの場所からのアクセスを第一に考えるべきである。

また，学校という広く，かつ，多くの生徒が常時動いている施設の中で，１台のＡＥＤ設置で心停止から５分以内にＡＥＤを装着できるような環境を実現するのは容易ではない。学校は，「次の１台」を優先的に配置すべき施設と言える。

ＡＥＤが設置されている学校において，関係者にはこれを使用した応急手当ができるような体制を整備するよう努める義務が生じると考えられ，特に心停止から５分以内にＡＥＤを装着できるような体制が整備されているかを確認する必要がある。万一，事故発生時に，顧問教諭らがＡＥＤの設置場所を知らず使えなかった，バッテリー切れで使えなかった，ＡＥＤを取りに行って戻るのに長時間を要したということになれば，設置者は責任を問われる可能性があることから，日頃からシミュレーションや点検をしておくことが肝要である。

第4　ＡＥＤを使わなかったことによる民事上の責任

　学校にＡＥＤが設置されていたにもかかわらず，顧問教諭らがこれを使用しなかった場合において，選手が死亡したり障害が残ったりしたとき，学校や顧問教諭らが何らかの責任（損害賠償義務）を負うことがあるかという点について参考になる裁判例には，いずれも指導者側に責任を認めたものと否定したものがある（「参考判例」参照）。

　しかしながら，教諭らの責任を否定した裁判例は，いずれも事故当時の教育関係者にＡＥＤの使用を義務付けるのは酷であったとするものであるから，ＡＥＤが急速に普及し，ＡＥＤに対する知見が相当程度広まってきている現在においては，同様の事案においても損害賠償義務を負う可能性が無いとはいえない。

　従って，部活動の顧問教諭には，自己の担当するスポーツにおける心臓震盪発生のリスクについて十分認識した上，積極的に救命講習を受ける等して，ＡＥＤの使用方法をしっかり修得することが求められていると考えるべきである。

■ 参考判例

(1) 平成17年6月，野球グラウンドで，練習試合中の高校1年生がライナー性の打球を胸部に受けて心臓震盪による心肺停止状態となり，駆け付けた救急隊員による除細動で心肺は蘇生したものの，介護を要する障害が残った事故について，心臓震盪及びＡＥＤに対する知見は，本件事故前後の数年の間で大きく変化しているが，事故のあった平成17年6月当時，一般の教育関係者やスポーツの指導者の間に心臓震盪及びＡＥＤに対する知見は広まっていなかったとして，野球部長らがＡＥＤを携行していなかったこと，ＡＥＤの使用方法を修得していなかったことを過失として認めなかった（長野地飯田支判平21・3・31公刊物未登載）。

(2) 小学校において，昼休み中，5年生がグラウンド付近で突然倒れて意識を失い，搬送先の病院で不整脈による心不全によって死亡した事故について，平成22年の時点において，講習を受けた教職員が教育活動に伴

う事故の際にAEDを使用することは，期待されるものではあっても，義務であるという認識が一般的であったとまでは認められず，教育現場におけるAEDの使用を含めた一次救命処置の方法もいまだ確立していたとは認め難いこと等を考慮すると，当時，教諭らに当然にAEDの使用や運搬に関する法的義務があったということはできないとして過失を否定した（新潟地長岡支判平28・4・20ウエストロー（事件番号：平25(ワ)第177号））。

(3) 特別支援学校中学部に在籍する生徒であった原告が，同校における歩行訓練中に意識を失って心肺停止となり，その後，救急搬送されて心肺蘇生したものの，低酸素脳症を発症して遷延性意識障害等となった事故につき，同校の教諭らには，①救急車を要請し，通信指令員に原告の状態に係る重要事項を説明すべき義務及び②原告に心肺蘇生法の実施及びAEDの使用をすべき義務を怠った過失があるなどとして，治療費等合計1億2255万8953円の損害賠償を請求した事案において，養護教諭には，心肺蘇生法の実施及びAEDの使用をすべき義務があったにもかかわらず，心肺蘇生法の実施もAEDの使用もしなかったのであるから，養護教諭には，これらの義務に違反した過失があったとした上で，因果関係も認め，原告の請求を一部認容した（静岡地沼津支判令3・5・26ウエストロー（事件番号：平29(ワ)120号）。公立，中学，賠償金7900万円（控訴審では8100万円））。

（宮田　義晃）

第2章　事故予防と安全対策

第7節　プールでの飛び込み

Q18　プールでの飛び込み事故を予防するにはどのような点に留意すべきか。

A　まずプールの水深について確認し，事故発生のリスクを把握する必要がある。その上で，適切な安全管理と安全指導を行う必要がある。特に部活動においては逆飛び込みによる事故が多いことから，顧問教諭が正確な知識の下に十分な説明をする必要がある。

【解説】

第1　プールの水深と安全対策

　プールでの飛び込み事故の原因の一つとしては，プールに十分な水深が確保されていないことが挙げられる。

　この点，公益財団法人日本水泳連盟プール公認規則20条においては，スタート台と水深の関係について，「端壁前方6.0mまでの水深が1.35m未満であるときはスタート台を設置してはならない。」と規定されている。

　しかしながら，他方で，全国の既存のプールには水深1.0m〜1.2m程度の施設がかなり多く存在し，競技会やトレーニングをそこで実施していかざるを得ないという実態も踏まえ，日本水泳連盟は，2019（平成31）年3月改訂の「プール水深とスタートの高さに関するガイドライン」において，1.00m〜1.35m未満のプールにおいて飛び込みスタートを行う場合のスタート台の高さのガイドラインとして以下のとおり定めている（同ガイドライン4）。

〈図表　水深とスタート台の高さの目安〉

水深（満水時）	スタート台の高さ
1.00〜1.10m未満	0.30m以下
1.10〜1.20m未満	0.35m以下
1.20〜1.35m未満	0.40m以下

　すなわち，上記ガイドラインの基準すら満たしていないプールにおいて飛び込みを実施すれば事故の発生するリスクは高まるといえ，こうしたプールにおいてはいかなる場合においても飛び込みを禁止する必要がある。

　部活動においては，全面的な飛び込みの禁止が現実問題として難しい場合も考えられるが，上記ガイドラインは，2019（平成31）年3月に策定された「スタートの段階指導」と併せて，適切・合理的な飛び込みスタート方法（到達水深が深くならないで速やかに泳ぎにつなげる飛び込みスタート）によって，水深が十分でないプールでの事故発生を回避できることを前提としたものである。従って，学校側としては，水深1.35mに満たないプールにおいては飛び込み事故発生のリスクが特に高いことを認識し，ガイドラインに従って上記の適切，合理的なスタート方法の指導を徹底する必要があると考えられる。

第2　顧問教諭の指導における留意点

1　安全管理

　水泳指導においては，部活動であるといえども，文部科学省「水泳指導の手引」（現時点での最新版は平成26年4月発行の三訂版）に基づく安全管理，安全指導がなされることがまず重要である。

　通常の授業と異なり，部活動においては，各部員が水泳における危険性を理解し，一定以上の技能を有している者が多いとはいえるが，顧問教諭においてはこれを過信せず，全てを部員任せにすることなく指導に当たる必要がある。

　具体的には
①　部員の健康状態について把握すること

② 部員の能力や練習内容に照らし，事故発生の危険が予見される場合には必ず立ち会う等，適切に活動に監視を行うこと
③ 施設（水量，水温や水質を含む。）や用具等にも問題がないか確認すること
④ 緊急時に迅速に対応できる体制を整えておくこと

が特に重要であると考えられる。

2 安全指導

　プールにおける事故としては，逆飛び込み（頭から水中に飛び込むこと。）の際に入水角度が深くなりすぎるなどしてプールの底に頭などを打ちつけて起こるものが多く，結果も死亡又は頸椎損傷等の重大な結果に至る場合も多い。逆飛び込みは一定の技能を有している者が上達のために行うケースが多く，部活動において事故が発生する可能性の高いものであるから，顧問教諭は指導に当たり特に留意する必要がある。

　具体的には，水深等プールの構造に注意し，逆飛び込みによる事故の危険性を生徒らに理解させ，生徒の技能に合わせた指導を行うことが重要である。

■ 参考判例 ■

(1) 中学3年生が体育の水泳授業中プールで飛び込みをしてプールの底で頭部を打ち，頸髄損傷等の重傷を負った事故につき，プールの設置管理に瑕疵があるとして損害賠償請求が認容された（金沢地判平10・3・13判夕988号173頁，公立，中学，賠償金1億5000万円）。

(2) 市立中学校に設置されたプールで生徒が逆飛び込みをしてプールの底に頭を打ち，頸椎骨折等の傷害を負った事故につきプールの設置管理に瑕疵があったとされた（神戸地判平10・2・27判夕982号113頁。公立，中学，賠償金7200万円（過失相殺5割あり））。

(3) 中学1年生の男子生徒が水泳部の練習中フラフープの輪をくぐってプールに飛び込み，プールの底に頭部を衝突させ，負傷し後遺障害が残存した事故について，顧問教諭に安全配慮義務違反があるとして学校側

の責任が肯定された（東京地判平13・5・30判タ1095号225頁。公立，中学，賠償金1億7400万円）。

(4) 都立高校の生徒が水泳授業中にプールのスタート台から逆飛び込みをし，プール底に頭部を強打し死亡した事故につき，プールの設置に瑕疵はないが，指導教諭に生徒に対する安全保護義務違反があるとして，東京都の国家賠償責任を認めた（東京地八王子支判平15・7・30判時1834号44頁。公立，高校，賠償金2200万円）。

(5) 都立工業高校2年の男子生徒が水泳部のクラブ活動後の居残り自主練習の際，プールの飛び込み台から逆飛び込みをし，プール底に頭部を強打し頸髄損傷等の傷害を負い，両上下肢の機能に後遺障害が生じた事故について，水泳部の顧問教諭には生徒に事故の危険性や基本動作の留意事項につき注意を促し，立会いのない逆飛び込みの練習を禁止する措置をとり，又は立ち会って監視するなどして事故防止に努め，生徒の安全を保護すべき義務があるところ，これを怠った過失があるとして学校側の責任を肯定した（東京地判平16・1・13判タ1164号131頁。公立，高校，賠償金9600万円（過失相殺4割あり））。

(6) 県立高校3年生が，水泳実習における自由練習中に，スタート台からプールに飛び込んだところ，プールの底に頭部を衝突させて頸髄損傷の傷害を負い，後遺障害が生じたとし，担当教諭に指導上の注意義務違反があったと主張して損害賠償を求めた事案において，担当教諭について，危険性周知徹底及び飛び込み禁止指導義務の違反の過失は認められないが，監視ないし危険行為制止義務の違反の過失が認められるとした上，原告が高校3年生であったこと，担当教諭が許可なく飛び込むことを禁止していた中で担当教諭の不在を見計らって飛び込みが行われたこと等の事情に照らして，7割の過失相殺を行い，損害賠償請求が一部認容された（大分地判平23・3・30裁判所ウェブサイト。公立，高校，賠償金335万9710円）。

(7) 中学生が，民間会社の設置する本件プールに頭から飛び込み（逆飛び込み），本件プールの底面に頭部をぶつけた本件事故につき，中学生が，

民間会社に対し，安全保護義務違反を理由として，損害賠償を請求した事案において，中学生は，中学校の水泳部に所属し，通常の中学生に比して，逆飛び込みの危険をより認識していたのに，あえて自らその危険を犯し，本件事故を発生させたものであると認定した上で，民間会社は，本件プールの利用者に対して，その生命・身体に危害が及ばないようにするための措置等をとっているとして，損害賠償責任を否定し，請求を棄却した（岐阜地多治見支判平24・2・9判時2147号93頁。民間施設）。

(8) 中学生が流水プールで逆飛び込みをし，底で頭部を打ちつけて受傷した事故につき，プール経営会社の安全配慮義務違反及び工作物の設置又は保存の瑕疵が否定された（名古屋高判平24・10・4判時2177号63頁（(7)の控訴審）。

(9) 公立高校3年生が，体育（水泳）の授業中，水平に差し出されたデッキブラシを越えて着水する旨の教員の指導に従って飛び込みの練習を行った際，プールの底に頭部を打ち付けて頸髄完全損傷等の傷害を負い，障害等級1級相当の後遺障害が残った事故において，教諭の不適切な指導に起因して事故が発生したことを前提として，逸失利益や将来介護費等の損害賠償請求が一部認容された（東京地判令6・3・26ウエストロー（事件番号：令2(ワ)18568号）。公立，高校，賠償金3億8300万円）。

（宮田　義晃）

第8節　野球部の練習

Q 19　野球部の練習においては事故を防ぐためにどのような点に留意する必要があるか。

A　練習の前後及び練習中を通じて，グラウンドの状態に気を配り，必要に応じて整備を行うことが必要である。

ノック，バッティング練習においては，その場にいる全ての者が打球や捕球後の送球について注意ができるよう，顧問教諭等において強く意識づけをする指導を行うことが最も重要である。

【解　説】

1　グラウンドの整備

野球部の練習においては，ボールがイレギュラーバウンドし，野手の顔面等に直撃した結果，視力障害等の重篤な結果につながることがある。

イレギュラーバウンドを完全に防ぐことはできないとしても，グラウンドの状態を良好に保つことによりそのリスクを低減することはできる。

最低限，練習・試合の前に小石や異物がグラウンドに落ちていないか確認すること，練習中であってもグラウンドが荒れた場合には一度整備する労を惜しまないことが肝要である。

2　ノック

ノッカーは，ノック練習の開始に当たって，ノックを受ける選手のみならず周辺にいるものに対しても，練習開始を伝えると共に，常時，打球の方向にいる選手の動静に注意を払い，注意が十分でない選手を発見した場

第2章　事故予防と安全対策

合には注意喚起することが必要である。

　また，日常の指導に当たっても，ノック中のボールの行方から目を離さないように注意を促すことが必要である。

　ノックにおいては，捕球後等の返球が直撃するケースもある。こうした事故を防ぐためには，十分な声掛けが重要である。

3　バッティング練習

(1) バッティング練習においては，打撃投手を事故から守ることが最も重要である。投手用のヘルメット又はヘッドギアを着用させることに加え，顧問教諭らは，自ら防球ネットの損傷の有無を確認すると共に，選手に対しても，防球ネットの状態を適宜確認するよう指導すべきである。

(2) ノック同様，練習の開始に当たって，打撃投手及び打者のみならず周辺にいるものに対しても，練習開始を伝えると共に，常時，打球の方向にいる選手の動静に注意を払い，注意が十分でない選手を発見した場合には注意喚起することが必要である。

　また，日常の指導に当たっても，バッティング練習中のボールの行方から目を離さないように注意を促すことが必要である。

　捕球後等の返球の直撃を防ぐための十分な声掛けの重要性もノックと同様である。

(3) なお，ハーフバッティングは，投球距離を短くして実施されることが多く，投手にとっては特に危険性の高い練習方法であることを意識し，以下のように十分な安全対策をとる必要がある。

・投手が投球後直ちにL字型防球ネットの高い部分に身を隠すよう指導する。

・必ず明るさなどの条件がよい時間帯に行い，投手の投球距離等についても状況に応じた調整をするなど，きめ細かく安全に配慮したうえ実施する。

4 審判

 シートバッティングや紅白戦等，審判を配置して練習を行う場合には，審判を担当する者にも上記1ないし3と同様の意識を持たせるべく指導する必要がある。

 ファールチップ等が主審の目に直撃するという事故も報告されているが，練習形態を問わず，必ず，マスク，プロテクターを着用させるべく指導すべきである。

【参考資料】

○ 公益財団法人日本高等学校野球連盟事務局「高校野球の事故防止対策について」（平成25年2月20日，https://www.nagano-hbf.jp/tutatu-yosiki/tuutatu/2012/220jikobositaisakunituite.pdf）

参考判例

(1) 公立中学校の野球部のクラブ活動としての紅白戦の主審をしていた中学生が，ファールチップのボールが眼に当たって負傷した事故について，必ず審判をする際にマスクを着用すべきところ，指導しなかったとして学校側の安全配慮義務の不履行による損害賠償責任が認められた（京都地判平5・5・28判タ841号229頁。公立，中学，賠償金1600万円）。

(2) 県立高校野球部のハーフバッティング練習中，打球が投手を直撃し頭蓋骨骨折等による半身不随の障害を与えた事故について，投球距離を短くしたまま危険度の高い薄暮になっても続けた点などに学校側の過失があるとして，損害賠償請求を認容した1審判決に対する控訴を棄却した（東京高判平6・5・24判タ849号198頁。公立，高校，賠償金1億1600万円）。

(3) 県立高校に在学中，硬式野球部のバッティング練習において投手役をしていたところ，練習中に打者の打ち返した打球が右眼に当たり負傷したことにつき，監督教諭の指導監督上の過失を主張して国家賠償法に基づく損害賠償を求めた事案において，監督にはバッティング練習中の注意義務違反の事実はなく，本件事故は本人の注意懈怠と不運が重なって

生じた事故というほかないとして，請求を棄却した（新潟地判平14・5・14裁判所ウェブサイト）。

(4) 県立高校の野球部員が，野球部のゴロ捕り練習中に，部員によるノック練習のノック球が当たり負傷した事故につき，県に損害賠償を請求した事案において，学校教育に付随する部活動の指導・監督に当たる者は，生徒の自主性をできる限り尊重しつつも，事故等の発生が予想される場合には，これを防止するのに必要な措置を積極的に講ずる注意義務を果たさねばならず，本件事故につき，野球部の監督兼顧問の教諭に注意義務懈怠があったと認定する一方で，部員がノックの状況を一瞥しさえすれば，本件事故の発生を回避できた可能性が高いから，信義則上，過失相殺を行うのが相当であるとして，4割の過失相殺を認めた（名古屋地判平18・11・28判タ1241号189頁。公立，高校，賠償金820万円（過失相殺4割あり））。

(5) 市立中学1年生であった生徒が，野球部の部活動において，フリーバッティング練習の打球が眼を直撃して網膜萎縮等の傷害を負った事故に関し，顧問教諭の安全指導義務違反等の過失を認め，学校設置者である市の国家賠償法1条1項に基づく損害賠償責任が肯定された（横浜地判平25・9・6裁判所ウェブサイト。公立，中学，賠償金1900万円）。

(6) 県立高校野球部の活動中において，ピッチングマシーンを2台並べてフリーバッティングの練習をしていた際，防球ネットが破損していたことにより，1台で打撃していた部員の打球がもう1台にボールを入れる役割の部員の右眼に当たった事案。指導教諭には自ら防球ネットの破損を確認するか，部員に絶えず確認し，損傷がある場合には必要な補修をするよう指導する義務があったとした（神戸地尼崎支判平11・3・31判タ1011号229頁。公立，高校，賠償金840万円）。

(7) 県立高校の硬式野球部の打撃練習中，投手の右側頭部に打球が直撃して外傷性くも膜下出血等の傷害を負い，右側感音性難聴・内耳機能障害等の後遺障害が残った事故において，部活動顧問が部員に対して投手用ヘッドギアの着用を指導すべき職務上の義務を認め，原告の請求を一部

認容した（福岡地小倉支判令4・1・20裁判所ウェブサイト。公立，高校，賠償金2200万円）。

(8) 県立高校の硬式野球部の部活動において，打撃投手が投げて打者が打ち返したボールが打撃投手の右側頭部を直撃して負傷（頭蓋骨骨折・急性硬膜外血腫・脳挫傷）し後遺障害を残した事故は，高野連が打撃練習時に着用を義務付け，事故当時，同高校にも備え付けてあった投手用ヘッドギアを着用するよう指導すべき義務を，同部監督の教諭が怠ったことによるものであるとした（静岡地判平28・5・13判時2336号83頁。公立，高校，賠償金885万6760円）。

(9) 市立高校ソフトボール部の校庭で行われたノック練習中，半月前の他校との練習試合に出場して左手親指を突き指して以来親指付根に痛みを覚えてこれを何度か申告していた3年生に対し，同部主顧問・監督が，負傷に関する聞き取りをするなどの配慮をせず，負傷状況に照らして更なる負傷の可能性を高めないようにノックの強さを調節するなど練習内容を工夫する配慮をすることもなく，強いノックを行った結果，捕球の際に左手小指を骨折して入院手術をするに至った事故において，同部主顧問・監督の過失を認めた（京都地判令元・10・24判時2440号72頁。公立，高校，賠償金578万5144円）。

（宮田　義晃）

飛ぶバット・飛ぶボール

　1872年に，アメリカから伝わった野球。現在も盛んに行われている高校野球，大学野球，プロ野球は，硬式ボールによる競技だが，高校野球，大学野球には，軟式野球もある。

　1919年，硬式のような危険がない野球のために，軟式ボールが開発された。ゴム製で柔らかく安全で安いボールを使う軟式野球競技は日本で独自に発展した。

　全日本軟式野球連盟のホームページによれば，傘下チーム数は約50000，競技人口は約120万人である。なお，これには登録をしていない草野球のチームはカウントされていない。

　軟式野球は，少年・少女から社会人，還暦，古希世代まで幅広い年齢層に親しまれている生涯スポーツといえる。

　草野球などで広く使用されている軟式野球のボールは，A号（一般），B号（中学生），C号（小学生）に分かれていたが，2018年から，M号（中学生・一般）とJ号（小学生）に変更された。「バウンドを抑え，飛距離が伸びる」新ボールは「重く，大きく，硬く」なり，軟式野球の感覚は硬式に近づいたという。

　打撃時の変形が大きく，打球の飛距離が硬式ボールに比べて低下するため各バットメーカは飛距離を伸ばすため，芯の部分にカーボンを複数層重ねたものや，表面に凹凸をつけたもの，バット内部に空気を注入して反発力を高めるものなど様々な軟式野球バットが開発されている。

　硬式野球よりも軟式野球のほうが手軽で安全であり，競技を行う場所の制限も少ないということから軟式野球が普及したといえるのだが，ボールや用具の進化により，従来の軟式野球のイメージは変わったといえる。

　全日本軟式野球連盟は，安全面を考慮し，学童部では，一般用バットのうち，打球部にウレタン，スポンジ等の素材の弾性体を取り付けたバットの使用を2025年より禁止している。

　野球場の場外に飛んだボールで，隣家の屋根が破損した場合に，施設側に責任が生じるのかと，スポーツ施設を管理する人から相談を受けたこと

があった。昔と比べて，ボールが飛ぶようになり，施設のネットを超えるようになったという。野球施設の管理者も，用具の進化に合わせて，施設の安全性を再点検する必要があるということだろう。

　なお，飛ぶバットは人気があるのだが1本5万円以上もするものもあり，グローブも1万円から3万円となっている，軟式野球が必ずしも手軽なスポーツといえなくなっている。

　一方，野球の普及のため，全日本軟式野球連盟は，新しい都市型スポーツとして，キューバで生まれたBaseball 5を薦めている。必要な道具はボール1個で，グラブやバットは必要ない。使うボールは非常に柔らかいため，ボールを扱う際の危険性も低く，年齢や性別を問わず手軽に始めることができるとしている。

（白井　久明）

第9節　施設管理（屋外）

Q20　サッカーゴールの転倒事故を予防するためには，どのような安全対策をとればよいか。

A　移動式サッカーゴールは構造上不安定であり転倒しやすいものであるから，確実に固定し，使用しない場合には前方に倒しておくことが必要である。
　また，水平で平坦な場所への設置，強風時の使用中止等も意識すべきである。

[解　説]

1　移動式サッカーゴールの不安定性

　学校のグラウンドで多く使用される移動式サッカーゴールは，前面のゴールポストとクロスバーが全重量の過半を占めているため，一度バランスを崩すと思わぬ速さで前方に倒れるという不安定な構造となっている。そのため，人がぶら下がる等により荷重が掛かる場合はもちろん，強風にとっても転倒する可能性があるといえる。

2　転倒防止のための安全対策

(1) 確実な固定

　サッカー競技規則（2023/2024）「第1条　競技のフィールド——10．ゴール　安全」に「ゴール（移動式ゴールを含む）はグラウンドに確実に固定しなければならない」との定めがあるとおり，サッカーゴールを固定することは競技の前提であり，転倒事故防止のための安全対策の基本である。

　そして，こうした不安定なサッカーゴールの転倒を防ぐためには，後部フレームに砂袋等の重しを置くか，杭を打ち込むのが有効である。また，頻繁にサッカーゴールを移動する必要がある学校においては，あらかじめ金具を土中に埋め込み，金具とゴールをチェーンで固定する固定金具を利用することも考えられる。

(2) その他の留意点

　確実な固定に加えて，サッカーゴールの使用及び管理においては，以下の点に留意する必要がある。

- ・水平で平坦な場所に設置すること
- ・練習・試合の前にしっかり固定されていることを確認すること
- ・強風時又は強風のおそれがある場合にはサッカーゴールを使用しない練習を検討すること
- ・クロスバーやフレームに登ったりぶら下がったりすることは絶対的に禁止し，部員以外にも周知すること

・サッカーゴールを使用しない場合には，前方に倒しておくこと

3 裁判例の検討

(1) 岐阜地判昭60・9・12判時1187号110頁は，幼稚園児が被害者となったケースであり，部活動中の事故ではないが，サッカーゴールの設置・保存の瑕疵が肯定されたケースであり，特に日常的な管理に関する教訓を含むものとして参考になる。

　すなわち，同裁判例の事案においては，学校側は，サッカーゴールの四隅の脚の部分に鉄杭を打ち込んで地面に固定し容易に動かない状態にしていたが，事故の約2週間前に校庭において運動会が行われた際，杭を抜いてサッカーゴールを移動し，運動会終了後これを元の位置に戻したものの，杭を打たずにそのまま放置していた。そして，本件事故発生当日園児の姉2名を含む約8名の小学生がサッカーゴールのネットにぶら下がってサッカーゴールを前後に揺すって遊んでいたところ，サッカーゴールが前方に倒れ，その鉄わくの部分が，たまたまその附近で遊んでいた園児の頭部を強打して，本件事故に至ったものであった。

　サッカースタジアムと異なり，校庭は様々な行事に用いられ，サッカーゴールも頻繁に移動されることが少なくない。日常的に確実に固定していても，一時的に移動された後のわずかな期間に事故は起こり得るのであり，サッカーゴールの固定の重要性は部活動のみならず，学校全体で意識すべき問題であるといえる。

(2) これに対し，札幌地判平15・4・22裁判所ウェブサイトは，サッカーゴールがその構造自体から前方に倒れやすかったといえないとし，さらに，サッカーをする際にゴールとして使用するという通常の用法に従って使用した場合に選手がサッカーゴールに衝突すること等があるとしても，サッカーゴールに対し極端に加重がかかることがあるとは考えられない，本件事故現場の地面に凹凸がある等サッカーゴールが特に倒れやすい状態で設置されていたと認めるべき事情がうかがわれない等として，当該サッカーゴールが前方に倒れやすく，死傷事故を生じさせるおそれ

のあるものであったということはできないから，杭や金具等で固定し，あるいは固定金具を使用するよう看板に表示するなどして警告する必要があったということはできず，これらの措置をとらなかったことをもって，当該サッカーゴールが通常有すべき安全性を欠き，その設置又は管理に瑕疵があったということはできないとしている。

　しかしながら，一般的なサッカーゴールがそもそも転倒しやすい構造であることは上記裁判例(1)のとおりであり，本裁判例を先例として重視すべきではないと考える。移動式サッカーゴールは，強風によっても転倒する場合があるのであるから，固定を行わなかった結果として転倒事故が生じた場合には，学校側は責任を負うことになるという意識をもって安全対策をとることが必要である。

【参考資料】

○　独立行政法人日本スポーツ振興センター「（平成29年度スポーツ庁委託事業，学校における体育活動での事故防止対策推進事業）ゴール等の転倒による事故防止対策について」（平成30年3月）

■　参考判例

(1)　固定不十分なサッカーゴールが転倒して併設してある附属幼稚園の園児の頭部を強打し，園児が死亡した事故につき，サッカーゴールの設置，保存の瑕疵が肯定された（岐阜地判昭60・9・12判時1187号110頁。私立，小学校，賠償金1300万円）。

(2)　生徒らが町立小学校のグラウンドでサッカーの練習をしていたところサッカーゴールが前方に倒れ，ゴールのクロスバーで頭部等を強打し骨折等の傷害を負った事故につき，自治体がサッカーゴールに危険防止措置を講じることなく放置したことが，設置又は管理の瑕疵に当たるとして，損害賠償を求めた事案において，事故現場の地面の状況などを考慮すると，サッカーゴールが前方に倒れやすく，死傷事故を生じさせるおそれのあるものであったということはできず，杭や金具等で固定するな

どの措置をとらなかったことをもって、通常有すべき安全性を欠き、設置又は管理に瑕疵があったということはできない（札幌地判平15・4・22裁判所ウェブサイト）。
(3) 小学校のゴールポストが転倒し児童が死亡した事故について、小学校の校長にはゴールポストを固定しなかった過失があるとし、児童がゴールポストにぶら下がった点について過失相殺を否定した（福岡地久留米支判令4・6・24判タ1506号181頁。公立、小学、賠償金1800万円）。

（宮田　義晃）

第10節　施設管理（体育館）

Q 21 体育館での事故を予防するためにはどのような安全対策をすべきか。

　体育館の床の剥離による負傷事故の予防には乾拭きを中心とした日常的な清掃管理及び保守管理が重要である。
　転倒事故、壁への衝突事故、転落事故の予防のためにも部活動の実情を踏まえた適切な安全対策をとるべきである。

［解　説］

1　体育館の床の剥離による負傷事故
(1) 体育館は、スポーツのみならず他の行事にも頻繁に利用されるものであり、床の劣化は不可避であるが、運動に適した強度と弾力性、塗装による滑り抵抗の確保という観点から、木製床が採用されていることが多

い。

　それゆえ，床の剥離による負傷事故を防止するためには，木製床の特性による事故原因（床板の過度な水分の吸収及び乾燥）を踏まえた上で継続的な維持管理を実施することが重要である。

　2017（平成29）年5月29日付消費者安全委員会の事故等原因調査報告書では，体育館の所有者に対して求めるべき維持管理として，日常清掃及び特別清掃により，体育館の木製床を清潔に保つこと，その際，水分の影響を最小限にすること，日常的，定期的に点検を行い，実施した記録を保管すること，点検記録表を作成し，点検項目及び方法について実際に点検を行う者に分かりやすく周知し，実施を徹底すること等が挙げられている。

(2) 部活動においては，特に日常の清掃管理及び保守管理が重要であり，以下の点に留意すべきである。

・こまめに床表面の土砂，ほこり，ゴミ，汚れを除去し，清潔に保つべく，体育館専用のモップで，利用前後に乾拭きを行う。基本的に水拭きはしない。

・ワックス掛けは床板の性能を劣化させる原因になることがあるため，原則として行わない。やむを得ず行う場合には，木製床への水分の影響を最小限とするように注意する。

・外部から水分の持ち込みを防ぐため，入り口にはマットを置く。

・木製床保護のため，土足禁止，傘類持ち込み禁止，フロアシート利用，椅子の脚などへのカバー使用，ネット支柱等の運搬・設置を特に慎重に行う等の対策をとると共に，利用者の目につく場所に注意事項・留意事項として掲示する。

・定期点検に加え，毎回の使用に先立ち，傷，割れ，反り，浮き，目違い，ダボ（木材同士をつなぎ合わせる際に使用する木製の棒）の浮きや抜けの有無等不具合がないか確認を行う。小さなものであったとしても，傷等を発見した場合には，テープを貼るなどして応急の措置を施し，程度に応じて使用禁止の措置をとることを検討する。あわせて，速や

かに専門業者に補修について相談する。

2　転倒事故

　床の水分が転倒事故につながるリスクを高めるものであることから、上記1と同様、こまめな乾拭き、濡れた場合の速やかな水分除去が重要である。

3　壁面への衝突事故

　競技においてできる限り壁面との距離を確保することがまず重要であるが、競技により、勢い余って壁面に衝突する可能性を排除することが困難である場合には、マット等の配置により負傷を回避する措置を検討すべきである。

　なお、壁面に金具等の危険物がないかをあらかじめ確認しておくことも肝要である。

4　転落事故

　体育館においてはキャットウォーク（体育館の2階部分等にあるメンテナンス用の通路部分）からの転落事故や天井部分から飾り板を踏み抜いての転落事故が報告されている。

　キャットウォークはあくまでもメンテナンス用の通路であるし、天井部分も人の体重を支えることを想定していない箇所があり、十分な安全性が確保されているとは言い難いから、トレーニング等に使用しないことを徹底すると共に、仮にバレーボール等の部活動においてこれらの箇所にボールが入ってしまった場合でも生徒が取りに行くことのないように厳命すべきである。

【参考資料】

○　本文中に引用したもののほか、平29・5・29付29施企第2号文部科学省大臣官房文教施設企画部施設企画課長・スポーツ庁参事官（地域振

興担当）通知「体育館の床板の剥離による負傷事故の防止について（通知）」参照。

参考判例

◎ 高校のバレー部員が，体育館の天井部分に乗ったボールを取ろうとはしごを使い天井部分に上ったところ，飾り板部分を踏み抜いて転落し，左外傷性視神経症や右橈骨遠位端骨折等の傷害及び視力の後遺障害を負った事故において，部員及びその家族が，自治体に対し，体育館の設置又は管理の瑕疵を主張して，損害賠償を求めた事案。従前も飾り板踏み抜き事故が生じていた本件高校は，本件事故に至るまで，天井部分にボールが乗らないようにする措置や部員が物理的にはしごを使用できないようにする措置を何らとっていないから，自治体は，本件事故時点において，部活動中にボールが天井部分に乗り，部員がボールを取るため天井部分に上る可能性があることを十分認識でき，ひいては本件事故を予見できたなどとして，本件体育館の設置又は管理の瑕疵を認め，部員側の請求を一部認容した（大阪地判平25・7・29ウエストロー（事件番号：平23(ワ)15122号）。公立，高校，賠償金2400万円）。

（宮田　義晃）

第11節　運動会での事故予防

Q22 運動会における事故を防ぐにはどのような対策をすれば良いか。

① 事前に十分に計画を練り，運営方法を検討すること

② 競技内容，生徒の能力に応じて，生徒に対し，教員が指導，監督，注意すること
　　③ 競技中も生徒の動静を監視して，状況を把握し，危険な状態が発生すれば直ちに対応できる体制を整えておくことが肝要である。

[解　説]

第1　運動会における事故を防ぐための対策の方針

　これまでの裁判例等を踏まえて検討すると，運動会における事故を防止するための対策としては，
　① 事前に十分に計画を練り，運営方法を検討すること
　② 競技内容，生徒の能力に応じて，生徒に対し，教員が指導，監督，注意すること
　③ 競技中も生徒の動静を監視して，状況を把握し，危険な状態が発生すれば直ちに対応できる体制を整えておくこと
が肝要である。
　なお，運動会における事故，裁判例については，Q11参照。

第2　組体操における事故防止のための安全対策
1　スポーツ庁連絡事項

　平28・3・25スポーツ庁政策課学校体育室事務連絡「組体操等による事故の防止について」では，組体操における事故防止のための安全対策として，以下の5点が示されている。
　① 組体操を実施するねらいを明確にし，全教職員で共通理解を図ること。
　② 練習中の児童生徒の習熟の状況を把握し，その状況に応じて，活動内容や指導計画を適時適切に見直すこと。
　　万が一，練習中に児童生徒が負傷する事故が発生した場合には，速

やかにその原因を究明し，活動内容を見直したり更なる安全対策を講じたりするなどの措置を行うこと。

③　タワーやピラミッド等の児童生徒が高い位置に上る技，跳んできた児童生徒を受け止める技，一人に多大な負荷の掛かる技など，大きな事故につながる可能性がある組体操の技については，確実に安全な状態で実施できるかどうかをしっかりと確認し，できないと判断される場合には実施を見合わせること。

④　小学校においては，組体操に関しては小学校での事故の件数が相対的に多いことや，小学校高学年は成長の途中で体格の格差が大きいことに鑑み，在籍する児童の状況を踏まえつつ，事故につながる可能性がある危険度の高い技については特に慎重に選択すること。

⑤　教育委員会等においては，段数の低いタワーやピラミッド等でも死亡や障害の残る事故が発生していることなど，具体的な事故の事例，事故になりやすい技などの情報を，現場で指導する教員に周知徹底すること。

その後，令6・2・22スポーツ庁政策課企画調整室・地域スポーツ課事務連絡「学校における体育活動中の事故防止及び体罰・ハラスメントの根絶について」においても，「運動会，体育祭等で実施される組体操について」として，「組体操における安全性の確保については…「組体操等による事故防止について」（平成28年3月25日付け事務連絡）及び「体育的行事における事故防止事例集」（平成29年3月独立行政法人日本スポーツ振興センター）も踏まえた適切な安全対策を確実に講じられない場合には，組体操の実施を厳に控えるようお願いします。また，安全対策については，学校の判断のみに委ねるのではなく，教育委員会等において安全対策の内容を把握するとともに，その妥当性や確実な実施の可能性について責任を持って確認するとともに，必要に応じて学校への指導助言をお願いします。」旨の要請がなされている。

2 東京都の対応

　上記スポーツ庁の事務連絡を受け，東京都では平成28年度のタワーやピラミッドの都立学校での実施を見合わせた上，平28・12・22付28教指企第1140号区市町村教育委員会教育長通知「平成29年度以降の都立学校における「組み体操」等への都教育委員会の対応方針について（通知）」をもって，組体操を実施する場合は，「ピラミッド」と「タワー」については，原則として禁止することとした上，例外的に行うために必要とされる事項を示しており，参考になる。

　具体的には，以下となっている。

① 教育的意義，学校経営上の位置付けを確認すること
② 教員の指導経験，指導技術，指導体制等を点検，確認すること
③ ①②を踏まえて学校全体で実施したいとする意志が強い場合であること
④ 児童・生徒の体力の実態等を踏まえ，安全を最優先した指導計画を作成するとともに，東京都教育委員会に提出し協議を行うこと
⑤ 事前に，生徒や保護者，地域に対し，組体操を実施する目的，指導内容・方法，安全対策等について説明し，理解を得ること
⑥ 指導に当たっては，練習中の児童・生徒の習熟の状況を正確に把握し，その状況に応じて，指導内容や指導計画を適時適切に見直すこと
⑦ 万が一，練習中に児童・生徒が負傷する事故が発生した場合には，速やかにその原因を究明し，活動を中止したり，活動内容や指導方法を見直して更なる安全対策を講じたりするなどの措置を行うこと

第3　騎馬戦における事故防止のための安全対策

　これまでの裁判例を踏まえると，以下のような点に留意すべきであると考えられる。

① 指導に当たって，安全な騎馬の倒壊の仕方，組み手の外し方等についての説明を十分に行い，生徒に理解させること
② 競技中には，教員が騎馬の動向を注視し，騎馬が倒壊しそうになる

等の危険が生じた場合に，対戦を中止させたり，騎馬の構成員の転落，転倒を防止する等の措置をとることができる監視体制を整えること

第4　むかで競走における事故防止のための安全対策

　数人あるいは多数人が紐で各自の足首を連繋する等した状態でグラウンドを周回して競争する「むかで競走」も，運動会において転倒，骨折等の事故の報告例が多い競技である。

　むかで競走においても，事前検討，指導体制の見直し，監視体制の強化が必要である点は組体操や騎馬戦と同様である。

　独立行政法人日本スポーツ振興センター「平成28年度スポーツ庁委託事業・スポーツ事故防止対策推進事業　体育的行事における事故防止事例集」(スポーツ庁ウェブサイト「体育活動中の事故防止」)においても，むかで競走に関する事故防止の留意点がとりあげられているが，これを参考に数点を挙げると以下のとおりである。

① 　行う意義について学校全体でよく議論してから実施を検討する。
② 　教員だけでまず行い，指導の注意点を確認する。
③ 　足を結ぶ人数はなるべく少なくする（長くても20人以下）。
④ 　足を結ぶ素材を伸縮性のものにする。
⑤ 　怪我が先頭に近いほど多いことに鑑み，先頭から体格の良い男子を配置する。
⑥ 　怪我が女子に多いことに鑑み，女子は後方に配置する。
⑦ 　可能な範囲で膝，肘等にサポーターを装着し，少なくとも地面に頭を打つ可能性の最も高い最後尾はヘルメットを装着する。
⑧ 　最低でも5日以上をかけ，人数や連繋のレベルを徐々に上げながら練習する。
⑨ 　転倒しなかった距離に応じて点数を加点するボーナスポイント制度を設ける。

（宮田　義晃）

第3章　事故と保険

Q23 部活動中に発生した事故でケガをした場合，治療費等を補償してくれる保険制度としてどのような仕組みがあるか。

A 　学校管理下で発生した事故については，独立行政法人日本スポーツ振興センターが運営している災害共済給付制度がある。この制度は，学校の管理下における児童生徒等の災害（負傷，疾病，障害及び死亡）に対して医療費，障害見舞金及び死亡見舞金の支給を行う制度であり，部活動中の事故も対象となる。ただし，学校の管理下で発生した事故であることが必要であり，部員の自主練習中の事故について，給付の対象外と判断した裁判例もあり注意が必要である。

【解説】

1　スポーツにおける保険制度の必要性

　部活動中の事故については，まずは発生防止のための仕組み作りが重要である。しかし，万が一事故が発生してしまった場合，被害者が，事故によって被った損害を1日でも早く，容易に回復できるような仕組みを確立しておく必要がある。その仕組みが保険や共済の制度である。事故発生について，学校に責任がある場合や加害者がいる場合でも，被害者が訴訟等をする必要なく迅速に損害回復できるようにする必要があるし，加害者に損害賠償する資力がなければ被害者は泣き寝入りとなってしまう。また，事故発生が被害者自身の不注意による場合でも治療費等の補償があれば安心である。

特にスポーツには常に危険が内在していることから，スポーツに参加する者が予め少額の保険金を負担し合い，事故発生による損害に備える必要性が高い。スポーツ振興の観点からも，保険制度の充実は不可欠の要素と言える。

学校管理下で発生した事故については，独立行政法人日本スポーツ振興センター（以下「JSC」という。）が運営している災害共済給付制度がある。また，同制度以外にスポーツに関する保険としては，スポーツファシリティーズ保険[注1]，公認スポーツ指導者総合保険[注2]，スポーツ安全保険[注3]，その他民間の保険会社の商品がある。スポーツ安全保険は，多くのスポーツ活動で利用されているポピュラーな保険であるが，こちらは学校管理下で発生した事故については原則として対象外であるので注意が必要である[注4]。

なお，スポーツ事故を対象とする保険の種類としては，傷害による死亡，後遺障害，入院，手術，通院を補償する傷害保険と，他人に対して賠償責任を負ったことによる賠償金を填補する賠償責任保険とがある。

2 災害共済給付制度

(1) 概 要

同制度は，JSCと学校の設置者（公立の場合は教育委員会，私立の場合は法人の理事長等）との契約により，学校管理下における児童生徒等の災害（負傷，疾病，障害及び死亡）に対して，医療費，障害見舞金及び死亡見舞金の支給を行う制度である。給付金の請求や支払の手続は，各学校から学校の設置

（注1）公益財団法人日本スポーツ施設協会が運営
（注2）公益財団法人日本スポーツ協会が運営
（注3）公益財団法人スポーツ安全協会が運営
（注4）大学，短大，専修学校，各種学校の学生，生徒が地域クラブで行うクラブ活動中に生じた傷害は保険対象となる（公益財団法人スポーツ安全協会「よくある質問——学校管理下の活動」）。

なお，部活動の地域移行化等により，活動の一部又は全部が学校管理下外で行われた場合，そこでの傷害も保険対象となる。

者を通じて行われ，生徒の保護者へ給付金が支払われる仕組みである。同制度への加入契約は，JSCと学校の設置者との間で行われるが，生徒の保護者の同意が必要になる。

　小学校，中学校，義務教育学校，中等教育学校，高等学校，高等専門学校，特別支援学校，幼稚園，幼保連携型認定こども園，高等専修学校，保育所等[注5]が加入対象であり，令和5年度の統計では，これら加入対象の児童生徒の94.8パーセントが同契約に加入している（独立行政法人日本スポーツ振興センター「令和5年度（2023年度）災害共済給付状況」参照）。

(2) 給付対象

　給付の対象となる災害は，負傷，疾病，障害及び死亡であり，いずれも学校の管理下で発生したものであることが条件となる[注6]。事故による外傷だけではなく，運動中の骨折，捻挫，脱臼，肉離れ，マメ，靴擦れや，野球肘のようなスポーツ障害まで，比較的幅広く対象となる。

　後遺障害が発生した場合に支払われる障害見舞金は，最大4000万円（通学（園）中の災害の場合は最大2000万円），死亡見舞金は3000万円（通学（園）中の災害の場合は最大1500万円）とされている[注7]。

　2023（令和5）年度の給付件数は，医療費が160万2968件，障害見舞金が308件，死亡見舞金が36件，という状況である。

(3) 給付金の支払

　給付金の支払請求は，学校の設置者がJSCに対して行い，給付金は，JSCから学校の設置者を経由して被害生徒の保護者に支払われる。保護者も学校の設置者を経由してJSCに対して給付金の請求を行うことができる。

（注5）保育所等には，児童福祉法39条に規定する保育所，保育所型認定こども園，幼稚園型認定こども園の保育機能施設部分，地方裁量型認定こども園，特定保育事業（児童福祉法6条の3に規定する家庭的保育事業，小規模保育事業及び事業所内保育事業）を行う施設，一定の基準を満たす認可外保育施設及び企業主導型保育施設が含まれる。

（注6）死亡については，学校の管理下で発生した事故や発症した疾病に起因することが要件となる。なお，「学校の管理下」については，独立行政法人日本スポーツ振興センター法施行令5条2項に定義されている。

（注7）令和7年度の金額

高等学校又は高等専修学校の生徒及び高等専門学校の学生の故意等による災害については給付対象外となる。もっとも、いじめ、体罰その他の当該高校生等の責めに帰することができない事由により生じた強い心理的な負担により故意に死亡したとき等については、2016（平成28）年4月1日以後に生じた場合は、給付の対象となる。また、被害生徒自身の重過失による災害については、一部給付の減額が行われる。

この給付金の支払請求権の消滅時効期間は、給付事由が発生してから2年間である（独立行政法人日本スポーツ振興センター法32条）[注8]。

(4) 学校の管理下となる範囲

前述のとおり、災害共済給付制度は、学校の管理下で発生した事故であることが給付の条件となる。「学校の管理下」となる範囲には、部活動も含まれ、校外で行われた試合や練習も対象となる。登下校中の事故も含まれる。

もっとも、学校外での自主練習中に死亡した事故につき、学校の管理下における災害に当たらないとして、死亡見舞金の給付義務を否定した裁判例[注9]がある。

この事案は、市立中学2年生でサッカー部に所属していた生徒が、冬休み期間中に、市営グラウンドで、他のサッカー部員らと自主練習をしていたところ、突然倒れたまま起き上がれなくなり、救急車で病院に搬送されたものの、急性心不全のために死亡したことから、死亡した生徒の保護者が死亡見舞金の支払を求めた事案である。第1審は、事故当日の練習は、部活動の計画表に記載されていないことや顧問教諭の立会いがないことなどを根拠に、学校の管理下ではないと判断した。これに対し、生徒の保護者側は、事故の現場となった市営グラウンドは、これまでもサッカー部の練習場所として利用されていたことや顧問教諭は日常の練習でも立ち合わ

（注8）医療費については、同一の負傷又は疾病に係る医療費の月分ごとに、翌月11日から、障害見舞金については、負傷又は疾病が治癒した日の属する月の翌月11日から、死亡見舞金については、死亡した日の翌日から、それぞれ消滅時効期間が進行する。
（注9）東京高判平5・4・20判タ841号257頁

ないことが多く自主練習が日常化していたこと等を主張し反論したが，控訴審も，本件の自主練習は，学校の教育計画に基づいて行われたものとは認められないとして第1審の判断を維持した。

　このように，災害共済給付制度の給付を受けるためには，発生した災害が「学校の管理下」に当たるか否かが重要な争点となり得るので，注意が必要である。

3　スポーツファシリティーズ保険

　日本体育施設協会が運営するスポーツファシリティーズ保険は，同協会の会員・準会員が所有・管理する社会体育施設において発生した人身事故・対物事故を対象とする保険である。

　施設の所有者・管理者が負担する法律上の賠償責任による損害（施設所有（管理）者賠償責任保険）や施設において発生したスポーツ活動中の人身事故に対する見舞金（スポーツ災害補償保険）等について保険金が支払われる。

　学校開放中の学校体育施設における事故も対象となる（公益財団法人日本スポーツ施設協会「よくある質問（スポーツファシリティ保険）Q5」）。

4　公認スポーツ指導者総合保険

　公認スポーツ指導者総合保険は，日本スポーツ協会が運営する保険であり，日本スポーツ協会の公認スポーツ指導者を対象としている。賠償責任保険と傷害保険とがセットとなっているが，傷害保険は公認スポーツ指導者自身の傷害を対象としている。

5　スポーツ安全保険

　スポーツ安全協会が運営するスポーツ安全保険は，4名以上のアマチュアの団体が加入できる保険であり，主な加入団体としては，スポーツ少年団，総合型地域スポーツクラブ，大学のサークル・体育会等がある。賠償責任保険と傷害保険等がセットになっている。

　スポーツ事故に関する保険としては，全国で最も加入者が多い保険とも

いわれており，その結果保険金額は低額に抑えられている。そのため，スポーツを行う上では加入が推奨される保険であるが，学校管理下の事故は対象外であるので注意が必要である。

6　見舞金制度

競技団体によっては，独自の見舞金制度を設けている団体もある。例えば，日本ラグビーフットボール協会の見舞金制度では，死亡の場合に200万円，重篤障害の場合に最高150万円の見舞金が支給される。全日本柔道連盟も独自の見舞金制度を設けており，死亡の場合に200万円，後遺障害（1～3級）の場合には2000万円が支給される。

7　部活動地域移行の場合

2023（令和5）年度より各地域において進められている部活動の地域移行の場合，どのような保険が適用されるのであろうか。

部活動の地域移行の結果として，学校外の団体が部活動を担うこととなる場合，災害共済給付制度の対象外と解されている。

したがって，学校外の受け皿団体が災害共済給付制度に加入することは現行法令下では認められていない。

そのため，学校外の団体が部活動を担う場合，一つは，当該団体がスポーツ安全保険に加入するという方法が考えられる。

また，各生徒や指導者が傷害保険及び賠償責任保険に個別に加入することや，当該団体が各生徒を被保険者とする傷害保険に加入することも考えられる。

いずれにせよ，部活動地域移行の結果，事故補償の実効性を弱めないためにも，受け皿となる各団体は，スポーツ安全保険や個別の傷害保険を利用して，事故補償の実効化を図るべきである。さらには，そもそも，部活動の地域移行を進めるのであれば，学校管理下での部活動では適用されていた災害共済給付制度について，その適用を拡張するか，または同程度の補償を受けられる制度を構築する必要があると言える。

（高松　政裕）

第3編
学校運動部の運営と部員の権利

第1章　体罰・暴力的指導

Q24　息子が所属しているサッカー部の顧問は，試合中，選手に，「馬鹿野郎，何をやっているんだ」，「能なし」などと，聞くに堪えない罵詈雑言を浴びせ続けている。相手チームの先生たちも，大会関係者も注意しない。
　大事な試合に負けた後，キャプテンに指示し，「おまえの責任だ」といって，バリカンで頭を丸刈りにしてしまった。

A　学校教育法11条で，禁止されている体罰は，有形力の行使だけではなく，暴言なども含む。丸刈りを強制することも問題であり，バリカンで丸刈りにする行為も暴力となる。後述のように，このような顧問の行為は体罰ではなく，単なる暴力行為であり，違法な行為である。学校や大会の責任者に，指導・処分を求めることが相当である。

[解　説]

第1　指導者の暴力行為根絶宣言
1　暴　力

　駅や路上で，第三者に対し，暴力を振るえば，暴行罪や傷害罪に問われ，損害賠償責任（不法行為責任）を負うのに対し，学校の中やスポーツの現場

で，指導者が暴力を振るっても，問題とされず，黙殺されていた。

　2012（平成24）年に起きた桜宮高校バスケ部体罰自殺事件や平成25年の女子柔道強化選手による暴力告発問題等を契機に，2013（平成25）年，日本体育協会，日本オリンピック委員会，日本障害者スポーツ協会，全国高等学校体育連盟及び日本中学校体育連盟の5団体は「スポーツ界における暴力行為根絶に向けた集い」を開催し，「暴力行為根絶宣言」を採択し，各競技団体も同様の宣言や倫理綱領を定め，暴力行為の根絶の活動を進めているが，残念ながら，その後も，スポーツの現場では暴力的指導が行われている。

　学校やスポーツ関係者は，スポーツの場には，暴力が生じ得るという認識のもとに，行動する必要がある。

（注）暴力行為根絶宣言では，「殴る，蹴る，突き飛ばすなどの身体的制裁」のみならず，「言葉や態度による人格の否定，脅迫，威圧，いじめや嫌がらせ，さらに，セクシュアルハラスメントなど」も暴力であるとしている。
（注）2024年3月17日，上記5団体に，大学スポーツ協会（UNIVAS）を加えた6団体は，スポーツハラスメントをなくし，暴力行為の根絶，スポーツインテグリティの確保のために，連携・協力するとの覚書を締結している。

2　人によって異なる暴力行為のイメージ

(1) 人によって，「スポーツ指導における暴力」に対する具体的なイメージが異なることに注意をする必要がある。イメージを異にする者同士で，これは暴力だとか，暴力ではないとかという議論をしても，議論がすれ違い，不毛な議論となる。

　相手が想定している暴力と自分が想定する暴力が同じであるかを意識し，整理しながら，議論をする必要がある。暴力を振るった側は，自己の行為の程度を軽く説明することが多いことに注意を要する。

(2) 最近は，インターネットの動画サイトで，スポーツ指導者の暴力シーンが流れることがある。指導者による殴る，蹴る，往復ビンタの連続の暴力シーンが写され，また，指導者がコーチ陣を背にして，並んでいる

選手の頭を軽くこづきながら、怒鳴り、順次、繰り返し、罰走をさせているシーンもあった。

　従前は、指導者や仲間の選手が否定し、「なかった」ことにされてしまうこと多々あったが、暴力を振るっている動画の流出により、否定しきれないことが増えている。また、このような暴力を振るわれる経験をした選手は、その指導が当たり前のこととして、とらえるようになり、暴力が連鎖していく。黙って見ているコーチ陣も、同様の責任がある。

(3) スポーツの場で、暴力的指導を受けていても、成功体験を有する者は、暴力に対して、肯定的になりがちである。スポーツの指導により、嫌な思いをした者の多くは、スポーツから離れているのに対し、スポーツ指導者の多くは、スポーツをすることによる成功体験者である。選手として成功していなくても、指導者になることにより、指導者になったこと自体成功体験といえる。

　駅や路上で暴力を振るう行為は社会的に許されない。教室やスポーツ指導の現場においても、同様の行為は許されないとシンプルに考えるべきである。

第2　懲戒権と体罰

1　学校教育法11条は、「校長及び教員は、教育上必要があると認めるときは、文部科学大臣の定めるところにより、児童、生徒及び学生に懲戒を加えることができる。ただし、体罰を加えることはできない。」と定めている。1900（明治33）年に公布された小学校令が体罰の禁止を規定しており、以来、同様の規定が定められていたにもかかわらず、日本の教育現場、特に部活指導の現場においては体罰を容認する風土が存在し続けていることを認識する必要がある。

2　懲戒行為としての体罰に関するものとして、下記①②の最高裁、東京高裁の裁判例がある。この裁判例に関しては、様々な評価があるが、少なくとも、極めて、例外的な事案であるにもかかわらず、具体的事案を離れて、判決の抽象的表現部分のみが一人歩きし、「愛のある体罰は許

される」といった誤った認識を持つべきではない。

① 損害賠償請求事件

　小学校の教員が，女子数人を蹴るなどの悪ふざけをした2年生の男子を追い掛けて捕まえ，胸元をつかんで壁に押し当て，大声で叱った行為が，その目的，態様，継続時間等から判断して，国家賠償法上違法とはいえないとした（最三小判平21・4・28民集63巻4号904頁）。

　　＊　①の事件の原審（熊本地判平19・6・15判自319号18頁）

　　　　市立小学校の臨時教員が，自分の臀部付近を蹴った小学2年の男児の胸元を両手で掴んで上向きにつり上げ壁に押しつけた行為が，教育的指導の範囲から逸脱した体罰に当たるとして，男児のPTSDとの因果関係を認め，市に賠償金の支払を命じた。

② 暴行被告事件

　教員の生徒に対する軽微な暴行が体罰には当たらず，正当な懲戒権の行使の許容限度内の行為であるとして，暴行罪の成立を認めなかった（東京高判昭56・4・1判タ442号163頁）。

3　「体罰」とは，一般的には「身体的苦痛を伴う懲戒行為」であり，通常の殴る，蹴るといった暴力の直接行使より広い概念で，長時間廊下に立たせるだとか，長時間正座させるといった行為も「体罰」に当たるとされている。威圧的・威嚇的な発言も体罰となる。

　旧民法822条は「親権を行う者は，監護および教育に必要な範囲内で，その子を懲戒することができる」と親権者の懲戒権を定めていたが，児童虐待を正当化する口実とされているとの批判があり，2022（令和4）年の民法改正では同条が削除された（懲戒権に関するものは令和4年12月施行）。

　民法821条は，監護及び教育をするに当たっては，子の人格を尊重するとともに，その年齢及び発達の程度に配慮しなければならず，かつ，体罰その他の子の心身の健全な発達に有害な影響を及ぼす言動をしてはならないと定めている。

4　国連の「子どもの権利条約」19条は、「締約国は、児童が父母、法定保護者又は児童を監護する他の者による監護を受けている間において、あらゆる形態の身体的若しくは精神的な暴力、傷害若しくは虐待、放置若しくは怠慢な取扱い、不当な取扱い又は搾取（性的虐待を含む。）からその児童を保護するためすべての適当な立法上、行政上、社会上及び教育上の措置をとる。」と定めている。

第3　スポーツ指導と体罰

1　「スポーツ指導における暴力」を、しばしば「体罰」というが、正確な用語の使い方ではない。罰とは、「過ちを犯した者に科せられる」もので、スポーツでミスをしたり、試合に負けるなど、パフォーマンスが十分でなかったことなどは、選手の「過ち」ではない。それを罰ということ自体、選手が悪いことをしたことを前提とする用語を使用することになり適当ではない。

2　スポーツの世界から暴力がなくならないのは、指導者、選手や保護者の多くが、効果的にスポーツの指導をするには、時には、暴力的指導が必要であると考えているからである。

　日本のスポーツは、学校の部活動を中心として、発展してきた歴史があり、小学生から高校生まで、各種の全国大会があり、大会の出場・優勝を目指して励んでいる。指導者は、3年という短期間に勝つことを目標とし、選手も保護者も、大会での実績により将来の進路が開かれるとか、3年我慢し、耐えることが、将来役に立つと信じていることが、暴力を容認している土壌となっている。

3　暴力問題が表面化すると、指導者の多くは、頭を軽くコツンとした程度で軽微な行為であると矮小化し、「愛のムチ」であるとか、「熱心さのあまりの指導が行き過ぎた」と弁明するのが常である。

　このような弁明をすること自体、スポーツマンシップに反する行為であり、指導者としての資質に欠けていることの表れであると自戒すべきである。

第1章 体罰・暴力的指導

4 「スポーツ指導者の暴力」の多くは，指導者が要求するパフォーマンスができていないことに「罰」として暴力を振るい，暴言を発している。さらに，指導者自身が自己の感情をコントロールできずに，暴力・暴言となる行為も目につく。

　指導者の役割は，選手が，自主的にスポーツに取り組み，精神面，技術面の向上に努めるように，方向付けをすることにある。

　スポーツの指導者の多くは，スポーツ指導において暴力を振るうことは違法であると認識している。認識をしているにもかかわらず，暴力を振るってしまうのは，指導者がスポーツ指導の内容を適格・適切に伝えるというコミュニケーション能力を有していないからである。

　指導者は，日々，指導をする内容，方法を研究し，考え，実践することが求められている。

5 部活指導を担当している学校の教師は，教員になるための教育を受け，資格試験を受けているにもかかわらず，部員に振るった暴力事案が生じている。部活動の地域移行により，指導をする者は，教師になるための教育を受けていないので，指導者になるための研修・資格制度が重要となる。

【参考資料】

① 「スポーツ界における暴力行為根絶宣言」（公益財団法人日本オリンピック委員会，2013年，http://www.joc.or.jp/news/detail.html?id=2947）
② 「運動部活動での指導のガイドラインについて」（文部科学省，http://www.mext.go.jp/a_menu/sports/jyujitsu/1335529.htm）

参考判例

(1) 桜宮高校バスケット部体罰自殺事件

　平成24年12月，大阪市立桜宮高校のバスケットボール部の顧問であった男性教諭が，同部のキャプテンであった男子生徒（2年生）に暴力を加え，生徒が自殺する事件が起きた。その後，男性教諭は，懲戒免職処

分を受けた。

* 平成25年９月26日，大阪地方裁判所は，元教諭の暴行・傷害罪の成立を認め，懲役１年，執行猶予３年の有罪判決を言い渡した（傷害致死事件としては起訴されなかった。大阪地判平25・9・26・LLI／DB判秘（事件番号：平25㈹第3059号））。

* 平成28年２月24日，東京地方裁判所は，体罰と自殺の因果関係を認め，大阪市に合計約7,500万円の賠償を命じた（東京地判平28・2・24判タ1432号204頁。公立，高校，賠償金7500万円）。

(2) 私立高校サッカー部に所属し，１年生のキャプテンであった男子生徒に対し，教員で同サッカー部の部長が，生徒の腹や胸の辺りを５，６回蹴りつけたこと等の行為は，学校教育法によって禁止されている「体罰」に該当し，故意による不法行為に該当するとして，部長及び私立高校に対し，165万円の賠償を命じた（生徒は，別の高校に転校している。鹿児島地判平24・1・12・LLI／DB判秘。私立，高校，賠償金165万円）。

(3) 県立高校のバレーボール部顧問から受けた暴力や暴言により精神障害を発症し不登校を余儀なくされたなどとして，顧問と県に対し損害賠償を求めた。高裁は，顧問の言動には教員としての裁量を逸脱した違法な行為があるとしたが，顧問の違法行為と部員の欠席・不登校との間に，損害賠償責任を基礎づけるまでの相当因果関係を認めることはできないなどとして，県に対し，損害賠償金30万の支払を命じた（仙台高判平31・2・1・LLI／DB判秘（事件番号：平29㈹389号）。公立，高校，賠償金30万円）。

（白井　久明）

適切な指導とは

　2017年10月4日の朝日新聞の『賞状破りは指導？高校ハンドボール部監督の処分で波紋』という記事の見出しが目についた。

　賞状を破るイラストがあり，「指導？暴力？」という文字が大きく描かれている。

　記事の内容は，「埼玉県のハンドボールの強豪高校の監督が，2016年の秋，県内の新人戦で2位になった選手の前で賞状を破り捨てた。一人の選手の親が日本協会に通報したのをきっかけに，監督は「暴力行為による3カ月指導停止」になった。全国高校総体は監督不在で戦った。ところが，9月に事態は急展開。日本スポーツ仲裁機構が協会の監督への処分を取り消す決定を下したのだ。」として，その背景等を詳細に報じている。

　日本協会とは，公益財団法人日本ハンドボール協会のことである。
　スポーツ仲裁機構は，スポーツに関する紛争を迅速に解決することを目的とする公益財団法人であるが，スポーツ競技又はその運営に関して競技団体又はその機関が行った決定（競技中になされる審判の判定は除く。）について，不服のある競技者等（申立人）が競技団体を被申立人とする決定の取消等の仲裁申立てを対象としている。従って，スポーツに関するあらゆる紛争を解決する制度ではなく，限定されている。
　スポーツ仲裁機構のホームページに，仲裁判断の全文が掲載されている。ただし，申立人や関係者の氏名は匿名になっている。
　仲裁判断の骨子は，以下の通りである。
　日本ハンドボール協会は，2017（平成29）年6月10日開催の理事会において，監督Aのハンドボール部部員に対して行った行為が，競技者及び役員倫理規程の第3条（禁止事項）「(4) セクシャルハラスメント，暴力行為，個人的な差別等人権尊重の精神に反する言動をとること」の暴力行為に抵触すると判断し，第4条（処分規定）1項「第3条の禁止事項に違反した場合，競技者，指導者，審判員にあっては，競技会等への出場及び参加資格の一定期間又は永久の停止あるいはその処分を行う。」を適用して，ハンドボール指導3か月間の活動停止するとの決定を行った。

この決定に対し，Aは，本件処分につき，事実調査が不十分・不適切であること，事情聴取に当たり事前に書面交付もなく聞き取りが行われるなど弁明の機会が付与されているといえないこと，理事会の議論や通告書において処分対象事実が明示されていないこと等の手続の瑕疵があるとして，本件処分の取消しを求めた。

　ただ，協会の通告書には，処分の根拠となる規定及び「暴力行為」に対する処分であることは記載されているが，<u>「暴力行為」の具体的事実の記載は全くなく，本仲裁手続における主張立証を経てもなお，そもそも処分においてどの事実を認定し処分対象としたかが明確になっていなかったことから仲裁パネルは本件処分の決定に至る手続には重大な瑕疵があるとして，本件処分決定を取り消した。</u>

　なお，仲裁パネルは，手続の瑕疵を理由として処分を取り消したので，Aの暴力行為の有無については判断していない。仲裁判断には以下の付言がなされている。

* 　生徒の保護者においては，監督・指導者からの絶対的な影響力を気にするあまり，保護者間で「犯人捜し」のようなことが行われたことも十分推認され，本件を契機に，そのような姿勢をこども達のためにも変えていくことを期待したい。
* 　学校関係者においても，本件の部活動において体罰や暴力行為による指導が窺われなかったのか，上記のようなことが行われる土壌を座視していなかったのかを改めて認識してもらう必要がある。
* 　選手らの面前で，破り捨てた行為について，高体連に対する冒涜とも言わざるを得ず，さらにはそれを生徒の前で見せつけること，優勝しか価値がないかの如き示威行動は，決して学校教育におけるスポーツの指導としてあってはならないことである。

　仲裁判断に，このような付言を記載することについては，申立てに対する判断を行うという仲裁制度を逸脱しているのではないかという議論もあるが，スポーツ界に対する提言という意味も込めて付されることがある。

　監督が生徒の面前で，「賞状を破った行為」は，仲裁パネルの付言でも

明らかなように，適切な指導ではないということはほぼ意見が一致している。

記事の「見出し」と「イラスト」，そして，本件処分が取り消されたという事実から，「賞状破りは許される」と短絡的にとられる危険性がある。

賞状を破る行為が，暴力かどうかについては，議論がある。物理的な行為に限定されるのか，暴言等の無形の行為も含むかである。

賞状は誰に帰属するであろうか。賞状を出した協会か，ハンドボールチームか，チームの所属する学校なのであろうか。監督が賞状を破った行為は，第三者の所有物を毀損する器物損壊罪となり得る違法な行為である。

優勝したチームに対するリスペクトがあったのか，負けたことに対する反省を知らしめる指導方法として適切なのか，擁護した保護者や生徒は，どこまで，このことを前向きに捉えているのだろうか。

この件は，部活動に関する様々な問題を浮き彫りにしたもので，興味深い事案である。部活動に関わる人たちに，是非，議論をし，考えてもらう格好な題材であると考えている。

（白井　久明）

第2章　セクハラ・パワハラ

Q 25　陸上部員である娘は，顧問から，将来性があるとして熱心な指導を受けているが，練習後，部室の中で，マッサージをしてもらっている。娘は，マッサージを受けることを嫌がっている。どうしたらよいか。

A　練習後，マッサージを受けることは大事かもしれないが，相手方が望まない身体的接触は，セクハラとなる可能性がある。顧問側に，セクハラの意図がないとしても，セクハラと疑われる可能性がある行為をしないように気をつける必要がある。
　このことを顧問にどう伝えるか難しいが，まずは第三者を交えて，じっくりと話し合いをするべきではないだろうか。

[解　説]

第1　セクシュアル・ハラスメントとは
1　セクハラの定義
(1) セクシュアル・ハラスメント（セクハラ）とは，相手方の望まない（不快・不安な状態とさせる）性的な言動である。
　　行為者がセクハラであると認識しているか否かは関係なく，相手方が性的に不快と感じる言動であればセクハラとなる。行為には，じろじろ見る，容姿に関わる言語を発するなどの身体的接触を伴わない言動も性的な言動であるとされ，性的な言動には，性差別的な言動も含まれる。
(2) 行為者が，「冗談」，「親密なつもり」と弁明することがあるが，「相手方が望まない性的な言動」であれば，セクハラとなる。

相手方の望まない性的な言動がなされても，相手方が，その場で「ノー」，「駄目だ」といえることは少ない。一見よさそうな「場の雰囲気」を壊したらいけない，指導者・先輩の言動に逆らうことはできないという意識から「ノー」といえないのである。

後に，セクハラの被害を訴えても，「ノー」といわなかったことから，「容認していたのではないか」といわれたり，否定されて，「なかった」ことにされてしまう。

第2　スポーツとセクハラ

1　スポーツは，強さを競うものであり，往々にして，マッチョ意識を醸成する。マッチョとは，男性がもつという「強靱さ，逞しさ，勇敢さ，好戦性」をあらわす言葉である。加害者が意識しているか否かは別にして，自分を誇示し，自分より弱い女性や，ひ弱な者（女性的な男性やLGBT）に対する言動としてあらわれる。

スポーツの指導者の多くは，このような世界に慣れ親しんでいるために，「セクハラ」の問題に気がついていないという現実がある。

学校の部活動においては，指導者と生徒は，長時間共に過ごしており，時には，身体的接触を伴う関係が生じる。生徒は指導者に対し，親近感や憧れの気持ちをもつ。また，指導者はレギュラーを選ぶなど，生徒に対し，優越的な地位にある。

このような関係（社会学的に「権力関係」といわれている。）が，生徒は指導者に無防備となり，「ノー」とはいえない立場となり，セクハラが生じる背景・土壌となっている。

2　他方，権力関係にある指導者は，生徒が「指導者として」親密な関係をもっているにも関わらず，「個人として」信頼されている，愛されているという思い込みをもち，直接的な性的言動をしてしまう人たちがいる。

また，教師になった者の中には，かよわい幼児や少女が好きという性癖をもつ者がまれにいる。少女の全裸の写真を，インターネットに投稿

して逮捕されたなどの事件が報道されている。

3　男性同士，女性同士においても，セクハラが問題となる場合があり，同性愛等，性的マイノリティ（LGBT）に対する差別的言動もセクハラとなる（男性から男性へのセクハラについては，コラム（149頁）参照）。

特定の部員を対象とする言動だけではなく，部全体に対する言動もセクハラとなる。

指導者から部員に対する言動が問題とされるのは当然であるが，上級生，同級生からの言動も問題となる。

学校の同僚である教師や生徒の周囲には，教師・指導者の不穏当な性的言動を知っていても，ことを荒立てないように黙っていることが見受けられる。

セクハラを行った行為者だけではなく，セクハラを放置した学校や部活動の管理者なども法的責任を問われることがある。

第3　セクハラと法的責任

1　セクハラに関する法律としては，「雇用の分野における男女の均等な機会及び待遇の確保等に関する法律」（男女雇用機会均等法）11条が雇用主に対し，職場におけるセクハラにより職場環境を害されないように必要な措置を講じなければならないとし，公務員に関しては，人事院規則10-10がセクハラ防止等の定めを設けている。

2　セクハラは職場の中の権力関係の問題として捉えられていたが，次第に，学校やスポーツの場においても，同様の権力関係があるとの認識のもとに，セクハラが存在すると問題になった。学校においては，生徒の就学する環境，スポーツをする環境を整備・保持する義務があるとされ，侵害をした者は損害賠償責任を負う。

3　具体的な法的責任としては，行為者は，強姦，強制わいせつ，強要罪等の刑事責任，損害賠償責任（債務不履行責任・不法行為責任）を問われることがある。また，雇用上の問題としては，懲戒解雇，降格，戒告等の処分を受けることがあり，部活の顧問を解任されることもある。

第2章 セクハラ・パワハラ

第4 セクハラの防止

セクハラを防止するためには，① 学校や部活の責任者がセクハラをしない，させないという方針の明確化及びその周知・啓発，② 相談窓口の設置，③ 相談を受けた場合の事後の迅速かつ適切な対応という体制をつくり，機能させることである。

そして，何より重要なのは，日頃から「不快な性的言動」がなされた場合に，生徒がその場で，「ノー」といえる風通しのいい環境をつくることである。

このことは，単に，セクハラを防止するということから，より主体的な部活動づくりへと展開していく契機となる。

参考判例

(1) 大阪市立中学の剣道部顧問の男性教諭(43)による体罰やセクハラ行為で精神的苦痛を受けたとして，元部員の20代の女性3人が市と教諭に計550万円の損害賠償を求めた。教諭は部を全国大会に出場させた実績から「名顧問」とされていた。

女性らは約10年前，教諭から竹刀でのどを突かれるなどの体罰を受けた。指導通りにできないと「裸になりきれていない」と言われて服を脱ぐよう示唆され，下着姿の状態で抱きしめられるなどとした。

裁判所は，「性的羞恥心を侵害する行為で社会通念上許されない」として計100万円を女性らに支払うよう市側に命じた（大阪地判平20・5・20・LLI／DB判秘。公立，中学，賠償金100万円）。

(2) 大学の女子ソフトボール部の部員が，大学に雇用される職員であり本件部活動の監督から，合宿所の監督室において複数日にわたり抱擁されるなどのセクシャルハラスメントを受け，心的外傷後ストレス障害(PTSD)に罹患したとして，監督に対しては不法行為に基づく損害賠償，大学に対しては使用者責任又は在学契約に伴う安全配慮義務等の違反に基づく損害賠償を請求した。

裁判所は，監督の不法行為責任，大学の使用者責任に基づき，約112

万円の損害賠償義務を認めた（東京高判令3・4・22・LLI／DB判秘（事件番号：令2(ネ)3493号）。私立，大学，賠償金112万円）。

（白井　久明）

同性に対するセクハラ

　ジャニーズ事務所の創設者による性加害問題がクローズアップされたことにより，男の男に対するセクハラが広く存在することがようやく公になった。

　新聞の地方版に，時折，部活動の男性指導者が，宿泊施設の男子部員の寝室に入り，わいせつ行為をしたとする記事が掲載されていることを目にすることがあったが，それほど話題にならなかった。

　同性による性被害は被害者のプライバシーの問題等から，性被害を訴えることができなかったり，逡巡することが多かった。また，同性による性加害が存在するということを第三者が認識しづらく，性被害の訴えを正面きって対処しなかったということが表沙汰にならなかった理由である。

　近年，裁判例となっている事件が2件あった。

○　金沢地判平30・3・29ウエストロー（事件番号：平28(ワ)56号）

　男性である原告が，被告市の設置する中学校に在学中，原告の所属していた学級の担任で，中学入学当時から部活動の顧問を務めていた教諭から，継続的に性的行為を受け，また，これに応じさせられるなどしたという事案である。

　原告は，被告市に対し，国家賠償法1条1項に基づく損害賠償として，550万円及びこれに対する遅延損害金の支払を求めた。

　裁判所は，本件教諭が原告に対し，上記立場等に基づく事実上の強い影響力を及ぼすことで，同人との性的行為を開始したものであることが明ら

かであり，その後に継続した性的行為にも，本件教諭が原告の学級担任教諭であることや本件部活動の顧問教諭であることによる事実上の強い影響力が同様に及んでいたものと認めるのが相当であるとして，原告の被った精神的苦痛に対する慰謝料300万円及び弁護士費用30万円の支払を認めた。

(注) 本件教諭が，強制わいせつ罪等で，刑事罰を受けたか不明である。
(注) 本件教諭は公務員であったので，国家賠償法の規定により，個人責任を負わないので，学校の設置者である市に対して損害賠償請求をした。市は，本件教諭の行為等は，加害者である本件教諭の個人的な性的趣向に依拠するものであるとして，本件各行為等の職務関連性はないと争ったが，裁判所は職務関連性を肯定して，市の責任を認めた。

○　大阪地判令4・3・23・LLI／DB判秘（強制わいせつ被告事件，強制性交等被告事件）

被告人は，大阪府内の高等学校に講師として勤務し，同校硬式野球部のコーチとして，同部部員を指導していたものであるが，喫煙が発覚し，退学等になり得ると指導していた同野球部員1人に対し強制的に口腔性交をし，また，同野球部員の他の4人に対し，マッサージ，ストレッチをする際に，各自の陰茎を弄ぶなどのわいせつ行為をしたとして，裁判所は，懲役10年の刑を科した。

(白井　久明)

第3章　日本版DBS制度

Q 26　日本版DBS法が成立したとのこと。日本版DBS法とはいかなる内容の法律なのか。また，当学校法人では，日本版DBS法の成立を受けて，今後，どのように対応していけば良いだろうか。

A　日本版DBS法とは，児童や生徒に教育や保育を行う学校設置者や事業者にその雇用する教員等による児童対象性暴力等を防止するための措置を講じることを義務付けるとともに，被害児童・生徒を適切に保護すべき責務等を定める法律である。2026年度中には施行の見通しとなっている。具体的には，学校法人等は，教員等に研修を受講させ，児童・生徒との面談や相談を行い易くする措置を講じるとともに，教員等について特定性犯罪前科の有無を確認すべき義務を負う。

[解　説]

1　日本版DBS法とは

日本版DBS法とは，英国の政府系機関である前歴開示・前歴者就業制限機構（Disclosure and Barring Service）をモデルとしており，正式名称は「学校設置者等及び民間教育保育等事業者による児童対象性暴力等の防止等のための措置に関する法律」（令和6年法律第69号。「こども性暴力防止法」ということもある。）である。

日本版DBS法は，児童対象性暴力等が児童・生徒の権利を著しく侵害し，児童・生徒の心身に生涯に亘って回復し難い重大な影響を与えることに鑑み，児童・生徒に教育や保育等を行う学校設置者（学校，児童福祉施設

等）及び認定を受けた民間教育保育等事業者（放課後児童クラブ，学習塾，スポーツクラブ等）について，雇用する教員・保育士等による児童対象性暴力を防止するための措置を講じることを義務付けるとともに，被害児童・生徒を適切に保護する責務を定める。

2 学校設置者・事業者の義務内容及び講ずべき具体的措置
(1) 研修の実施
　学校設置者や認定を受けた民間教育保育等事業者（以下，総称して「学校設置者等」という。）は，児童対象性暴力等の防止に対する関心を高めるとともに，そのために取り組むべき事項に関する理解を深めるための研修を，雇用する教員・保育士等に受講させなければならない（DBS法8条）。
(2) 面談・相談窓口
　学校設置者等は，児童・生徒との面談，その他の教員・保育士等による児童対象性暴力等が行われるおそれが無いかどうかを早期に把握するための措置を講じなければならない。また，教員・保育士等による児童対象性暴力等に関して，児童・生徒が容易に相談できるようにするため相談窓口設置等の措置を講じなければならない（DBS法5条）。
(3) 安全確保措置
　学校設置者等は，児童・生徒等との面談・相談結果等を踏まえ，児童対象性暴力等が行われるおそれがあると認める時は，その者を教員・保育士等としてその本来の業務に従事させないこと，その他の児童対象性暴力等を防止するために必要な措置を講じなければならない（DBS法6条）。
(4) 保護・支援措置
　学校設置者等は，教員・保育士等による児童対象性暴力等が行われた疑いがあると認める時は，その事実の有無及び内容につき調査を行わなければならない。児童・生徒等が教員・保育士等による児童対象性暴力等を受けたと認める時は，当該児童・生徒の保護及び支援のための措置を講じなければならない（DBS法7条）。
(5) 性犯罪前科の有無の確認

① 学校設置者等は，教員・保育士等としてこどもと接する業務に就かせる者（法施行時における現職者を除く。）につき，当該業務に就かせるまでに犯罪事実確認書によって特定性犯罪事実該当者であるか否かの確認（以下「犯罪事実確認」という。）を行わなければならない。法施行時における現職者については，法施行時から3年以内にその現職者の全てにつき，犯罪事実確認を行わなければならない。また，教員・保育士等の雇用を継続する場合，5年ごとに改めて犯罪事実確認を行わなければならない（DBS法4条）。

② 具体的な照会手続としては，学校設置者等は，こども家庭庁を通じて法務省に教員・保育士等の性犯罪歴の有無につき，性犯罪歴の有無を記載した犯罪事実確認書の交付を申請して照会を行う。照会する性犯罪歴は，有罪判決が確定した前科に限るが，前科には不同意性交罪や不同意わいせつ罪等の刑法犯のほか，児童ポルノ禁止法違反，痴漢や盗撮等の条例違反も含む。照会できる期間は拘禁刑（懲役刑及び禁錮刑）の実刑判決の場合は刑の執行終了後20年，拘禁刑の執行猶予判決の場合は裁判確定日から10年，罰金刑は10年。

犯罪事実確認書によって性犯罪歴が確認される場合，学校設置者等は採用希望者については採用せず，現職教員についてはこどもと接しない仕事に配置転換し，それが困難な場合には解雇も許容される。性犯罪前科がある場合，あらかじめ教員・保育士等本人には犯罪事実確認書の交付につき事前通知がなされ，この段階で内定辞退や自主退職をした場合，学校設置者等に犯罪事実確認書は交付されない。

3 実務対応

日本版DBS法の施行に当たっては，学校設置者や事業者が行う性犯罪歴照会の確認対象となる罪（特定性犯罪）の範囲に下着窃盗やストーカー行為，体液をかける行為等をも含めるか否か，本法の義務を負う対象者にベビーシッターや家庭教師等の個人事業主も含めるか等につき，政府に検討を求める付帯決議が可決されており，今後，更なる詰めの協議検討が予定

されている。

　また，こども家庭庁は，今後，性犯罪歴のある教員や保育士等に対する就労制限（配置転換・解雇等）のあり方や，学校設置者や事業者が教員や保育士等につき配置転換等の措置を講ずべき義務を負う「性加害のおそれ」の内容・判断基準等につきガイドラインを示す方針である。

　これらを踏まえ，本法は2026年度を目処に施行が予定されている。学校設置者等においては，こども家庭庁の示すガイドラインや教育委員会や業界団体等の示す方針に従って，具体的な対応を実施されたい。

　なお，日本版DBS法は再犯防止には有用であるものの，初犯の被害は防ぐことができないため，各学校法人・事業者等においては，教職員等の採用時に適性検査を行う，研修（教員に対する研修，及び児童・生徒に対する研修の両方）の実施，各種規則・マニュアルやチェックリストの作成等工夫をこらして，児童・生徒を守る対策を執る必要がある。

（片岡　理恵子）

盗撮防止に関する近年の動向

　ユニフォーム姿で競技会場に登場する選手たちの下半身等を撮影し，画像をSNSなどにアップする行為がなされている。さらに，卑猥な画像に加工しているケースなど，より悪質なものも存在している。

　2023年7月，性的部位や下着を盗撮する行為を取り締まる「性的姿態等撮影罪」が施行された。しかし，残念ながら，スポーツの世界で問題視されているアスリートやチアガールなどの迷惑撮影やSNSなどによる拡散行為（性的ハラスメント行為）を罰則の対象とすることは難しい。

　競技会場に登場するユニフォーム姿の選手たちの下半身等を撮影する行為について，「違法でない撮影行為」と「性的姿態等撮影として刑罰を課する撮影行為」を峻別することが困難であるとするのがその理由である。

なお，盗撮行為は都道府県が定めている迷惑防止条例違反として取り締まられることがある。迷惑防止条例は，都道府県ごとにそれぞれ適用範囲（対象や場所など）や処罰の内容が少しずつ異なっており，改正されることもあるので，必要に応じて，随時，条例の内容を各都道府県ウェブサイトなどで確認する必要がある。

例えば，公共の場所だけを取締対象とし，私有地や会社，タクシーなどでの盗撮は処罰されないケースなどもある。

罰則も常習かどうかによって違いがある。また，「6月以下の懲役又は50万円以下の罰金」，「1年以下の懲役又は100万円以下の罰金」など，都道府県によってばらつきがあるのが実態である。

例えば，2024年3月に定められた福岡県条例では，学校やスポーツ施設，公共交通機関など不特定多数の人が利用・出入りする場所で，性的意図を持って同意を得ることなく撮影する行為を，着衣の有無を問わず「性暴力」と定義しているが，罰則の定めはないものになっている。

「不埒な」，「けしからん」行為であっても，刑罰を科するためには，明確な要件が必要となる。どこかの国のように，「自国の秩序に反する」行為であるとして，逮捕されたり，投獄されることになっては困るからである。

最近の技術の発展により，スマートフォン等の機器を使用して，無断で撮影する行為が容易になっている。さらに，加工した写真をSNSで拡散することも容易になったことから，盗撮のような性的ハラスメントが多発する温床となっていることは確かである。

これらの行為を法律等で規制することは，表現の自由とも関係しているため難しい面がある。従って，選手や競技団体側も自衛していくことも必要となる。

悪いのは加害者ではなく，被害者ではないかとする意見もあるかと思うが，競技団体が，競技会場での撮影を禁止したり，会場内で注意を促すことにも限界がある。また，競技に注目を集めるために，露出の多いウェアをユニフォームにしている競技団体もあるようにも思える。スポーツを魅（観）せるということをユニフォームという観点から，考え直す必要があるかもしれない。

パリ五輪を目指して本格的に現役に復帰した体操の杉原愛子が，2022年

9月の全日本シニア選手権で，足の付け根から太もも上部にかけての部分まで，カバーする新しい形のレオタードを着用したことが話題になった。2021年の東京五輪体操女子団体でドイツの女子選手チームは「ユニタード」と呼ばれる肩から足首までを覆うウェアを着ていた。

特殊な赤外線モードカメラによる盗撮対策として，防透け機能のある特殊な素材の開発も進んでいる。

法的には，SNSによる拡散は，選手の肖像権やプライバシー等の侵害となり，損害賠償の対象となることがある。

名誉毀損罪や侮辱罪，あるいは児童ポルノ禁止法により，刑事罰を課すことも可能な場合もある。

競技団体などが，選手に代わって，容易に，損害賠償請求や刑事告訴をすることができる制度を整え，そのための法の整備などを積極的に考えていく必要がある。

SNSによる拡散をしている者の多くは手数料稼ぎ目的だと思われる。プラットフォームが投稿者に支払う手数料の支払時期を一定期間後にすることにして，支払時期までに，損害賠償請求権による差押えができるようにする制度を考えても個人的にはいいように考えている。

また，日本の裁判所は，この種の不法行為について，わずかな慰謝料しか認めていないことも問題である。

費用と時間をかけて，判決を得たとしても，雀の涙のような慰謝料の金額では，加害者に対する制裁として十分なものではなく，市民感情にも適合していないといえる。

アメリカのように法外な高額な慰謝料の支払を命じる制度とするのは現実的ではないが，慰謝料の額をもっと多額とするための対応や運動も必要ではないかと考えている。

（白井久明）

第4章 差 別

Q27 息子は，運動が好きで，バスケットボール部に入っているが，息子の言動や服装をめぐって，「女みたい」とからかわれ，学校に行かなくなった。どうしたらよいか。

A 息子さんは，いわゆるLGBTなのかはわからないが，LGBTに対する無知・無理解によるからかいである。

保護者も，LGBTに関する正しい知識をもつ必要がある。顧問の先生も，LGBTに対する正しい知識をもち，生徒がこのようなからかいをしないように指導するように話をする必要がある。

なお，イジメ問題としては，Q45参照。

[解 説]

第1　LGBTとは

1　最近，LGBTということばをよく聞くようになった。アップルのティム・クックCEOなど社会的影響力のある人がカミングアウト（公言）したり，渋谷区の同性パートナーシップ条例の制定など，メディアでもしばしば目にする。

2　電通ダイバーシティ・ラボが実施した「LGBT調査2023」は，日本における同性愛者，性同一性障害などの性的マイノリティー（LGBT）は日本全体の9.7パーセントであるとしている。その内訳としては，L＝レズビアン（女性の同性愛者）1.01パーセント，G＝ゲイ（男性の同性愛者）1.59パーセント，B＝バイセクシュアル（両性愛者）3.20パーセント，T＝トランスジェンダー(注)1.15パーセント，その他5.21パーセントとなっ

ている。「その他」とは，LGBTのどのカテゴリーにも該当せず，Xジェンダー（男女どちらとも決めたくない人），インターセクシュアル（体の性がどちらとも言えない人），アセクシュアル（無性愛者），クエスチョン（心の性や性的指向がわからなかったり，迷っていたりする人）などが含まれ，LGBTと総称する。

(注)「トランスジェンダー」とは，性同一性や性表現が，出生時に割り当てられた性別と一致しない人を指す包括的な用語であり，男女（性別二元制）の枠にはまらない性同一性男女（性別二元制）の枠にはまらない性同一性（Xジェンダー，ノンバイナリー，ジェンダークィア，アジェンダーなど）も含んでいる。

第2 LGBTと人権

1 政府は，2012（平成24）年8月，自殺対策基本法に基づき，「自殺総合対策大綱～誰も自殺に追い込まれることのない社会の実現を目指して～」を閣議決定した。

　同大綱は，「児童生徒と日々接している学級担任，養護教諭等の教職員や，学生相談に関わる大学等の教職員に対し」，「自殺念慮の割合等が高いことが指摘されている性的マイノリティについて，無理解や偏見等がその背景にある社会的要因の一つであると捉えて，教職員の理解を促進する」と定めている。

2 法務省人権擁護局作成の冊子「人権の擁護」（令和6年度版）31頁は，性的マイノリティ（性的少数者）は「社会の中で偏見の目にさらされ，昇進を妨げられたり，昇進を妨げられたり，学校生活でいじめられたりするなどの差別を受けています」としている。

3 文部科学省は，「学校における性同一性障害に係る対応に関する状況調査」を実施し，2014（平成26）年6月，公表した。同調査によれば，性同一性障害に関する教育相談等があったとして，606件の報告があったとしている。ただし，児童生徒が望まない場合は回答を求めないこととしつつ，学校が把握している事例を任意で回答いただいた件数として

おり，実数はもっと多いと考えられる。

　これを受けて，文科省は，「性同一性障害に係る児童生徒に対するきめ細かな対応の実施等について」（平27・4・30文科初児生3号文部科学省初等中等教育局児童生徒課長通知）を発出し，性同一性障害に係る児童生徒についての特有の支援など具体的事項を取りまとめている。

　すなわち，LGBTの児童生徒は，いじめの対象とされ，自殺に追い込まれる可能性もあるので，全国の学校において，服装，トイレ，宿泊，研修等に関し個別対応をするなどの慎重な配慮が必要となる。

　部活動においても，LGBTと思われる児童・生徒が存在する可能性があるので，顧問である教師は，LGBTに関する正しい知識をもち，児童・生徒の人権が侵害されないように配慮することが求められている。

4　2023（令和5）年6月，国は，「性的指向及びジェンダーアイデンティティの多様性に関する国民の理解の増進に関する法律」（令和5年法律第68号）を定め，学校の設置者は，基本理念にのっとり，性的指向及びジェンダーアイデンティティの多様性に関するその設置する学校の児童，生徒又は学生の理解の増進に関し，教育又は啓発，教育環境の整備，相談の機会の確保等を行うよう務めるとしている（同法6条2項）。

第3　スポーツとLGBT

1　公益財団法人日本スポーツ協会も，2013年に「スポーツ指導者のための倫理ガイドライン」を策定している（最新版は2021年5月発行（9刷））。同ガイドラインは，「年齢，性別，性的指向（恋愛や性愛の対象としてどのような性を求めるか）や性自認（自分の性別に対する自己認識），障がいの有無，国籍，文化，言語，民族，人種，宗教などの違いを理由とする」差別的な言動を反倫理的な言動とし，「スポーツ指導者は，指導に関する知識や技術だけではなく，倫理に関する情報の収集に努め，反倫理的言動とは何かについての理解を深める必要があり」，「これらのことを自覚したうえで」，強い意志を持ち対処することが求められ」るとしている。

第4章 差 別

2　LGBTは，性的な病理ではないという理解が浸透しつつあるが，まだ，無知・無理解による差別的な扱いが行われている。スポーツ指導者だけではなく，教師，保護者，児童・生徒達がこのような差別的な扱いが行われているという認識を共有していくことが大事である。

【参考事例】

◎　女性への性転換手術をした男性が，入会したフィットネスクラブから戸籍上の男性の更衣室の利用を求められ，人格権侵害を侵害されたとして運営元に損害賠償を求めた事案。2015（平成27）年6月，京都地裁において和解が成立した。裁判所は，「自らの性自認を他者から受容されることは，人の生存に関わる重要な利益」と和解を勧告していた。和解内容は明らかにされていないが，関係者によると，クラブ側は利用者の自認する性に配慮して対応すると約束したという（朝日新聞：平成27年6月19日）。

（白井　久明）

第5章　特待生問題・奨学金

Q28　現在，通っている高校には，スポーツ特待生がいる。入学金や，学費を免除されている。ケガをしたために，スポーツを継続することができなくなり，退部した。部活を辞めた場合には，退学しなければならないか。顧問からは，免除されていた2年分の学費を返還するようにいわれている。

A　「特待生制度」に関する書面に，どのような記載がされているかを確認する必要がある。学費が貸与ではなく，免除されているのであれば，退部するまでの学費は，返還する必要はない。

退部したとしても，即時に退学する義務はないが，退部後の授業料については，支払う必要がある。経済的に支払うことが難しい場合には，奨学金を受けたり，分割払いにしてもらうなど，学校と交渉することをお勧めする。

[解　説]　

第1　特待生問題

1　特待生制度

特待生制度とは，高校や大学などにおいて，入学試験や在学中の成績が優秀な者に対して，学費の一部，もしくは全てを免除したり，奨学金の支給などの特別な待遇を与える制度である。私立学校などが，優秀な生徒の確保，優秀な卒業生を輩出しているなどの評判を得るための制度であり，選考基準は，入学試験の成績優秀者，在学中の学業成績の優秀者などである。

2　スポーツにおける特待生制度

　スポーツや文化活動などにおいても，優秀な成績を収めた者で，かつ入学後もその活躍が期待できる者に対する同様の特待生制度がある。スポーツで活躍すると，学校の知名度が上がり，受験者や入学者が増え，経営が安定するというビジネス・モデルとなっている。

　野球においては，地方の私立高校が首都圏や関西圏から優秀な人材を集め，甲子園に出場する。選手の方も，強豪校がひしめく首都圏・関西圏よりも，全国大会に出場するチャンスがあるとして，学校数の少ない地方の学校を選択する。

　野球だけではなく，サッカーその他のスポーツにも同様の構図がある。

3　日本学生野球憲章

　2007（平成19）年，高校野球の特待生の存在が，学生野球憲章の規定「選手または部員は，いかなる名義によるものであっても，他から選手又は部員であることを理由として支給され又は貸与されるものと認められる学費，生活費その他の金品を受けることができない。」（当時の規定第13条）に違反するのではないかが問題となった。

　有望選手の獲得競争の加熱，プロ野球の過剰な勧誘行為などの対応として，この規定が設けられた経緯がある。他の競技においてはこの種の規定は定められていないこともあって，この規定は時代遅れである，特待生には経済的事情で進学できない選手がいるなどの批判があった。

　2010（平成22）年に日本学生野球憲章は改正され，従前の規定と同様に，選手の金品の授受は禁止されるが，奨学金制度に基づく金品の貸与，支給等を認めるとした。また，高野連は，1学年，5人に限り，特待生を認めるとした。

第2　特待生に関わる問題

1　特待生として入学しても，能力・技術に限界を感じることもあるし，怪我をすることもある。指導者の指導方針に合わないこともあり，チー

ムメイトとうまくいかないこともある。部活を辞めた生徒の挫折感は大きく，特待生であれば，免除されていた授業料等を支払う必要が生じるという経済的問題も生じる。このような理由で，結局，学校を中退することになる。部活，学校をやめた生徒に対するケアをどのように行うのかが課題である。
2 　多くの特待生がいる私立学校は，入学金，授業料そして運動部の活動費を支出しており，指導者や施設に対する投資も行っている。これらの費用は，OB等の寄付により賄われていることもあるが，他の一般生徒が負担する入学金，授業料，助成金等が充てられており，運動部に対する過大な投資は，一般生徒の教育を受ける権利を侵害する可能性がある。学校は，部活動に関わる運営費用の収支内容を開示することが重要となる。
3 　運動部に対する多額の投資により，指導者は，投資に見合う結果を要求され，勝利至上主義にならざるを得なくなる。長時間の過剰な練習，体罰が横行する所以でもあり，指導者の体罰・暴力事件の温床となっている。
4 　指導者の威光に異議を唱えるのはただでさえ難しいが，特待生であればより難しくなる。異議を唱えることは，退部，即退学ということになり得る。また，部活動の成績が進学に影響することから，体罰・暴力事件が隠蔽される理由となっている。
5 　なお，少子化により，私立学校は生徒数の確保のための競争が激化している。経済環境が厳しい家庭の生徒がアスリートコースに入るために，奨学金を当てにしていることも多い。スポーツで優秀な成績を修め，有名私立大学への推薦を誘われても，入学金・前期授業料の工面ができず，地方の大学に，スポーツ特待生として推薦入学することにより，大学進学の夢を叶えているという現実もある。

【参考資料】
○ 　黒井半太（仮名）「私立高校ブラック部活黒書―なぜ私学は「体育部推

薦」制度をとるのか」40〜43頁（季刊教育法192号，2017年）

■ **参考判例**

◎　監督の暴力行為

　私立高校の野球部監督が，野球部員間の暴力行為につき，懲戒のために体罰に該当する暴行を5名の野球部員に加え，また，野球部員11名にそれぞれ全裸の状態でのランニングを強要したとして，暴行罪・強要罪で懲役1年6月，執行猶予3年を言い渡された事案であるが，裁判所は，監督の暴行行為の背景として，以下のように述べている。

　「被告人が入学させた最初の特待生らが3年生となり，甲子園出場の結果を出せるかどうかの重要な時期であって，不祥事が発覚すれば，被告人の監督責任が問われるという状況にあった。」（岡山地倉敷支判平19・3・23裁判所ウェブサイト）

（白井　久明）

第6章 転校・移籍

Q29 私は，高校2年生でバスケットボール部に所属している。最近，顧問の先生や先輩とうまくいかないので，別の強豪校に転校し，そのバスケットボール部に入ろうと考えているが，部活を移籍することも可能か。また，部活の移籍後に，インターハイやウィンターカップといった大会に参加することは可能か。

転校した場合に，転校先の学校で，転校前の部活に入ることは勿論可能である。しかし，転校したという事実は，大会の参加資格に関わってくる。例えば，開催基準要項においてインターハイ（全国高等学校総合体育大会）の場合，原則として，転校後6か月未満の者の参加は認められない旨の定めがあるので注意が必要である。また，このような大会参加資格を定める要項では，転校が「やむを得ない場合」には例外として参加を認めるとの規定が設けられている例が多い。そこで，どのようなケースが「やむを得ない場合」に当たるのか，その解釈が重要となる。

[解 説]

第1 転校と部活の移籍に関する問題
1 移籍をめぐる問題

生徒が転校先の学校においてどの部活に入部するかについては基本的に自由である。

もっとも，転校によるチームの移籍は，ともすれば強豪校による有力な

選手の引き抜き行為の手段となってしまう。有力な選手が，大会直前に他の強豪校に転校し，チームを移籍することを自由に認めてしまうと，不公平であるし，チームの移籍を目的とした転校が横行する事態は部活動の本質に反する。そこで，このような事態を避けるために，大会によって，大会主催者は，参加資格という形で，移籍に関する期間制限を設けている。

2 参加資格規定

例えば，全国高等学校総合体育大会（インターハイ）では，主催者である公益財団法人全国高等学校体育連盟（以下「高体連」という。）が定める開催基準要項において，「転校・転籍後6ケ月未満（水泳は1年）のものは同一競技への参加を認めない。（外国人留学生もこれに準ずる）」（12項(6)）と規定している。つまり，転校した生徒がインターハイに出場するためには，転校後6か月以上の期間が経過することが必要となる。

設例のバスケットボール部の場合，大きな大会としてインターハイのほかに，ウィンターカップ（全国高等学校バスケットボール選抜優勝大会）があるが，ここでも移籍に関し，インターハイと同一の規定が設けられている。したがって，転校後6か月以上の期間が経過しなければ，ウィンターカップには出場できない。

その他，全国高校サッカー選手権大会，全日本バレーボール高等学校選手権大会（春高バレー），全国高等学校ラグビーフットボール大会（花園）でも同様に参加制限期間は「6ヶ月」と定められている。他方，全国高等学校野球選手権大会（夏の甲子園），選抜高等学校野球大会（春の甲子園）の主催者である公益財団法人日本高等学校野球連盟（以下「高野連」という。）が定める大会参加者資格規定では，参加制限期間を「1年」と規定されている（第5条(3)）。

3 やむを得ない場合

このような大会への参加制限期間の設定は，大会の公平性確保，生徒の引き抜き防止という教育的観点からすれば，6か月から1年という合理的

な期間である限り必要な制限といえる。しかし，他方で，理由を問わず，不当に選手の移籍を制限することは許されない。

　インターハイの開催基準要項では，「但し，一家転住などやむを得ない場合は，各都道府県高等学校体育連盟会長の認可があればこの限りでない。」と定められており，親の転勤に伴う引越しで転校した場合など「やむを得ない場合」は，各都道府県高体連会長の認可を条件に参加を認めることとしている。

　高野連の大会参加者資格規定では，「ただし，満1ヵ年を経なくても，学区制の変更，学校の統廃合または一家転住などにより，止むを得ず転入学したと認められるもので，本連盟の承認を得たものはこの限りではない。」（第5条(3)）と定められており，「やむを得ない場合」として，学区制の変更や学校の統廃合といった事情も掲げている。

第2　設問の事例

1　設問の事例では，「顧問の先生や先輩とうまくいかない」ために転校し，部活を移籍しようとしている。転校先の部活に入部することは基本的に自由だが，問題は，大会に参加できるか否かである。前述の通り，インターハイやウィンターカップに参加するためには，大会の6か月以上前に転校していることが求められる。そこで，「顧問の先生や先輩とうまくいかない」ことが，前述の大会参加資格規定における「やむを得ない場合」と言えるかが問題となる。

2　高体連が定めるインターハイの開催基準要項では，「やむを得ない場合」の例として，「一家転住」を挙げているが，高野連の大会参加者資格規定では，他に，「学区制の変更」，「学校の統廃合」を挙げている。すなわち，これらの規定が，例として，「一家転住」，「学区制の変更」「学校の統廃合」を挙げていることからすれば，「やむを得ない場合」とは生徒の意思に基づかない転校であることを想定しているようにも思える。しかし，生徒が部活動で顧問や先輩から暴力的指導を受けている場合やいじめられている場合等，当該チームでこれ以上部活動を続けるこ

とがその生徒にとって不可能と言える状況であれば，転校して部活動を移籍したうえで，直近の大会にも参加を認めることが必要となる。この場合には，参加を認めても，大会の公平性を害することはなく，また選手の引き抜き防止の趣旨も当てはまらないため相当性も認められる。

したがって，大会への参加期間制限の例外となる「やむを得ない場合」の判断は，「一家転住」，「学区制の変更」，「学校の統廃合」といった生徒の意思に基づかない場合のほか，生徒が転校する必要性，参加期間制限を適用しないことの相当性を総合的に考慮して，その生徒の権利を侵害しない形で判断する必要があると言える。

よって，設問の事例では，「顧問の先生や先輩とうまくいかない」事情を慎重に調査したうえで，「やむを得ない場合」に該当するか否かを判断すべきと考える。

第3　不服申立て

1　スポーツ仲裁

転校の理由が，「やむを得ない場合」に該当するか否かについては，前述のとおり，インターハイでは所属する都道府県高等学校体育連盟の会長の認可により，甲子園大会では高野連の承認により，決定されるが，この決定に不服があり，争いたい場合はどうすればよいか。

この場合は，公益財団法人日本スポーツ仲裁機構（JSAA）のスポーツ仲裁手続が適している。

JSAAのスポーツ仲裁手続を利用するには，当事者間に仲裁合意が必要だが，相手方となる競技団体が，その規程において，競技団体の決定に不服がある場合は日本スポーツ仲裁機構で行われるスポーツ仲裁によって解決される旨の定め（スポーツ仲裁自動応諾条項）をあらかじめ設けている場合は，仲裁合意が成立したものとみなしている（スポーツ仲裁規則2条3項）。

そこで，設例の事例では，インターハイやウィンターカップにおいて，参加期間制限規定の適否を判断する各都道府県高体連が，スポーツ仲裁自動応諾条項を設けているかを確認する必要がある。仮に，所属する都道府

県高体連が，スポーツ仲裁自動応諾条項を設けていない場合でも，スポーツ仲裁手続を利用することの合意を得られれば，同手続を利用して解決できる。

2 訴 訟

　裁判所に訴訟を提起して，大会の参加資格を有することの確認を求めることも考えられるが，生徒が部活動のチームの一員として大会に参加することは，法的に保護された権利であるとまで評価することは難しいこと，解決まで時間を要し，参加制限期間が経過してしまう可能性が高いことから，実効性はないと言える。他方，JSAAのスポーツ仲裁手続では「緊急仲裁手続」という特別の手続が設けられており，迅速な解決を期待できる。

（高松　政裕）

第7章　部活動の時間・休養日

Q 30　部活動の運営において、どの程度の休養日を確保することが必要か。

A　スポーツ庁が、2018（平成30）年3月に発表した「運動部活動の在り方に関する総合的ガイドライン」では、運動部活動における休養日及び活動時間について以下を基準とする旨謳っている。

- 学期中は、週当たり2日以上の休養日を設ける（平日は少なくとも1日、土曜日及び日曜日（週末）は少なくとも1日以上を休養日とする。）。
- 長期休業中の休養日の設定は、学期中に準じた扱いを行う。また、生徒が十分な休養を取ることができるとともに、学校部活動以外にも多様な活動を行うことができるよう、ある程度長期の休養期間（オフシーズン）を設ける。
- 1日の活動時間は、長くとも平日では2時間程度、学校の休業日（学期中の週末を含む。）は3時間程度とし、できるだけ短時間に、合理的でかつ効率的・効果的な活動を行う。

この基準は、スポーツ庁及び文化庁が2022（令和4）年12月に発表した「学校部活動及び新たな地域クラブ活動の在り方等に関する総合的ガイドライン」でも踏襲されている。

[解 説]

第1　部活動の日程を配慮する必要性
1　生徒の休養日
　部活動は，行き過ぎた指導とならず，生徒の生活のバランスと成長の確保，学習時間の確保，オーバーユース（Q35参照）によるスポーツ障害の予防の観点から，顧問は活動計画を作成する必要がある。
　この際に，運動部活動と学習の両立について悩みを持つ生徒や保護者がいることを忘れてはいけない。行き過ぎた活動は望ましくなく，適切な休養日等が確保されるように配慮が必要である。

2　教育を受ける権利
　学生の教育を受ける権利の確保，という観点からも，部活動の休養日は確保されるべきであり，練習時間も配慮がなされるべきである。教育を受ける権利は憲法上の権利であり，部活動も教育活動ではあるものの，教育課程外に学校が計画し，実施される活動であることに鑑みれば，そもそもの教育課程における教育活動を犠牲にすべきではない。

第2　部活動の運営と時間
1　運動部における休養日等の設定例
　文部科学省（当時文部省）が，1997（平成9）年12月に発表した「運動部活動の在り方に関する調査研究報告書」における「運動部における休養日等の設定例」としては，以下のように推奨されていた。
・中学校の運動部では，学期中は週当たり2日以上の休養日を設定
・高等学校の運動部では，学期中は週当たり1日以上の休養日を設定
・練習試合や大会への参加など休業土曜日や日曜日に活動する必要がある場合は，休養日を他の曜日で確保
・休業土曜日や日曜日の活動については，こどものゆとりを確保し，家族や部員以外の友達，地域の人々などとより触れ合えるようにするという学校週5

日制の趣旨に適切に配慮
・長期休業中の活動については，上記の学期中の休養日の設定に準じた扱いを行うとともに，ある程度長期のまとまった休養日を設け，生徒に十分な休養を与える。
・なお，効率的な練習を行い，長くても平日は2～3時間程度以内，休業土曜日や日曜日に実施する場合でも3～4時間程度以内で練習を終えることを目処とする。長期休業中の練習についても，これに準ずる。

2　「運動部活動の在り方に関する総合的なガイドライン」

(1)　2016（平成28）年度に実施されたスポーツ庁の調査によれば，1週間の運動部活動の時間は，全国平均で男子が約935分，女子が約949分であり，学校の決まりとして設けている部活動の休養日の設定状況は，全国平均で週に1日の学校が54.2パーセント，週に2日の学校が14.1パーセント，週に3日以上の学校が2.9パーセント，設けていない学校は22.4パーセントという結果であった。また，学校の決まりとして設けている部活動の土曜日及び日曜日における休養日の設定状況は，全国平均で月に1回の学校が12.1パーセント，月に2回の学校が11.4パーセント，月に3回の学校が5.9パーセント，月に4回以上の学校が28.0パーセント，設けていない学校は42.6パーセントである，という状況であった（以上，平成28年度全国体力・運動能力，運動習慣等調査）。

(2)　その後，スポーツ庁では，毎年度，全国体力・運動能力，運動習慣等調査により，中学校の運動部活動に関して，生徒の一週間の活動時間や休養日の設定状況等についてのフォローアップを実施した。その結果，2018（平成30）年3月に，スポーツ医・科学の観点や学校生活等への影響を考慮した練習時間や休養日の設定を含む「運動部活動の在り方に関する総合的なガイドライン」が公表された。

(3)　この「運動部活動の在り方に関する総合的ガイドライン」では，運動部活動における休養日及び活動時間について以下を基準とする旨記載されている。

- 学期中は，週当たり2日以上の休養日を設ける。（平日は少なくとも1日，土曜日及び日曜日（以下「週末」という。）は少なくとも1日以上を休養日とする。週末に大会参加等で活動した場合は，休養日を他の日に振り替える。）
- 長期休業中の休養日の設定は，学期中に準じた扱いを行う。また，生徒が十分な休養を取ることができるとともに，学校部活動以外にも多様な活動を行うことができるよう，ある程度長期の休養期間（オフシーズン）を設ける。
- 1日の活動時間は，長くとも平日では2時間程度，学校の休業日（学期中の週末を含む）は3時間程度とし，できるだけ短時間に，合理的でかつ効率的・効果的な活動を行う。

3 「学校部活動及び新たな地域クラブ活動の在り方等に関する総合的ガイドライン」

　スポーツ庁及び文化庁では，2022（令和4）年夏に取りまとめられた部活動の地域移行に関する検討会議の提言を踏まえ，2018（平成30）年に策定した「運動部活動の在り方に関する総合的なガイドライン」及び「文化部活動の在り方に関する総合的なガイドライン」を統合した上で全面的に改定し，新たに「学校部活動及び新たな地域クラブ活動の在り方等に関する総合的なガイドライン」を策定した。

　ここでは，部活動の休養日及び活動時間について，2018（平成30）年の「運動部活動の在り方に関する総合的なガイドライン」の内容が踏襲されている。

（高松　政裕）

第8章 ドーピング

Q 31 ドーピング違反となる行為として，どのような類型があるか。

また，例えば，出場した競技会で行われたドーピング検査で陽性になったものの，その禁止薬物は，競技会前に服用した市販のサプリメントの成分であった，というケースのように，本人に全くドーピングを行う主観的認識がない場合にもドーピング違反になるのか。制裁措置が軽減される可能性はないのか。

① ドーピング違反となる行為については，世界アンチ・ドーピング規程（WADC）という国際的なルールにより定められており，2021年に改訂・発効されたWADCでは，11類型のドーピング違反行為が規定されている。

② 競技者の主観的認識を問わず，ドーピング検査で陽性になった場合，原則としてドーピング違反が成立する。もっとも，禁止物質が体内に入ったことについて競技者に過誤・過失が無かったと言える等の一定の事情があると認められる場合には，制裁措置が取り消し，又は軽減される余地がある。

[解 説]

1 はじめに ～なぜドーピングは禁止されるのか～

スポーツに関わるものにとって，「ドーピング」に関する問題は，避けては通れない重要な問題である。ユース世代の競技者についても，国民体

育大会や全国大会の競技会では、ドーピング検査が行われている。

なぜ、ドーピングは禁止されるのか。ドーピングの何がいけないのか。これはアンチ・ドーピングに直面する競技者や指導者にとっては根本的な問いである。

その究極的な答えは、ドーピングは「スポーツの価値を損なう」から、である。

一般的には、ドーピングが禁止される理由として、三つの理由が挙げられる。①フェアプレイの精神に反する、②健康を害する、③反社会的行為を助長する、という３点である。

「フェアプレイの精神に反する」というのは、ドーピングを容認することによって、スポーツの価値を構成する本質的要素であるフェアネスを損なう、ということである。「健康を害する」というのは、ドーピングを行うことによって、身体や精神に重い副作用が起こり得ることから、競技者の健康を守るためにドーピングを禁止すべきである、ということである。最近では、人の健康に対して大変な脅威となるドーピング物質として、蛋白同化男性化ステロイド薬（AAS）、エリスロポエチン（EPO）、ヒト成長ホルモン（hGH）などが指摘されている。「反社会的行為である」というのは、ドーピングが社会に大きな悪影響を及ぼす反社会的行為であるという理由である。ドーピングに使用される薬物の中には無承認薬もあり、また、禁止薬物を巡る裏取引や汚職等を招く。

以上のように、一般的に３点の理由で説明されることが多いものの、最も重要な理由は、冒頭に記したとおり、「スポーツの価値を損なう」という点にある。

すなわち、スポーツの価値は、真剣勝負、フェアプレイという点にある。スポーツが面白いのは、どんなスポーツにもルールがあり、そのルールの範囲内で真剣勝負をするからである。道具を使用するスポーツは、使用する道具についてのルールがある。どんな道具でも使用して良いということになると、その競技の結果が、道具の善し悪しで決まってしまうことになるため、面白くない。観戦者に感動を与えることもない。ドーピングが禁

止されないとすれば、これと同じ事態が生じてしまう。もはや、スポーツではなくなってしまうと言える。ドーピングが許容された競技は、人々に感動を与え、希望をもたらし、奮い立たせることができるであろうか。答えは明らかである。ドーピングが許容されるとすれば、スポーツの価値は完全に損なわれるのである。

2　ドーピング違反の類型

　アンチ・ドーピングのルールとして、国際的なルールが定められている。世界アンチ・ドーピング規程（WADC）である。WADCは、全世界共通のアンチ・ドーピングルールを目指し、WADA（World Anti-Doping Agency）によって、2003年に採択され、翌2004年に発行、その後、2009年、2015年にそれぞれ改定版が発行され、さらに、2015年版の改定版が2021年に発効され施行されている。

　一般に、ドーピングとは、「競技力を高めるために薬物や方法などを使用したり、それらの使用を隠したりする行為」であると説明されるが、具体的な行為類型は、WADCに明記されている。2021年版では以下の11類型である。

> ① 第1類型（禁止物質等の存在）
> 　競技者に対するドーピング検査の結果、陽性反応が出た場合、という典型的なドーピング違反である。
> 　ここでは、「厳格責任の原則」が採用されている。すなわち、競技者の検体に禁止物質が発見された場合には、競技者がその責任を負い、原則としてドーピング違反と認定されるという原則である。競技者が禁止物質を使用した時点における競技者の意図又は過失若しくは過誤の有無にかかわらずドーピング違反と認定される。
> 　競技会検査において検体に陽性反応が出た場合、当該競技会において得られた成績は自動的に失効する。ただし、後述の通り、自己に過誤又は過失が存在しなかったことを競技者本人が証明できる場合には制裁措置の取消し又

は期間の短縮が認められる可能性がある。
② 第2類型（禁止物質等の使用）
　競技者が禁止物質若しくは禁止方法を使用すること又はその使用を企てること，である。
③ 第3類型（検体の採取回避・拒否・不履行）
　適用されるアンチ・ドーピング規則において認められた通告を受けた後に，やむを得ない理由によることなく検体の採取を拒否し若しくは検体の採取を行わず，又はその他の手段で検体の採取を回避すること，である。
④ 第4類型（居場所情報関連義務違反）
　検査に関する国際基準により義務付けられた居場所情報の未提出及び検査未了を含む，競技者が競技会外の検査への競技者の参加に関する要請に違反すること，である。
　検査未了の回数又は居場所情報未提出の回数が，12か月以内の期間に単独で又はあわせて3度に及んだ場合には，ドーピング違反となる。
⑤ 第5類型（ドーピング・コントロールの不当な改変等）
　アンチ・ドーピング機関に対して虚偽の情報を提供する行為や，ドーピング・コントロール役職員を意図的に妨害するような行為である。
⑥ 第6類型（禁止物質又は禁止方法の保有）
　正当な理由なく，競技会又は競技会外で，禁止物質又は禁止方法を保有すること，であるが，競技者本人だけではなく，競技者の「サポートスタッフ」（コーチ，トレーナー，チームスタッフ，親等）が保有する場合も含まれることに注意が必要である。
⑦ 第7類型（禁止物質等の不正取引の実行）
　禁止物質若しくは禁止方法の不正取引を実行し，又は不正取引を企てること，である。
⑧ 第8類型（競技者に対する禁止物質等の投与）
　競技会において，競技者に対して禁止物質若しくは禁止方法を投与すること，若しくは投与を企てること，競技会外において，競技者に対して競技会外で禁止されている禁止物質若しくは禁止方法を投与すること，である。
⑨ 第9類型（違反関与）
　他人のアンチ・ドーピング規則違反等を支援，助長，援助，教唆（そその

かし），共謀，隠蔽する行為等あらゆる違反について意図的に関与すること，である。
⑩ 第10類型（特定の対象者との関わりの禁止）
特定の対象者（アンチ・ドーピング規則違反に関連して制裁を受けたコーチやスタッフ）と関わりを持つこと，である。
⑪ 第11類型（当局への通報の阻止・当局への通報の報復行為の禁止）
競技者又はその他の人が，当局への通報を阻止し，又は当局への通報に対して報復すること，である。

3　ドーピング違反に対する制裁

競技会検査に関してドーピング違反があった場合，当該競技会における当該競技者の個人成績が自動的に失効する。さらに，当該競技者は，違反の内容に応じて，資格停止の制裁を受ける。資格停止中の競技者は，競技会への参加はもちろん，自己の所属する国内競技連盟が主催するトレーニングキャンプ等の練習への参加も禁止される。

2015年のWADCの改正により，その制裁がより厳格化され，原則4年間の資格停止とされた。他方，例外事情や特別なケースに，より柔軟に対応できるように，意図的ではないことや（重大な）過誤又は過失が無いことを証明した場合の資格停止の取消し又は期間の短縮ができる旨の規定が整理し直された。

2021年のWADCの改正では，「要保護者」，「レクリエーション競技者」，「濫用物質」という概念が導入され，制裁措置の軽減の可能性が追加された一方で，加重事情が存在する場合に制裁期間の加重が科されるなど，厳罰化も図られた。

4　責任軽減事由

(1) 原　則

本問のようなドーピング違反の第1類型，すなわち，競技者に対するドーピング検査の結果，陽性反応が出たような場合，資格停止期間は以下

の通り判断される。

　ドーピング違反が，①「特定物質」に関連しない場合は，競技者等により当該ドーピング違反が「意図的」ではなかった旨立証できたか否かにより，立証できなかった場合は4年間，立証できた場合は2年間が原則となる。

　他方，ドーピング違反が，②「特定物質」に関連する場合には，アンチ・ドーピング機関により当該ドーピング違反が「意図的」ではあった旨立証できたか否かにより，立証できた場合は4年間，立証できなかった場合は2年間が原則となる。

　ここで，「特定物質」に関連する場合か否かが，制裁措置を判断するにあたり重要になってくるが，WADCでは，次のように定義されている。「すべての禁止物質は，禁止表に明示されている場合を除き，『特定物質』とされるものとする。いかなる禁止方法も，禁止表で『特定方法』であると具体的に明示されている場合を除き，特定方法ではないものとする」（WADC 4.2.2）。WADCが「特定物質」として念頭に置いているのは，競技力向上以外の目的のために競技者により摂取される可能性が高い物質である。逆に言えば，「特定物質」ではない禁止物質は，競技力向上以外の目的で摂取されることは考え難いような物質，ということである。

(2) 責任が軽減される場合

　ドーピング違反とされた行為につき，競技者が「過誤又は過失がないこと」を立証した場合には，資格停止期間は取り消される。もっとも，「過誤又は過失がないこと」が認められる場合というのは非常に限定されており，例えば，サプリメントの成分の誤表記が原因であった場合，競技者の主治医やトレーナーが競技者の知らないところで禁止物質を投与した場合，競技者の配偶者やコーチが競技者の飲食物に禁止物質を加えた場合などでも，「過誤又は過失がない」とは認められない。

　次に，競技者が，ドーピング違反とされた行為につき，「重大な過誤又は過失がないこと」を立証した場合で，当該ドーピング違反が「特定物

質」に関連する場合又は「汚染製品(注1)」に由来する場合には，初回の違反の場合，最短で資格停止期間を伴わない譴責(けん)，最長で2年間まで資格停止期間が短縮される。

　この「重大な過誤又は過失がないこと」を立証するには，原則として，当該禁止物質がどのように体内に入ったかについての証明も求められることになるが，立証は容易ではないものの，上記「過誤又は過失がないこと」の立証に比べれば当然ハードルは低く，競技者が，ドーピング違反についての主観的認識がないような，いわゆる「うっかり」の場合には，競技者側からは積極的に主張すべき軽減事由といえる。

　例えば，摂取の目的や時期，競技者が摂取前にチームドクターやトレーナー等の専門家に確認していた場合や競技者自らインターネットや文献等で確認していた場合等摂取の経緯を主張立証することで，「重大な過誤又は過失がない」と認められる可能性もある。

5　競技者・指導者の心構え

　本問で例に挙げたようなサプリメントを服用した結果，ドーピング検査で陽性反応が出たようなケースは近年増加している(注2)。

　サプリメントは，医薬品ではないので，気軽に栄養摂取の感覚で使用してしまう傾向がある。しかし，サプリメントの中には，筋力アップを謳って筋肉増強剤の成分を含むものやダイエットサプリと称して利尿剤や興奮剤の成分を含むものが混入されているケースがあるため，注意が必要である。

　サプリメントは，医薬品ではないので，製品に全ての成分を表示する義務がないため，禁止物質が混入されていることがあらかじめ分からないこ

(注1)「汚染製品」とは，「製品ラベル及び合理的なインターネット上の検索により入手可能な情報において開示されていない禁止物質を含む製品」であると定義されている。もっとも，この定義は曖昧であり，実務上も運用が定まっているとは必ずしも言えない。

(注2) 近時のスポーツ仲裁事案として，JSAA-DP-2016-001号事件がある。

とが多い。そのために，競技者が，禁止薬物が混入されていることを知らないで，サプリメントを摂取しても，ドーピング検査で陽性反応が出れば，当該競技会における個人成績は自動的に失効され，獲得したメダル等は剥奪される。資格停止期間についても，競技者側で，体内侵入経路を立証するなど，責任軽減事由を立証していく負担を負うことになる。

　したがって，サプリメントを摂取する場合には，事前に，スポーツドクターやスポーツファーマシスト(注3)等の専門家に確認するのは勿論のこと，インターネット(注4)や文献等で禁止物質が含まれていないか，過去にドーピング違反者が出ていないか等を自ら徹底的に調査する必要がある。

　このように，競技者としては，サプリメントを摂取する場合は，多方面から何度も確認し，禁止物質が混入していないと確信が持てない限り摂取すべきではないし，指導者としては，自己が確認して禁止物質が混入していないと確信できないサスプリメントについては，競技者に摂取しないように指導すべきである。

（高松　政裕）

（注3）最新のアンチ・ドーピングに関する知識・情報を持つJADA（日本アンチ・ドーピング機構）公認の薬剤師である。

（注4）JADAは，Global DRO（http://www.globaldro.com/Home）というサイトを推奨している。もっとも，サプリメント等栄養補助食品は対象外であるから注意が必要である。

 **コラム**

ジュニア選手の年齢制限

　世界を舞台に活躍するアスリートの低年齢化が進んでいる。

　パリ五輪（2024年）では，東京五輪（2021年）に引き続き，スケートボードの10代前半の女性アスリートが金メダルを獲得した。そして，選手の親が献身的にサポートしていると，メディアでも大きく報じている。東京五輪ではスケートボードの外にも水泳の飛び込みで10代前半の選手がメダル争いを演じていた。

　スケートボード，体操のようなジャンプや回転などアクロバティックな動きを伴う競技では，体重が軽い身体に優位性があり，発育途上の選手が高度な技を身につけ，競い合っている。

　JSC（日本スポーツ振興センター）は，東京五輪の数年前から競技団体と協力して，「タレント発掘と育成」事業を進めている。潜在能力（ポテンシャル）の高いスポーツタレントを見出し，優れたコーチから質の高い育成プログラムを提供されることで，将来性の豊かなスポーツタレントのパフォーマンスを最大限に引き上げることができるとしており，その成果が出ている可能性もある。とりわけ最近は，大技で見せ場を作る競技が世界的に人気を集めている。

　低年齢期から特定の競技選手を育成強化する「早期スポーツエリート教育」の是非については様々な議論がある。

　IOCは，早期専門化によるスポーツ障害の発症のリスクやバーンアウト（燃え尽き症候群）のリスクなどについて警鐘を鳴らしているが，IOC自身，若者に受けるストリート・スポーツの採用に積極的で，矛盾する対応ともいえる。そして，出場選手の年齢制限などは，各競技団体の判断に委ねている。

　国際スケート連盟は，オリンピックなどの大会に参加できる選手の年齢を，現行の「15歳以上」から「17歳以上」に段階的に引き上げることを決めた。

　フィギュア女子の五輪金メダリストは，1996年に参加年齢が15歳以上と

規定されていた。2022年2月に開催された北京冬季五輪（2022年）において，当時15歳だったフィギュアスケート女子選手にドーピング違反があることが発覚したことが契機となっている。結局，この選手の出場継続は認められたが，本番でミスが相次ぎ，実力を発揮できなかった。

　出場を認められたのは，16歳未満の選手は知識や判断能力の点で，ドーピングの責任を負うことができない「要保護者」に該当すると判断されたからである。

　難しい技術を習得しようとして厳しい練習を過度に重ねれば，故障や致命的な事故につながりかねない。また，期待に対する重圧に苦しんだり，摂食障害，燃え尽き症候群などの問題も生じている。

　ジュニア選手の年齢制限や育成方法について，再考しなければならない時代になっているのではないだろうか。

（白井　久明）

第9章　部活動におけるコンプライアンス指導

Q 32　中学・高校運動部の顧問教諭は，部活動における不祥事防止の観点から，生徒にどういったコンプライアンス指導を行うべきか。

A　顧問教諭は部活動を通じて，生徒に，スポーツに親しむ習慣や体力向上や健康増進，更には集団活動による自主性・協調性・責任感等を身に付けさせ，心身共に健康なる人間育成を行う。また，スポーツを通じて，努力の重要性や，スポーツマンシップやフェアプレイの精神も身に付けさせたい。加えて，不祥事を防止すべく，いじめやハラスメントの絶対禁止を説き，これを部内に風土として根付かせることや，具体的な事例を挙げて犯罪行為の絶対禁止を理解させることも必要である。

［解　説］

1　部活動は学校教育活動の一つ

心身の成長過程にある中学校・高校の生徒にとって，スポーツは心身の成長や人格の形成に大きな影響を及ぼすものであり，生涯に亘る健全な心と身体を培い，豊かな人間性を育む基礎となる。

多くの生徒がスポーツするに当たって，最も身近な場が部活動である。部活動は学校教育活動の一環であり，教育課程との関連の中で実施される。高等学校学習指導要領は部活動につき，以下のように規定する。

「生徒の自主的・自発的な参加により行われる部活動については，スポーツや文化及び科学等に親しませ，学習意欲の向上や責任感，連帯感の涵

養等に資するものであり，学校教育の一環として，教育課程との関連が図られるよう留意すること。」

2 部活動を通じた人間育成

　部活動においては，同じスポーツに興味と関心を持つ同好の生徒が集まり，部活という集団生活の中でより高い水準の技能や記録に挑戦したり，チーム一丸となって勝利に向けて努力する中で，多くの意義や効果がもたらされる。例えば，スポーツの楽しさや喜びを味わい，生涯に亘って豊かなスポーツライフを継続する資質や能力。技量を磨く中で自ずと身につく体力の向上や健康の増進。学年の異なる部員らと部活動を共に行うことによって身につく自主性，協調性，責任感，連帯感，リーダーシップ。自分の頭で考え，あるいは部員達と議論して，より良い練習方法やトレーニング方法，戦術等を考える思考能力。日々の練習・努力が勝利をもたらすことによる達成感，充実感ひいては努力の重要性。スポーツマンシップやフェアプレイの精神，そして，同じ青春の時を共に過ごした生涯の友である。

3 指導者によるコンプライアンス指導

　部活動を通じて人間育成を行うためには，顧問教諭や監督等指導者が生徒らを正しい方向性に導くことが不可欠である。例えば，部活動の運営を生徒の自主性に任せるとしても，勝利を求めるがあまりに，十分な休養を取っていなかったり，また睡眠時間や勉強時間を削ってまで長時間の過剰練習をしていたら，指導者はそれにストップをかけなければならないし，チームの考え方が過度の勝利至上主義に陥っている場合には，適切な軌道修正をかける必要がある。また，上級生から下級生への指導が行き過ぎてハラスメントが生じていないかにも留意する必要がある。また，強豪校・トップ選手において特に注意すべきは，強いチームやトップ選手こそ驕ることなく自らを強く戒め，グラウンド上のみならず日頃の生活態度から謙虚で高潔清廉であることである。

4　不祥事防止のためのコンプライアンス教育

　スポーツマンシップやフェアプレイの精神を身に付ける場である部活動においても，残念ながら不祥事が発生することがある（しかも，不祥事が発生すると強豪校では悪目立ちする。）。例えば，厳し過ぎる先輩後輩間の命令服従関係やレギュラー選手への妬みから，パワハラ，暴力，いじめが発生することがある。また，部の団結・集団意識が誤った方向に行くと，「悪いことも皆でやれば怖くない」と集団で破壊行為や未成年飲酒といった違法行為に及んだり，部を守る意識が強過ぎるがゆえにいじめやパワハラ・セクハラ等の被害者に対して「あなただけが我慢すれば良い」と被害告発を禁じたり口封じを強要する事態も生じる。

　こういった不祥事を防止するために，顧問教諭や監督等指導者は部員らに対して常日頃からコンプライアンス（法令遵守）教育を行う必要がある。ここで言うコンプライアンスとは，法律のみならず，道徳を含めた倫理的に正しい行動を執ることである。社会規範，倫理・道徳，校則や部の規則，競技規則といった全ての規範を守らねばならない。

　そもそもスポーツとは選手全員がルールを守って同じ土俵の上で競い合う競技であり，ルールを守ることはスポーツの競技性の大前提であるとともに，選手の安全確保，事故防止の基本でもある。更にコンプライアンスを守るチームは，他チームから尊敬され，自らを誇ることができ，選手一人ひとりは自信に満ちあふれ，心に余裕ができ，強いチームとなることができる。

5　いじめやハラスメントの防止

　いじめやハラスメントを防止するためには，いじめやハラスメントがいかなる理由があろうとも絶対に禁じられることを顧問教諭や指導者が繰り返し生徒に伝え，そのような風土を部内に醸成することが大事である。いじめやハラスメントは重大な人権侵害であり，最悪の事態では被害者が心を病んだり自殺してしまうこともあり得ることを伝え，常に相手の立場で物事を考えて，相手に配慮した言動を執るべきことを教え諭すことが大事

である。

　また，万が一，部内でいじめやハラスメントがあった場合には，被害者が声を上げられる・助けを求められる風通しの良い部内の環境作りが重要である。被害の声を同級生や指導陣がしっかりと受け止めて，顧問教諭や学校サイドに伝えられる体制を作らねばならない。被害の揉み消しや泣き寝入りの強要は絶対に避けなければならない。

6　犯罪行為・違法行為の絶対禁止

　当然のことであるが，犯罪行為や違法行為は絶対に禁じられる。ほんの出来心でも犯罪に手を出すと，それが自身の人生を180度暗転させしまう恐怖を具体的に生徒に説明しておくべきであろう。即ち，犯罪行為を行うと，警察に逮捕され，その後起訴され，刑事裁判の被告人となり，刑事処罰される。部からは退部処分，学校からは退学処分が下される。選手生命も終わる。犯罪行為がインターネット上に上がった場合には，本人を特定されて名前や顔がネット上に上がって炎上する。更にはこのネット情報が永遠に残ってデジタルタトゥーとなり，就職活動にも支障が出る。犯罪はこういった恐ろしい事態を招来することを生徒に具体的に理解させ，戒めておくことが有用である。部活動に関連して見られる犯罪行為や不祥事としては，以下のものがある。具体的な例を出して，生徒に説明し，かつなぜそれが絶対禁止されるのかを自分事として理解させることが肝要である。

① 　暴力事案（殴る・蹴る，平手打ち，物（ボール等）をぶつける等）
② 　いじめ事案（無視，仲間はずれ，悪口，使いっ走り，性的に辱める強要行為等）
③ 　性的・わいせつ事案（痴漢，不同意性交・わいせつ，覗き・盗撮）
④ 　金銭事案（窃盗（万引き），恐喝，強盗，詐欺（闇バイト，オレオレ詐欺の受け子・出し子））
⑤ 　違法薬物事案（大麻，覚醒剤，マリファナ，合成麻薬等）
⑥ 　飲酒がらみの事案（未成年飲酒・喫煙，飲酒強要，飲酒運転，飲酒して暴れる・破壊行為を行う）

⑦ パワハラ・セクハラ・体罰・罵倒暴言
⑧ (交通) 事故・交通違反行為
⑨ SNS拡散・炎上 (名誉毀損, 個人情報漏洩, 営業妨害, わいせつ等)
⑩ ドーピング (筋肉増強剤, 興奮剤, 成長ホルモン等) 不正摂取

(片岡　理恵子)

 コラム

大学体育会コンプライアンスに関する考察

1　大学体育会の特殊性

　本コラムにおいては，中学・高校の部活動に引き続いて入部する学生も多いであろう大学体育会（運動部）について，そのコンプライアンスにつき考察する。

　最近，大学体育会部員の不祥事がしばしば報道を賑わせているが，取り立てて体育会にばかり不祥事を起こす学生が多いというわけではない。大学体育会は大学の看板・名誉を背負って競技しているため，その大学名から悪目立ちしてしまうのである。有名大学や強豪大学であればなおのことニュース価値は上がり，マスメディアやインターネット炎上の餌食になり易い。

　大学サイドとしては，部及び所属部員が活躍することによって，自校の優秀さや魅力を対外的にアピールしてイメージや知名度の向上等大学経営における宣伝効果や，大学（学生，保護者，教職員，更にはOBOGも含む。）の一体感・愛校心の醸成を期待している学校も多いであろう。また，大学は，自校の代表として競技する体育会学生には他の一般学生の手本となる存在であって欲しいとも期待している。

　しかし，大学生は未だ社会に出ていない未成熟で半人前の存在であり，中には未だ幼い考えの者もいる。ジュニアの頃からその年代におけるトップ選手として活躍し，当該スポーツの世界だけで純粋培養されてきた選手の中には，外の世界を分かっていない，一般的な社会常識に欠けている者

もいる。他方で、トップ選手にはお金の匂いに敏感な悪人が近づいてくる危険もある。そのような大学生が主体となって、大学体育会は構成・運営されているのである。

2　大学体育会におけるコンプライアンス・ガバナンス

以上の次第で、大学体育会の不祥事を防止すべく、大学体育会においてはコンプライアンス遵守や体育会に対するガバナンスが求められる。

各大学においては大学の自治が尊重されるから、体育会のガバナンス手法としては、大学本部や体育会統括団体が体育会各部を統一的に管理監督している例もあれば、各部OBOG会に個々の部の運営を任せている大学もある。どちらの手法が優れているかは一概には言えないが、各大学の歩んできた歴史・伝統や建学の精神、大学の規模やマンパワー、各部OBOG会のサポート体制（人的・物的）にもよるであろう。

自校体育会につき、アスリート宣言やスポーツ憲章を作成し、これを公表している大学も多い。企業における企業行動憲章の大学体育会バージョンと言えば分かりやすいだろうか。こういった憲章の中では、文武両道とともに、フェアプレイやスポーツマンシップがうたわれ、コンプライアンス遵守やハラスメント禁止が掲げられている。

3　大学体育会における不祥事

体育会においては、不祥事が発生し易い土壌があると考える。一つは、体育会ならではの厳しい上下関係や命令・服従関係、またレギュラー選手への妬みである。これによって、パワハラや暴力、いじめ等が発生する場合がある。もう一つは、部の団結力や集団意識が悪い方向に出てしまう場合である。「皆でやれば怖くない」と集団で違法行為に及んでしまったり、部を守る意識が強いがゆえに「あなたが我慢すれば良い」と被害者に泣き寝入りや口封じを強要する場合である。

不祥事の具体例としては、以下のようなものがある。(1)殴る・蹴る等の暴力事案、(2)無視・仲間はずれ等のいじめ事案、(3)痴漢、覗き・盗撮、不同意性交等の性的・わいせつ事案、(4)万引きや恐喝、詐欺や強盗のヤミバイト等の金銭事案、(5)大麻、覚醒剤等の違法薬物事案、(6)未成年飲酒、飲酒強要、飲酒運転等の飲酒がらみ事案、(7)パワハラ・セクハラ、(8)飲酒運

転等の交通事故・違反事案，(9)SNS炎上・拡散等の不適切SNS事案，(10)ドーピング。

　コンプライアンス研修を実施する場合には，上記のような不祥事の具体例を挙げ，学生に具体的に説明し，かつ自分事として理解させることが肝要である。

4　大学体育会の連帯責任

　大学体育会部員が不祥事を起こした場合，当該部員は当該不祥事が犯罪であれば刑事責任を負うし，被害者がいる場合には民事の賠償責任を負う。これに加えて，法の定めとは別に社会的責任を負うことがある。大学との関係では退学や停学処分，体育会の関係では退部，部活動停止，対外試合出場停止，謹慎等である。

　ここで問題となるのは，1名あるいは数名の部員が不祥事を起こした場合に，当該部員の所属する部全体・部員全員が連帯責任を負わねばならないのかという点である。重い処分としては廃部や部の解散，一定期間の部活動停止（自粛）や対外試合停止（辞退），部長・監督ら指導陣の解任・辞任もあり得る。部全体・部員全員に連帯責任を負わせることは，常日頃から規律を重んじる部の雰囲気の醸成，部員各自が互いを監視監督しあう効果，他の部員に迷惑をかけられないというプレッシャー等の効果があり，一定の効果が認められる。また，大学サイドとしては，メディアやインターネット上に大学名が掲げられて不祥事が炎上しているような場合，世論のバッシングを早急に火消しして批判や非難から免れたいがために，不祥事部員の所属する部全体に廃部や無期限部活動停止といった過度に重い処分を下す場合がある。しかし，このような大学の対応は安易で拙速である可能性がある。

　大学体育会に連帯責任を課すにあたっては，本当に部全体・部員全員に連帯責任を課すべき不祥事であるのか，その連帯責任が過度に重い処分になっていないかを十分に検討しなければならない。当該不祥事と無関係の部員らのスポーツする権利をむやみに侵害してはならない。将来的にプロアスリートやトップレベルの実業団選手を目指して大学体育会で研鑽し実績を積むつもりであった学生のキャリアパスが絶たれることは当人の人生設計に多大な悪影響を及ぼすし，また一般の体育会部員にもスポーツをす

る権利があり、これをむやみに侵害してはならない。また、安易な対外試合禁止処分は大会運営団体や対戦予定であった相手方大学、試合観戦予定であった学生スポーツファンにも多大な迷惑を及ぼす。スポーツを支える権利や観る権利も尊重されるべき権利である。更に言えば、不祥事を見事に隠し通した部には何らのお咎めもなく、他方で正直に内部告発をしたら内部告発者も含めて部全体が部活動停止になってしまうという結論には居心地の悪さを感じる。また、部を運営する上級生に恨みをもって辞めた部員が逆恨みして部の不祥事を内部告発して当該部を部活動停止に追い込んで復讐するといった事態も想定される。

　そこで、連帯責任にも一定の限界を設けることが必要である。即ち、不祥事を起こした部員の個人責任が原則であり、部全体の社会的責任は問わないのが原則であること。他方で、ごく例外的に部全体に連帯責任を負わせる場合があること。これにつきあらかじめ一定のルールを設けておくことが肝要である。例えば、部の団体行動における不祥事、組織的な集団不祥事、組織的な隠蔽行為といった悪質事案や、短期間に不祥事が繰り返され部にガバナンスが効いておらず自浄作用が期待できない場合等には、部全体に重い連帯責任が課されてもやむを得ないと考える。

　とはいえ、部活動の帰りに1年生部員4名が居酒屋で未成年飲酒した場合は部の集団不祥事といえるのか、その場に4年生部員が一人同席していた場合はどうか、あるいは、部室で数名の男子部員が女子更衣室を盗撮した場合はどうか等、連帯責任を課すか否かの限界事例は存する。こういった場合には、監督ら指導陣や上級生ら他部員がその不祥事を想定でき、かつそれを阻止することが可能・容易であったかどうかという観点からケースバイケースで検討を行うほかない。

　連帯責任を課した場合にも、他の部員のスポーツする権利を過剰に制限しないよう、再発防止策を作成し、速やかに通常の部活動を再開させることが望ましい。これに当たっては学生任せではなく、大学、監督ら指導陣、OBOGらが原因究明と再発防止策の策定、全部員への説明・指導等、部の再生に向けて助力し、現役部員を正しい方向に導いていくことが望ましい姿である。

（片岡　理恵子）

第10章　部活動内のガバナンス

Q33 部活動の運営においてグッド・ガバナンスを実現するためにはどのような点を意識して組織運営を行うべきか。

A　部活動においても，社会的責任を果たすためにはガバナンスの確立が不可欠であり，ガバナンスの確立が，部活動内での生徒の権利侵害や不適切会計等の不祥事を防ぐことにつながる。そのためには，(1)適正な組織整備，(2)適正な財務会計処理，(3)公平かつ透明な意思決定の確保，(4)迅速かつ適正な紛争解決の仕組み，(5)実効的なリスク管理体制と再発防止体制，(6)情報公開・共有の六つの原則を意識する必要がある。

[解　説]

1　ガバナンスを意識した部活動の運営の必要性
(1)　ガバナンスとは

　「ガバナンス」とは，一般的には，組織の効率的かつ健全な活動を可能にするための意思決定，執行，監督に関わる仕組みや方法をいう。スポーツが人々の社会生活に広く浸透し，スポーツ団体やスポーツ選手の活動に大きな注目が集まっている現代社会では，スポーツ団体も，「身内」だけで運営するのではなく，これを取り巻く利害関係者の目を意識すること，すなわち，社会から信頼を得ることが必要である。団体の社会的責任とは，団体が社会的存在として多くの利害関係者との接触を通じて活動している以上，組織として社会の中で持続していくためには社会から信頼される団体運営を行っていく必要があるということである。あらゆる団体の社会的責任に関する国際規格としてはISO26000が発表されている。このような

中で制定されたスポーツ基本法は，スポーツ団体に対し，運営についての透明性の確保及び紛争の迅速かつ適正な解決を行うべきことを求めている。

部活動であっても，その社会的責任を負うことに変わりはない。例え利害関係者が少数であっても恣意的な運営が許容されるものではない。スポーツ基本法がスポーツ権に言及している点に鑑みれば，その理は明らかである。

そして，社会的責任を果たすためには，部活動においてもガバナンスの確立が不可欠であり，ガバナンスの確立が，部活動内での生徒の権利侵害や不適切会計等の不祥事を防ぐことにつながる。

(2) 不祥事防止とグッド・ガバナンス

部活動が社会的責任を果たし，ひいては生徒の権利を保護するというガバナンス確立の目的に鑑みれば，小規模か大規模かを問わず，ガバナンス確立に必要な原則は，次のとおりといえる。すなわち，①適正な組織整備，②適正な財務会計処理，③公平かつ透明な意思決定の確保，④迅速かつ適正な紛争解決の仕組み，⑤実効的なリスク管理体制と再発防止体制，⑥情報公開・共有の六つの原則である。

2 部活動の運営体制

(1) 適正な組織整備

部活動の運営に当たっては，まず学校教育全体の中での位置付けで，学校内の顧問間の連携及び顧問と外部指導者の協力を図りながら組織的に運営していくことが重要である。また，生徒と保護者との連携のための組織運営も不可欠である。

① 顧問会議・職員会議

学校内で定期的に各部活動の顧問が集まる顧問会議を開催し，各部活動の活動の様子，部員である生徒の様子，ケガの防止状況や対応状況，活動方針，学内施設の利用調整，研修会の実施等を行い，各部活動の活動を顧問間で共有し，問題点があればそれを共有するとともに解決のための意見交換ができる体制を設けておく必要がある。

そして，顧問会議における報告内容や議論については，定期的に職員会

議でも共有し，各部員の担任の教師や校長等学内全体で共有する体制が必要である。

　このように，学内で各部活動の顧問や担任教員，副校長，校長が問題点を共有できる場を定期的に設けることで，顧問が一人で問題を抱えることを防ぎ，問題が拡大する前に適切な対処方針をとることが可能となる。また，各部活動の状況について各顧問が横断的に意見交換することで，各部活動の問題点を比較的に考察することも可能となる。また，学校全体の運営という視点からの抜本的な解決をとることも可能となる。

②　キャプテン会議

　部活動の運営には，生徒による自主的な運営という側面が教育的観点からも重要である。そのためには，まずリーダーの育成が欠かせず，キャプテンの役割が重要である。組織的運営という観点からいえば，各部活動のキャプテンにより構成されるキャプテン会議を学内で組織し，定期的に各キャプテンが集まり意見交換できる場を設定することが必要である。

　キャプテン会議では，各部活動のキャプテンが，各部活動の活動状況を報告すると共に，問題点があれば，率直に意見交換することが重要である。各部活動のキャプテンだけでは，問題提起しづらい場合でも，キャプテン会議からの問題提起ということで，組織的に行動することで，顧問や学校との間での問題共有も可能となる。

　また，このような部員の代表という重責をキャプテン一人に負わせるとキャプテンにとって大きな重圧となるリスクがあるので，必ず各部活動で副キャプテンを選び，キャプテン会議には副キャプテンも出席させることで，負担の分散に努めるべきである。

③　部員会議

　日頃の活動の中で，部員全体が定期的に集まり，練習方針や運営方針，問題点等を意見交換できるような体制を整えることが必要である。キャプテンや副キャプテンからは，キャプテン会議での意見交換の内容を報告し，部員からはどんな些細な内容でも気づきがあれば報告するように促すと部員間のコミュニケーションが取りやすくなり，問題が発生する前に，その

芽を摘み取ることが可能となる。

　④　保護者会

　部活動の運営には，家庭との連携が重要であり，保護者の理解と協力が不可欠である。部活動の運営に伴う費用負担や保護者の役割分担の明確化の観点から保護者会が組織されているケースが多いが，保護者会が過熱することがないように，顧問と全保護者とでコミュニケーションを取り合い，相互に信頼関係を醸成するように努めることが必要である。定期的な部活動の公開，部活動通信の発行，大会ごとの説明会開催などの方法で，一部の保護者に偏ることなく，保護者全員に対して部活動の様子を共有するようにすべきである。

　⑤　外部指導者連絡協議会

　部活動の運営において，専門的な指導ができる外部指導者に協力を依頼し，顧問と外部指導者とで役割分担をすることは，顧問の負担軽減を図る上でも有効である。

　外部指導者に対して指導を依頼する場合には，年度当初に「運動部活動外部指導者連絡協議会」等を設置し，あらかじめ外部指導者に部活動の運営計画や活動方針を説明し，役割分担や注意事項をお互いに確認する必要がある。また，定期的に顧問と外部指導者とで連絡を取り合うことも勿論欠かせない。

(2) 適正な財務会計処理

　財務会計処理が適正に行われることは，部活動におけるガバナンスの確保にとって不可欠な要素である。

　部活動の運営を行っていくうえで必要となる経費は，大きく分けると，PTA会費・生徒会会費からの「部活動費」，全国高等学校体育連盟・全国高等学校文化連盟からの「派遣費補助金」などの他に，各部員から徴収される「部費」があり，それぞれ別会計として管理される。「部活動費」，「派遣費補助金」については学校徴収金・団体徴収金としての会計処理が必要になる。他方，「部費」については，全校一律ではなく，また全員が対象ではなく，部員から「部費」，「遠征費（合宿費）」等の名目で，定期的

又は臨時に徴収するものであり，原則として保護者会長名で徴収し，各部単位に保護者会長を「総括責任者」，会計担当の保護者を「会計責任者」として会計処理をすることが望ましい。特に，保護者会費の徴収・管理については顧問が関わるとトラブルの元になるので，避けた方が良い。なお，保護者会がない部活動の場合，部顧問が会計を取り扱うことになるが，この場合の会計の「総括責任者」は校長となり学校徴収金として適正な会計処理が求められる。

　部費や遠征費の徴収に当たっては，あらかじめ校長及び顧問の連名で文書を作成し，徴収の目的と徴収金額を明確に記載し，全保護者に通知する必要がある。現金を受領した場合は，校長及び顧問の連名で領収書を発行する。現金の保管方法は，「口座管理」を原則とし，止むを得ず現金で保管する場合には，管理に厳重な注意を払い，短期間で預金口座に入金するように心掛ける必要がある。また，会計報告を毎年度作成し，保護者に書面で通知するとともに保護者会で報告する。帳簿類は関係書類を含め，最低5年間は保存するようにする。

(3) 公平かつ透明な意思決定の確保

　団体の運営にとって，意思決定が公平で透明性の確保されたものである必要がある。部活動の運営においては顧問の方針や決定が問題となる。顧問が一部の生徒にとって合理的な理由もなく不公平な取扱いをするようなことは論外であるが，顧問の判断が不透明であっても生徒や保護者との間の信頼関係を破壊する結果を招く。

　まず，顧問としては，年間の「活動計画」と「指導方針」を明確に定め，年度の当初に生徒及び保護者に対して説明する必要がある。

　「指導方針」を定めるに当たっては，「試合に勝つ」ということは生徒にとって大きな目標の一つであるものの，勝利至上主義に偏ると，顧問により行き過ぎた指導が行われてしまう可能性があるだけでなく，顧問が理性的であっても保護者会が過熱してしまう可能性もあり，結果的に学校教育の一環としての部活動の趣旨から外れてしまうおそれがある。そこで，顧問はこの点を意識して，バランスの良い指導方針を定め，生徒や保護者と

意識を共有することが求められる。

「活動計画」では，生徒の生活のバランスと成長の確保，学習との両立，スポーツ障害の予防の観点からもゆとりのある活動計画を作成する必要がある（Q30参照）。

また，大会や試合のレギュラーの選考に当たっても，選考方法をあらかじめ選手に説明するなど，透明性のある選考過程を経る必要がある（Q34参照）。大会や試合に出場できない控え選手には，学校行事や地域のイベントなどで部活動の一員として活躍できる場を設定するなどの機会を公平に与えることが求められる。

(4) 迅速かつ適正な紛争解決の仕組み

部活動内で，被害や紛争が発生した場合，この紛争を公平かつ適正に，そしてできる限り迅速に解決することができる仕組みをあらかじめ構築しておくことが求められる。

まずは，被害が発生した場合に，これを相談できる体制が必要である。生徒や保護者において，部活動に関して，悩みや相談がある場合，安心して相談できる相談窓口があると良い。学校内に，全ての部活動に関する相談窓口を設けるという方法もあるが，学校内だと，相談を受ける者が関係者である可能性があり，できれば学校外の第三者機関に相談窓口の機能を担わせる方が良い。例えば，一般社団法人日本スポーツ法支援・研究センターのスポーツ相談室では，初回相談無料でスポーツ法に詳しい弁護士の相談を受けることができる。同相談室は，生徒や保護者だけでなく，顧問の相談も受け入れている。

紛争が発生した場合は，顧問一人や内輪で解決しようとせず，なるべく第三者も交えて話し合いで解決する方法を目指すべきである。この点，公益財団法人日本スポーツ仲裁機構ではスポーツ調停という制度を設けており，非公開の手続で第三者の調停人の仲介の下，話合いの解決を志向できる。

(5) 実効的なリスク管理体制と再発防止体制

実効的なリスク管理体制の確立のためには，(1)で示したような組織の

整備が必要となる。部活動に関わる者同士が，あらゆる場面でコミュケーションを取ることが，不祥事等の発生を防止する。

それでも不祥事が発生してしまった場合には，(4)で示したことを意識して迅速かつ適正な解決に努め，校長・顧問を含め学内で再発を防止するための仕組みを整理し，早急にその体制を構築し，生徒，保護者を含めた全関係者に説明し，共有する必要がある。

(6) 情報公開・共有

最後に，情報公開が求められる。試合や大会の参加計画，練習試合，合宿の予定，概算費用等は，当然に活動計画においてあらかじめ公表し，生徒や保護者と情報を共有しておく必要がある。また，試合や大会でのレギュラーメンバーの選考基準や選考結果，試合や大会の成績，練習スケジュール，備品の管理や取得状況，部費等の会計報告について，学内でも情報共有に努めるべきである。

もっとも，情報公開・共有という観点では，生徒や保護者のプライバシー・個人情報の取扱いに顧問としては特に配慮する必要がある点に注意が必要である。

生徒や保護者のプライバシー・個人情報の取扱いに配慮しつつも，情報を内輪だけに留めずに，生徒・保護者・校長・学内等の関係者と情報を共有することが，部活動内のガバナンスの確保にとって不可欠である。

【参考資料】

① 長崎県教育委員会「運動部活動指導の手引」(平成26年1月作成)
② 富山県教員委員会「運動部活動指導の手引」(平成26年9月作成)。なお，その後国の運動部活動ガイドラインに則り，「富山県運動部活動の在り方に関する方針」(平成30年8月)を策定。
③ 岐阜県教育委員会スポーツ健康課「これからの運動部活動（改訂版）」(平成26年3月作成)を作成、その後少子化などの社会情勢の変化を受けて2015（平成27）年8月から平成28年2月にかけて市町村教育委員会や中学校の代表者、岐阜県中学校体育連盟代表者、有識者等で構成する

「岐阜県中学校運動部活動検討会」を開催、2016（平成28）年6月に「岐阜県中学校運動部活動指針～これからの運動部活動～」を作成。
④　神奈川県教育委員会「部活動指導ハンドブック」（令和2年5月改訂）

（高松　政裕）

第11章 部活動と選手選考

> **Q 34** 部活動が参加する大会において，試合に出場する選手を選考する場合にはどういう点に気をつけるべきか。

A 選手選考は，大会を目指す選手にとっては死活問題であり，競技団体等選考を行う側にとっては，重大な権限行使の場面であるといえる。これは部活動にとっても同じであり，①公平性，②透明性，③明確性，④予測可能性，という原則に従って選考を行うことが求められる。ただし，部活動の運営においては，教育的配慮という観点も重要である。

また，教育的配慮という観点からは，大会や試合に出場できない生徒に対して，生徒が試合に出られなくても意欲を持ち続けることができるよう配慮することも不可欠である。

[解　説]

1 選手選考とガバナンス
(1) 選手選考に伴う問題

選手選考は，国際大会に出場する選手の選考のほか，国民体育大会への出場選手の選考や国内や地域の大会に出場する選手の選考も含め，あらゆる大会において問題になる。

日本で最も著名な代表選手選考事例として挙げられるのは，競泳の千葉すず選手の事例（スポーツ仲裁裁判所（CAS）2000/A/278）である。2000年シドニーオリンピックの競泳女子200メートル自由形の代表選手選考に関して争われ，千葉選手がスイス・ローザンヌにあるスポーツ仲裁裁判所（CAS）に日本水泳連盟の決定の取消しを求めて提訴した。結論として，

代表選手選考の結果は取り消されることはなかったが、CASにより、日本水泳連盟の選手選考の不透明性と情報公開の必要性が指摘され、また当時日本では代表選手選考の結果に不服がある場合にこれを争える機関が存在しなかったことから日本スポーツ仲裁機構の設立に繋がった。

　選手選考は、大会を目指す選手にとっては死活問題であり、競技団体等選考を行う側にとっては、重大な権限行使の場面である。

　すなわち、選手選考の権限は、スポーツに関わる団体の運営にとって、まさに強大なパワーであり、その使い方を誤ると、選考対象となる選手から見れば、パワーハラスメントの温床となり得ることを常に意識すべきである。

(2) 部活動における選手選考

　部活動の運営において、選手選考は、インターハイなどの全国大会に出場する選手やレギュラーとして出場する選手の選考、という形で行われる。

　競技団体の場合には、強化委員会や理事会という組織決定により行われるが、部活動の場合、顧問一人の判断により行われることが多い。

　選手選考は、前述の通り、大会を目指す選手にとっては死活問題であり、競技団体等選考を行う側にとっては、重大な権限行使の場面である。したがって、慎重に行われる必要がある。この点は部活動の場合も同じであり、国際大会に出場する選手の選考を行う競技団体の場合に求められる、①公平性、②透明性、③明確性、④予測可能性、という原則に従って選考を行うことが求められる。

　もっとも、部活動の運営においては、教育的配慮という観点も重要である。

　したがって、競技団体の場合と異なり、生徒に対する教育的配慮という観点が選手選考に影響を与えるケースがあることは否定できない。とはいえ、その影響も、前述の四つの原則が満たされることが前提であり、あくまでもその範囲内でのみ認めるべきである。

2　選手選考において配慮すべき事項
(1) 公平性
　まず，選考基準・選考方法の公平性が求められる。日本スポーツ仲裁機構において最初の代表選手選考に関する事案となったJSAA-AP-2004-001馬術事件において，結論として日本馬術連盟の日本代表選手選考基準の合理性を認めたものの，スポーツ仲裁判断の末尾において，「オリンピック大会の公的意義を踏まえれば，各競技団体が行っている代表選手選考は公平で透明性の高い方法で実施されなければなら」ない旨判示されているように，「公平性」と「透明性」については選手選考の場面で配慮すべき原則としてスポーツ仲裁の判断が示している。

　すなわち，部活動において顧問の教員が大会に出場させるメンバーを選考する場合にも，顧問が考える選考の基準と，実際にその基準によって選手を選ぶ方法が公平である必要がある。

　公平性を担保するためには，できるだけ顧問単独で決めることは理想的ではなく，外部指導者も部活動の運営に関与しているのであれば，外部指導員とも協議のうえで判断すべきである。

(2) 透明性
　前述の通り，スポーツ仲裁パネルが，選手選考の場面で配慮すべき原則として挙げた「公平性」と「透明性」という原則の一つである。

　選考基準や方法が公平であっても，その基準があらかじめ生徒に伝わっていない場合や選考方法について説明がなされていない場合には，生徒にとって疑問が残ってしまう。また，選考基準や方法について公開するというスタンスを取ることで，選考する方も選考基準に従って慎重に判断するようになる，という効果もある。また，選考した後の利害関係者への説明も重要である。

　したがって，選考基準や方法が不透明ではないことが，選手選考を正当化させる不可欠の要素である。

(3) 明確性
　選考基準が不明確であると，どんなに内容が公平であったり，透明性が

あったとしても，生徒の側からすると，自らが選考されるためにはどうすれば良いかが分からない。

　年度当初の活動計画や指導指針を定める段階で，ある程度方向性を示すことが必要であると考える。

　このように，明確性という観点も，選手選考では欠かせない原則である。

(4) 予測可能性

　選考基準が明確であっても，選考方法が基準に基づかないでなされると意味がない。その意味で，選考結果に予測可能性があることが必要である。つまり，選考基準から，選考結果をある程度予測できる程度に，選考方法も明確である必要があるということである。

　前述の通り，部活動である以上，教育的配慮も必要である。とはいえ，選考結果が不意打ちであると評価されるようなことがあってはならない。教育的配慮も必要であるが予測可能な範囲でなされるべきである。

3　代表選手から外れてしまった生徒への配慮

　大会や試合に出場できない生徒に対しては，生徒が試合に出られなくても意欲を持ち続けることができるよう配慮することが，部活動の教育的効果を考えると不可欠である。

　例えば，練習試合の機会を設定する，体育祭等の学校行事や地域行事において代表選手として活動して貰う，大会や試合でも役割を与える，というような工夫が必要である。

　「ユニフォームを着て試合に出たい」という気持ちは，生徒全員が持ち続けていることを認識して，部活動の運営を行うべきである。

（高松　政裕）

第12章　オーバーユースを防ぐために

Q35　「野球肘」のような成長期に発生しやすいスポーツ障害を防ぐためにはどのような方策が必要か。

A　成長期に発生しやすいスポーツ障害は，繰り返し，肘や膝の関節に負荷が掛かることが主な原因で発生する。練習や試合で身体を過度に酷使する，いわゆるオーバーユースが主な原因として発症することから，指導者や保護者はこどものオーバーユースを防ぐ責任がある。

　オーバーユースを防ぐためには，定期的に休みを取ること，肘や膝に負担が掛からないように練習メニューを工夫することが求められる。野球の場合には，野球肘を防ぐために，1日の投球数や休養日に関して，米国や日本でもガイドランが発表されており，その普及・啓発を図るとともに，一定程度のルール化も必要である。日本の高校野球では，2020年の選抜高等学校野球大会から，球数制限が導入され，一人の投手が1週間で投げられる球数が500球以内と定められるに至った。

第12章　オーバーユースを防ぐために／Q35

[解　説]

1　スポーツ障害とオーバーユース

(1)　はじめに

　日本の夏の風物詩とも言える全国高校野球選手権大会は，毎年，熱戦が繰り広げられ，数々のドラマが生まれている。他方，特に，投手は，連戦のうえ，一人で投げ抜くことが多く，700球以上を，約2週間の大会期間中に投げるという例も見られた。全国の野球少年にとって，甲子園出場は憧れであり，これを目標に一生懸命に野球を頑張るが，この頑張りによる過度な練習や試合での投げ過ぎ（オーバーユース）が，肩や肘のケガをもたらし，時に野球を続けることができなくなってしまうという残酷な結果をもたらす。

　このようなオーバーユースが原因となって，青少年アスリートにスポーツ障害が発生し，大好きだった競技を継続することができなくなるという事態は，何としても防ぐ必要がある。

(2)　成長期の青少年の身体の特徴

　成長期の青少年の身体は，骨・筋・靭帯といった運動器がまだ成長途上にあり，大人の身体との差異における最大の特徴は，骨の端に骨端線（成長軟骨板）が存在する点にある。この骨端線で骨の成長が促進され，骨端線より端の部分である骨端部は，当初は軟骨が多く徐々に骨に置き換わり，骨端線が閉じることで大人の骨になったと判断される。骨端線が閉じるまでの間は，成長が著しい骨・軟骨が損傷されやすい。このように大人の骨と比べて，青少年の場合は軟骨の成分が多く，まだ骨が弱いことから，軟骨に繰り返し負荷が掛かることで，軟骨が傷つきやすいのが特徴である。

(3)　野球肘

　このような青少年期に，投球動作を繰り返す中で，肘に引っ張る力が繰り返し加わることで，軟骨が損傷され，関節の表面から軟骨のかけらが剥がれ落ちてしまう。この障害が，一般的に「野球肘」として知られている。初期では自覚症状がないものの，中期になると痛みが発生し，軟骨が完全

に剥がれた後期になると手術が必要になる。

　障害の発生部位は，肘の内側，外側，後方の3か所あるが，深刻なのは，外側に発生する「離断性骨軟骨炎」である。軟骨のかけらが剥がれ，関節の骨同士が壊れた歯車のように噛み合わなくなり，肘の屈伸ができなくなることもある。

　野球ができなくなるだけでなく，日常生活にも支障が出る後遺症が残るケースもある。

(4) サッカー膝，オスグッド・シュラッター病

　この障害は膝にも発生する。兵庫医科大学整形外科が，2005~2010年に膝の離断性骨軟骨炎と診断された7~16歳の28人を調査したところ，サッカーをやっている青少年が半数の14人を占めたとされる[注1]。強いキックや急な方向転換を繰り返すことで膝に負荷がかかって発生することから，「サッカー膝」とも呼ばれている。

　また，膝の使い過ぎという意味では，11~15歳ぐらいの男子に多く発症するオスグッド・シュラッター病という症例もある。これは，膝蓋靱帯が下腿骨につく部分で成長軟骨が強力な大腿四頭筋に引っ張られて，炎症を起こすもので，原因として挙げられるのは，走る，ジャンプするなど，スポーツによる膝の曲げ伸ばしの繰り返しである。サッカー，バスケットボールなど，走る，ジャンプするスポーツを行っているこどもに起こりやすい症例といえる。

2　オーバーユースを防ぐためには

(1) スポーツ障害の要因と防止策

　成長期の青少年に発生しやすいスポーツによる肘や膝の障害は，肘や膝の軟骨に繰り返し負荷が掛かることが原因とされる。つまり，スポーツにより肘や膝を酷使することによって発生するのであって，オーバーユースが主な原因である。

(注1) 朝日新聞：2015年3月17日「子どもとスポーツ第11部」

このようなスポーツ障害の発生を防ぐには，繰り返し過度に負荷をかけないように休みを取ること，肘や膝に負担がかからないように練習メニューを工夫することが求められる。

　しかし，こども達は，「もっと上手くなりたい」という一心で練習に励み，「試合で良い結果を残したい」という思いから，自ら進んで試合で連投したいという気持ちが強い。繰り返し過度に負荷をかけないように休みを取り入れることや肘や膝に負担が掛からないように練習メニューを工夫することは，指導者を始めとする大人の責任である。

　例えば，サッカー膝を防ぐために，軸足への負担が大きいシュート練習を減らしたり，同じ部位に負荷が掛からないように，グラウンドを走る際には右回りと左回りの両方を行うような指導がなされるべきである。また，障害の早期発見のために，定期的にセルフチェックシートを使い，肘，膝，脛などに痛みがないかを自己申告させるような取組も必要である。

(2) 投球制限

　前述の通り，高校野球では，一人でわずか2週間という短期間に700球以上投げるという例が見られていた。米国でも報道されているが，決して美談として取り上げられているものではなく，異常である，という評価である。

　米国では，大リーグ機構（MLB）と米国野球連盟が，2014年に，18歳以下のアマチュア投手を対象とした障害発生防止のためにガイドラインとして，ピッチ・スマート（PITCH SMART）を発表している。これは，トミー・ジョン手術と呼ばれる肘の靭帯修復手術を受ける投手が米国で当時増加傾向にあったことの懸念から青少年の健康を守るために，医療専門家との共同研究の結果を提言したものである。当時の調査では，マイナーリーグの投手のうち15パーセントがトミー・ジョン手術を受けていて，その中の61パーセントが高校か大学時に手術を受けていることが判明している。また，MLB選手の4名中1名がトミー・ジョン手術をしているということもあり，その対策をとる必要から，青少年向けのガイドラインが作成された。

　このピッチ・スマートは，年齢ごとに，1日の投球制限数と投球数ごと

の休養日数を提示しており，対象年齢は7歳から18歳までである。

　日本の高校生にあたる15歳から18歳までの年齢についてみると，1日の投球数は，15〜16歳で95球，17〜18歳で105球とされ，仮に15〜16歳の選手が76球以上投げた場合は，次回登板まで4日間の休養日が必要とされている(注2)。さらに，試合に登板しない期間を年間4か月以上設け，そのうち最低でも2〜3か月は投球練習をしないように勧めている(注3)。

　また，日本でも青少年に向けた投球制限の提言はなされている。日本臨床スポーツ医学会は，1995年に，「青少年の野球障害に対する提言」として，投球数に関する提言を行っており，小学生では，1日50球以内，試合を含めて週200球を超えないこと，中学生では，1日70球以内，週350球を超えないこと，高校生では，1日100球以内，週500球を超えないこと，1日2試合の登板を禁止することを提言している。

　このような中，高校野球にも球数制限を導入すべきであるか否かについては，長年議論があったところ，2019年から，新潟県高野連が1試合100球以内の球数制限を導入すると発表した。これを受けて，日本高校野球連盟も動き始め，2020年の選抜高等学校野球大会から，一人の投手が1週間で投げられる球数を500球以内とする球数制限が導入された（高校野球特別規則付記1.(2)）。

　また，球数制限は，WBC（ワールド・ベースボール・クラシック）でも導入された。2023年大会では，1試合あたり1次ラウンドは65球，準々決勝は80球，準決勝以降は95球以内と定められ，他にも50球以上投げた後は4日間以上の休息，30球以上投げた後は1日以上の休息，そして3連投は禁止というルールのもと開催された。

(3) 最後に〜ルール化の必要性と複数競技の実施〜

　オーバーユースの危険性について，青少年自身が理解していても，自主

（注2）メジャーリーグウェブサイト—「ピッチスマート」（https://www.mlb.com/pitch-smart/pitching-guidelines/ages-15-18）

（注3）メジャーリーグウェブサイト—「ピッチスマート」（https://www.mlb.com/pitch-smart/pitching-guidelines/ages-15-18）

的に練習や連続した試合出場等を制限するよう期待することには無理がある。青少年自身としては，上手くなりたい，試合に出たい，という気持ちが勝ってしまうことは防ぎようがない。そのため，オーバーユースの防止を実践するのは指導者や保護者を始めとする大人の責任である。とはいえ，指導者や保護者も時にこどもから練習したい，試合に出たいと強く言われるとこどもの希望を尊重してしまうこともある。そこで，求められるのは，このようなガイドラインの普及・啓発とルール化である。ここで紹介したようなガイドラインについて，国内でも最新の調査研究をしたうえで発表し，指導者や保護者を含め，広く国民に啓発し，同じ価値を共有することが必要である。さらに，必要な範囲では，競技団体や高体連・中体連・高野連などでルール化することも検討する必要がある。

また，例えば，野球による障害を防ぐためには，投球制限以外のアイデアも考えられる。

例えば，ハイスピードの投球を制限するために，スピードガンを用いて一定以上の速度の投球を禁止することや，ピッチャーマウンドが過度に盛り上がっている構造になっている場合に投手に過度な負担を掛けることからこれを制限すること，などの方策も考えられる。

また，成長期のこども達にとっては，一つの競技に特化することなく，複数の競技に取り組んだ方が特定の部位の使い過ぎによるけがは減る。複数の競技に取り組むことは，けがを減らすだけでなく，所謂「燃え尽き症候群」のこどもを減らす効果もあると言われている。米国では，特に，高額な学費がかかる大学に特定競技で推薦を受け，奨学金を得る形で進学することを目的として，保護者がこどもに特定の競技に集中させる傾向がある。しかし，その結果，そのこどもが燃え尽き症候群になってしまい，競技を続けることを止めてしまうケースが問題となっているので，複数の競技に取り組むことの重要性が認識されつつあるが，このことは我が国でも当てはまる。

オーバーユースによるスポーツ障害が原因で，こども達が，大好きなスポーツを続けられなくなったり，ましてや日常生活にも影響を及ぼすよう

な後遺症が発生するようなことは，絶対に防ぐべきである。その責務は大人にあることを自覚すべきである。

（高松　政裕）

第13章　部員の不祥事

Q36 部活動に所属する生徒が不祥事を起こした場合，部としてはどのように対応すべきか。またどのような点に注意すべきか。

A 　部員の不祥事が発覚した場合，① 規程のチェック，② 事実関係の調査，③ 弁明の機会の付与，④ 処分をするか否か，処分する場合はその内容の決定，⑤ 被処分者への処分内容の告知，⑥ 不祥事の内容及び処分結果の関係機関への報告，という手順で対応すべきである。
　発覚した不祥事に対応する場合，事実関係の正確な把握，違反行為者に対して弁明の機会を付与したうえで，処分の可否，処分の内容を決定する必要がある。

【解説】

1　生徒の不祥事と部としての対応
(1) 不祥事の類型
　部活動に所属する生徒の不祥事としては，例えば，一人の生徒による喫煙行為，同じ部活動内での上級生による下級生に対する暴力行為，部活動に所属する生徒による他の学校の生徒に対する暴力行為，など，様々な例がみられる。類型化のポイントとして，① 違反行為者の人数（単独か集団か），② 違反行為の態様（単なる校則違反か刑事罰を伴う行為か），③ 違反行為の結果の程度（他者に被害を及ぼすものか，被害を及ぼす場合の結果の重大性），④ 違反行為と部活動の関わりの程度（部活動中に発生したか，部活動外で発生したのか），⑤ 違反行為者と部活動の関わりの程度（違反行為者が部活動にど

の程度関与していたのか）と行った点が挙げられる。

部員の不祥事が発覚した場合，上記の各類型のポイントを意識して，2（213頁参照）に示す注意点に配慮して，対応することが求められる。

(2) 部員個人の責任が問われる場合

部員が不祥事を起こした場合，まずは，不祥事を起こした当該部員（以下「違反行為者」いう。）の責任が問われることになる。犯罪行為であれば，刑事罰が科される（刑事責任については，原則として家庭裁判所における少年審判によって処分が決定される。）。その他，学校としての処分，部活動としての処分が考えられる。

学校としての処分は校則に基づきなされることになる。部活動としての処分は顧問による決定されることが多いが，部活動規程に基づきなされるべきである。

また，統括する競技団体や，全国高等学校体育連盟，高校野球の場合，日本高等学校野球連盟（以下「高野連」という。）及び日本学生野球協会（以下「学生野球協会」という。）による処分の対象となることもある。

(3) 部としての責任が問われる場合

部員が不祥事を起こしたことにより，部全体が責任を問われることもある。

高校野球では，日本学生野球憲章（以下「野球憲章」という。）が，部員の不祥事の場合の処分についての手続を定めている（野球憲章29条）。不祥事が発生した場合，当該高等学校又は所属する都道府県高等学校野球連盟が調査をし，高野連の審議委員会に報告する。高野連の審議委員会は審議の結果，注意又は厳重注意を決定するか，それよりも重い処分が妥当と判断すれば，処分申請決定をし，学生野球協会審査室に審査請求できる。学生野球協会審査室は，審議の結果，処分（謹慎，対外試合禁止，登録抹消・登録資格喪失，除名）を決定できる。

このように，一部の部員の不祥事により，部に対して対外試合禁止処分がなされることもあるように，部全体が責任を問われることもある。

2 不祥事対応での注意点

(1) はじめに

部員の不祥事が発覚した場合，① 規程のチェック，② 事実関係の調査，③ 弁明の機会の付与，④ 処分をするか否か，処分する場合はその内容の決定，⑤ 被処分者への処分内容の告知，という手順で対応すべきである。

なお，文部科学省が2014年に発表した「スポーツ指導における暴力等に関する処分基準ガイドライン（試案）」では，違反行為の処分をする場合に考慮すべき原則として以下の四つの原則を挙げている。

---

① 罪刑法定主義

　違反行為とこれに対する処分の種類・程度が規程上明記されていること。

② 平等取扱の原則

　同種の違反行為に対しての処分は，同一種類・同一内容であるべきこと。

③ 相当性の原則

　違反行為の内容・結果に照らし，処分の重さが相当であること（重すぎてはならない）。

④ 適正手続

　競技団体が決めた手続に従って，処分を行うこと（特に処分対象者に弁明の機会を与えること）。

この4原則は，部活動において部員の不祥事が発覚した場合に，部員の違法行為を処分する際にも当てはまるものといえる。

(2) 規程のチェック

まずは，どのような手続で進めるべきか，学校の校則や，部活動の規程をチェックすべきである。不祥事が発覚した場合は，当事者から事情を聴取するなどして事実関係を調査したうえで，違反行為者にも弁明の機会を

与えたうえで処分の内容を決定する必要がある。

校則や部活動の規程に，事実関係の調査方法や，違反行為と処分の内容が規定されていれば，これに従って手続を進めれば良いが，もしこれらの定めがない場合には，関連する競技団体や高体連などの規程を参考に，上記4原則に従い，適正手続を経たうえで，過去の同種事例に配慮し，処分の可否を決定し，処分をする場合は，相当性の原則に従って，処分の内容を決定する必要がある。

(3) 事実関係の調査

事実関係の正確な把握は，処分の可否を決定するうえで，不可欠である。事実関係の調査においては，被害者や関係者からの事情聴取が重要となる。被害者から事情を聴取する際には，聴取の方法によって被害者に二次的被害を与えないように慎重な対応が求められる。聴取者は，被害者や加害者と関係のない第三者が担当した方が，先入観を排除した客観的な調査が可能になるため望ましい。

(4) 弁明の機会の保障

違反行為者に対し，弁明の機会を保障することは，処分結果の正当性を担保するために不可欠である。形式的に弁明の機会を与えれば良いわけでない。違反行為者には，調査の対象となっている行為の内容（被疑事実）を伝え，処分の可否を判断するために事情を聴取する場であることを告げなければならない。時として，違反行為者は，どの行為について聴取されているか分からないまま，また処分の可否を判断するために聴取されていることを告げられることなく，事情を聴取されることがあるが，そのような場合は，不適切に誘導されることも多く問題がある。

(5) 連帯責任の問題点

部員が不祥事を起こしたことにより，部全体が処分され，例えば対外試合が禁止されることは，不祥事に関与していない部員に対して，連帯責任を課す結果となる。例えば，上級生が下級生に暴力行為を行った場合に，部全体が処分されると，被害者である部員も処分される結果となってしまう。一部の部員の不祥事で，部全体が対外試合禁止処分を受けると，全国

大会の予選に出場することができなくなり，結果的に大学進学との関係でスポーツ推薦入学の条件に不利益な影響を及ぼすなど，他の部員に深刻な影響を与える。

　近代法の個人責任原則からすれば，やはり連帯責任は，例外的に連帯責任を及ぼすことで，部活動全体の規律を確保するという目的を達成する必要がある場合などに限定して適用されるべきである。

　なお，前記の文科省「スポーツ指導における暴力等に関する処分基準ガイドライン（試案）」では，「チーム全体が処分される場合」について，以下のように記載されており，参考になる。

「3　違反行為の加害者が所属するチームに対する処分についての留意点
　(1)　チーム処分の目的
　　チームの他の競技者自身に何ら責任が認められないにも関わらず，違反行為の加害者が所属するチームに対する処分は，当該チームに対し処分を行うことを通じて，当該チームに所属する指導者及び競技者が同様の違反行為を起こさないよう注意喚起すること等により，当該チームにおける将来の違反行為を未然に防ぐ必要が認められる場合に限り行うものとする。
　(2)　基本的な考え方
　　違反行為の加害者が所属するチームに対する処分については，当該チームに所属する違反行為に関与していない他の競技者のスポーツ権を侵害しないよう配慮することが必要である。
　　それゆえ，チームに対する制裁は，原則として，戒告又はけん責によるものとすべきであると考える。
　(3)　他の競技者に実質的な不利益をもたらす処分（出場停止等）について
　　当該チームの登録資格の剥奪，登録資格停止処分，競技大会への出場停止などの処分は，加害行為を行っていない当該チームに所属する他の競技者のスポーツ権を制約することに留意すべきである。
　　このような処分は，前述のとおり，加害者個人の責任とするだけでは十分といえない事案に限定して課すべきである。すなわち，当該違反行為の結果が重大であることに加えて，将来の違反行為を未然に防ぐ必要性，又は加害者以外の当該チームに所属する他の競技者についても加害者と同等若しくは

加害者に準じた処分を行う必要性が強く認められる等の特段の事情がある場合に限り選択できるものとする。例えば，当該チームの複数の指導者又は競技者が加害者となり違反行為が行われ，当該チームの他の競技者において当該違反行為の存在を把握しながら何らの防止措置や報告等が行われなかったために，重大な結果が発生することを防げなかった場合などである。

なお，違反行為の加害者が所属するチームが既に十分な社会的制裁を受けていると認められる場合や，当該チームにおいて既に十分な自主的処分が行われている場合には，当該チームに対して行う処分の軽減を検討するものとする。」

（高松　政裕）

第14章　大会・試合の引率

Q37　大会や対外試合参加のために選手や応援の生徒の引率をする際，教職員はどのような点に気をつけるべきか。

A　運動部活動としての大会や対外試合に参加する場合の生徒の交通手段は，公共交通機関の利用を原則とすべきである。

マイクロバス等を使用する場合には，顧問教員は，引率にあたり，運行計画を作成し，運転者については安全性を高めるために，専門の運転手に運行を委託すべきである。生徒の引率や指導を行わなければならない顧問教員が運転することは避けるべきである。

自動車保険については，対人は無制限，同乗者・対物に対しても高額補償の設定とするとともに，車両の点検及び整備は万全でなければならないのは勿論である。

[解　説]

1　生徒の引率時の注意点

大会や試合への生徒の引率は，顧問の役割の一つであり，試合中や練習中と同様に，引率時においても事故の防止に努めなければならない。大会や試合への生徒の引率は，「全て保護者に任せて，車出しを保護者にさせる」というような引率方法がなされているようであれば直ちに改めるべきである。

運動部活動としての大会や対外試合に参加する場合の生徒の交通手段は，公共交通機関の利用を原則とすべきである。

2　マイクロバスの利用

　部活動後援会が所有又はレンタルしたマイクロバスなどを運転中に事故を起こすと，運転者個人の責任が問われることになる。

　顧問教員は，引率に当たり，運行計画を作成し，運転者については安全性を高めるために，専門の運転手に運行を委託すべきである。生徒の引率や指導を行わなければならない顧問教員が運転することは避けるべきである。

　自動車保険については，対人は無制限，同乗者・対物に対しても高額補償の設定とするとともに，車両の点検及び整備は万全でなければならないのは勿論である。

3　自家用車の利用

　保護者が自分のこども以外の生徒を自家用車に乗せて引率するよう場合，運送中に事故を起こすと，運転していた保護者の責任になる。トラブルを避けるためにも，このようなことは避け，保護者が自家用車を利用する場合には，自分のこどもは自分で輸送することが原則である。

　顧問教員が自家用車を利用して，生徒を引率することも，上記の通り，原則として避けるべきである。しかし，大会が開催される場所までの移動につき，地理的条件や交通環境から，どうしても顧問教員が自家用車を運転して生徒を引率する必要のある場合もある。そこで，都道府県教育委員会によっては，大会参加への自家用車の使用に関する取扱要綱を発表し，厳格な承認基準を設けたうえで校長の承認を条件に，自家用車の使用を認める例もある。

　例えば，長崎県教育委員会が作成している「県立学校部活動における自家用車等の使用に関する取扱要綱」（平成22年4月1日発行）では，自家用車等[注]の使用を認める場合として，①地理的条件や交通環境等，公共交通機関の利用が困難であると認められる場合，②自家用車等の使用によって，効率的な活動ができると認められる場合，③その他，校長が必要と認める場合，とされている。そして，承認基準の中には，対人・対物賠償保険が

無制限であること等任意保険への加入に関する条件も含まれている。

(注) ここでの「自家用車等」には，教職員（家族を含む。），同窓会，後援会，保護者会等が所有する自家用自動車及びレンタカーをいう，と定義されている。

4 外部指導者による引率

それでは，顧問教員ではなく，外部指導者が，大会会場まで引率することは許されないのか。

この点，中体連や高体連の大会要項では，原則として顧問教諭又は校長が引率すべきである旨が明記されているが，個人競技に関しては一部例外的に，外部指導員の引率は認めている。

高体連では，例外的に外部指導者に引率を認める場合には，傷害・損害賠償責任保険（スポーツ安全保険等）に加入することを必要条件としている。

外部指導者の引率については，最新の大会要項を確認するべきである。

（高松　政裕）

第15章　部活動の運営と校長の役割・責任

Q 38　部活動の運営に関する校長の役割とはどのようなものか。部活動中に発生した事故において、顧問教諭だけではなく、校長が法的責任を問われるケースもあるか。

　部活動も学校教員の一環であるため、当然、校長の管理監督権限が及んでおり、校長は、年度当初に指導や管理・運営の基本方針について教員に示し共通理解を図ったうえで、PTA総会等の場で保護者に広く周知することが求められている。部活動における校長の具体的な役割として、「基本方針の提示」、「関係会議の開催」、「各部の活動状況の監督・安全体制の確立」等が挙げられる。

　当然、校長も生徒や保護者に対して安全配慮義務を負い、校長の過失が認められた裁判例もある。校長の安全配慮義務は、生徒と直に接して部活動を運営する顧問教員の注意義務とは異なり、学校全体の管理運営といった点から見た、いわば安全体制確立義務というべきものであるといえる。

[解　説]　

1　校長の役割と責任
(1) 校長の職務と部活動の運営

　校長の職務について、学校教育法は、「校長は、校務をつかさどり、所属職員を監督する。」と規定している（学教37条4項）。一般に、「校務」とは、学校教育の管理、教職員の管理、学校事務の管理及び学校施設の管理を、「監督」とは、教職員の職務上の監督及び身分上の監督をいい、総称

して，校長の職務は「4管理2監督」と呼ばれている。

　部活動も学校教員の一環であるため，当然，校長の管理監督権限が及んでおり，校長は，年度当初に指導や管理・運営の基本方針について教員に示し共通理解を図ったうえで，PTA総会等の場で保護者に広く周知することが求められている。そして，校長は，部活動と保護者会をつなぐキーパーソンの役割も期待されているといえる。

　部活動における校長の役割は，具体的には，①基本方針の提示，②学校，各部保護者会代表，外部指導者代表による「三者代表者会」の開催，③各部ごとの，顧問教員，全保護者，外部指導者による「三者連携会議」の開催，④各部についての活動状況の監督と指導，⑤キャプテン会議の開催，⑥外部指導者の委嘱，が挙げられる。

　特に重要なのは，学校全体の部活動としての基本方針を示すこと，及び各部の活動状況を監督すること，である。

(2) 基本方針の提示

　校長が示すべき部活動の基本方針としては，まず，部活動自体の目的から始めるべきである。例えば，「生徒の体力の向上や心身の健康の増進」，「生徒の豊かな人格形成への寄与」，「バランスの良い充実した学校生活の実現」など，部活動の意義について，学校全体の管理者という立場から総論的な目標を策定し，関係者に周知すべきである。

　そして，重要なのは，この目的を達成するために，全ての部において遵守すべき具体的事項を明確にすることである。

　例えば，指導方法として望ましい指導と望ましくない指導の例を具体的に列挙する。望ましくない指導の例としては，体罰・暴言・セクハラ・パワハラはもちろん，勝利至上主義，不公平な運営，部活動以外の活動とのバランスを欠いた指導，指導者の自己満足による指導等が挙げられ，基本方針の中で，明記すべきである。

　他に明記すべき事柄として，活動時間・日数，休養時間・日数，練習試合の回数や範囲等生徒や保護者の負担を防ぐための事項，事故防止のための取決めに関する事項，学業との両立に関する配慮事項などが挙げられる。

そして，この基本方針の提示の中で，保護者会に対して協力を依頼する事項も整理し，保護者に周知すべきである。具体的には，平日夜間の１週間の活動回数や活動時間，土曜日・日曜日の活動回数や活動時間，対外試合や遠征についての取決め，定期テスト前の活動に関する取決め，などである。

(3) 関係会議の主催

年度当初に策定した，上記(2)で述べた全部活動についての指導や管理・運営の基本方針について全教員に示し共通理解を図ったうえで，PTA総会等の場で保護者に広く周知する。つまり，学校，各部保護者会代表，外部指導者代表による「三者代表者会」，各部ごとの，顧問教員，全保護者，外部指導者による「三者連携会議」を主催する。

また，各部の顧問が集まる「顧問会議」，全教員を対象とする「職員会議」を主催する。学内で各部活動の顧問や担任教員，校長，副校長が問題点を共有できる場を定期的に設けることで，顧問が一人で問題を抱えることを防ぎ，問題が拡大する前に適切な対処方針をとることが可能となる。また，各部活動の状況について各顧問が横断的に意見交換することで，各部活動の問題点を比較的に考察することも可能となる。また，学校全体の運営という視点からの抜本的な解決をとることも可能となる。

(4) 各部の活動状況の監督・安全体制の確立

校長は，常に部活動の活動状況の監督・把握に努め，各部の運営が策定した基本方針に沿っているかを監督する責任がある。そして，必要に応じて顧問教員や外部指導者に対して指導・助言する必要がある。また，部活動指導が，顧問教員や外部指導者の過剰な負担にならないように配慮する必要もある。

保護者会等保護者の集まりがある学校では，部活動の活動状況についても顧問教員を通じ保護者や外部指導者から活動状況についてヒアリングするなどして状況把握に努め，必要に応じて，顧問教員，保護者の代表者，外部指導者に対して助言をすることが，行き過ぎた指導やトラブルを未然に防ぐことにつながる。

2 部活動に関する事故と校長の責任

(1) 校長の安全配慮義務

部活動に関して事故が発生した場合，校長も法的責任を負うのか。

上記1で説明した校長の職務に鑑みれば，当然，校長も生徒や保護者に対して安全配慮義務を負う。もっとも，校長の安全配慮義務は，生徒と直接接して部活動を運営する顧問教員の注意義務とは異なり，学校全体の管理運営といった点から見た，いわば安全体制確立義務というべきものであるといえる。

したがって，校長には，学校全体の教員配置，部活動の基本方針策定，安全体制の確立，顧問教員への指示・注意義務といった全体管理者としての注意義務が課されている。

(2) 校長の過失が認められた裁判例

校長の過失が認められた例として，名古屋地一宮支判平19・9・26判時1997号98頁がある。

このケースは，市立中学校のハンドボール部の2年生の男子生徒が，夏期練習中に熱中症に罹り死亡した事故について，顧問教諭のほか校長にも過失があるとして，国家賠償請求が認容された裁判例である。

裁判所は，熱中症予防についての顧問教員及び校長の注意義務として，「本件練習当時，部活動において，部活動顧問は，部員が熱中症に罹患しないように防止すべき注意義務を負い，また，熱中症に罹患した場合には，応急措置を行う，救急車を要請するなど適切な措置をとるべき義務を負っていたというべきであり，校長については，部活動顧問がこのような注意義務を履行できるように指導すべき義務を負っていたというべきである。」と判示し，その判断要素としては，「①部活動が行われた環境，②暑熱馴化の有無，③練習内容，④休憩，給水の頻度や有無，⑤部活動顧問が認識し得た生徒の体力差，肥満であったか否かを含めた体格差，性格等の生徒の特性等を総合考慮して判断すべきである。」とした。

その上で，校長の注意義務違反の有無については，熱中症発症時に対応できるように氷や担架等を用意していたこと，被害生徒の異変に気づいた

後には体を冷やしたり，病院に搬送するなどしたことなどを考慮すれば，ある程度指導は行われていたと評価されるものの，「文部科学省作成のリーフレットに肥満が熱中症のリスクファクターであることや，気温に応じて激しい運動を中止することを求める運動指針が作成されている」等にもかかわらず，「校長が気温に応じて練習内容を変更するような体制作りを指示したことはなく」，被害生徒の熱中症発症の要因の一つが肥満であると認定されているところ，顧問教諭らが，「本件練習当時肥満がリスクファクターであることを知らなかったことを考慮すれば，Ｂ山中（編注：当該学校）において，熱中症を予防する体制が確立していたとは認め難い」として，校長の注意義務違反を認めた（名古屋地一宮支判平19・9・26判時1997号98頁。公立，中学，賠償金4500万円）。

このように，本件裁判例は，校長の責任として，各部活動の活動を監督し，安全体制を確立する義務を負うことを確認したものといえる（その他校長の過失を認めた例として，福岡地小倉支判昭59・1・17判時1122号142頁。公立，高校，賠償金1100万円（過失相殺5割あり）がある。）。

（高松　政裕）

部活動指導者と指導者資格

　2014（平成26）年7月に発表された，公益財団法人日本スポーツ協会（以下「JSPO」という。）指導者育成専門委員会による「学校運動部活動指導者の実態に関する調査報告書」では，担当する運動部活動に関する過去の経験について，以下のような実態が明らかになった。

　これは，全国学校リストの中学校（10,579校）及び全日制高等学校（4,858校）より無作為に抽出した中学校600校及び高等学校400校の運動部活動の顧問教員を対象に実施された調査である。まず，「担当教科」と「現在担当している部活動の過去の競技経験の有無」の点では，「担当教科が保健体育ではない」かつ「現在担当している部活動の競技経験なし」の教員は，中学校では45.9％，高等学校で40.9％となっている。そして，この教員のうち，中学校で39.5％，高等学校で38.3％が，一番の課題として，「自分自身の専門的指導力不足」を挙げている。なお，「現在担当している部活動の競技経験なし」の教員の割合だけみると，中学校では52.1％，高等学校で44.9％という状況で，中学校では過半数の顧問教員が担当している部活動の競技経験を有していないことが判明している。また，JSPOの公認スポーツ指導者資格を保有している顧問教員の割合は，全体で中学校では8.3％，高等学校では17.4％，「担当教科が保健体育ではない」かつ「現在担当している部活動の競技経験なし」の教員については，中学校では3.3％，高等学校では5.4％という状況である。

　このような調査結果からは，現状の中学校・高等学校の運動部活動の顧問教員の多数が，競技経験のない部活動を担当しており，それにより不安を感じているという実態や，担当している競技の指導方法について学ぶ機会がないまま，指導を行っているという実態が浮き彫りになっている。

　これらの実態を改善するためには，一つは部活動の競技経験がない顧問教員をサポートする外部指導者の活用があり，この点については，2017（平成29）年4月1日施行の学校教育法施行規則改正により部活動指導員の制度が導入された。もう一つの方策としては，顧問教員への研修会の実施，ひいては指導者資格制度の導入が挙げられる。例えば，現在担当している部活動の競技経験のない顧問教員を対象に，当該競技団体や中体連・

高体連が定期的に指導に関する研修会を実施し，この研修会実施の延長として，指導者資格制度を導入し，一定程度の研修会の出席と試験等により指導者資格を付与する制度を導入することも考えられる。

部活動の指導者については，日本サッカー協会のように競技団体において資格制度を導入している例を除いて原則として指導者資格は問われていないのが現状である。日本サッカー協会ではJFA公認指導者ライセンスの制度を設けているが，そのような統一的な指導者資格制度がない競技については，指導者資格の有無も問われず，その結果，上記のように多くの部活動の顧問教員が現在担当している部活動の競技経験がなく，そのことにより指導力不足に不安を感じている状況である。そこで，中学校や高等学校の部活動の顧問教員を対象として指導者資格制度を策定し，研修会を定期的に実施することで，資格を取得・更新できるような仕組みを構築することも検討されるべきである。大それたものである必要はない。重要なのは，研修会の実施や他の同じ悩みを持った顧問教員とのコミュケーションの実現という点にある。そこで，競技ごとに研修会の実施と対話の機会を定期的に設け，これに参加することが部活動の指導者資格にリンクするような簡潔な形でまずは制度設計をしてみることから始めるべきである。

なお，2021年（令和3）年7月に，改めて当該調査が実施された。その結果，「担当教科が保健体育ではない」かつ「現在担当している部活動の競技経験なし」の教員は，中学校では26.9％，高等学校で25.3％となり，2014（平成26）年7月の調査から少しは減少していることが分かる。

その要因の一つとしては，部活動指導員の導入の効果があることは否定できない。

他方，JSPOの公認スポーツ指導者資格を保有している顧問教員の割合は，全体で中学校では10％，高等学校では20％，「担当教科が保健体育ではない」かつ「現在担当している部活動の競技経験なし」の教員については，中学校では2.7％，高等学校では5.6％という状況であり，この点について大きな変化はない。すなわち，部活動の指導者の中に，スポーツ指導の資格を有している者が占める割合は，2014（平成26）年から2021年（令和3）年にかけても大きな変化はない状況である。

令和5年度以降，部活動の地域移行が段階的に実施されている状況であることに鑑みれば，部活動地域移行の受け皿となる団体において生徒の指

導を担当する者には，それに相応しい資質と能力を持った者であることが求められる。

　したがって，中学校や高等学校の部活動の顧問教員を対象として指導者資格制度を策定する必要性は依然として認められる状況にあると言える。

（高松　政裕）

第4編
部活動と保護者・家庭

第1章　児童虐待

Q39 部員の体にあざがあり，どうも家庭での虐待が疑われるが，どう対応すべきか。また，部員から家庭での虐待に関する相談を受けた場合，どう対応したらよいか。

A 　児童虐待防止法6条1項は，児童虐待を受けたと思われる児童を発見した者は，速やかに，児童相談所に通告する義務があると定めている。学校の教職員は，特に，学校生活や部活動など生徒の日常生活を観察する機会が多いので，「児童虐待を発見しやすい立場にあることを自覚し，児童虐待の早期発見に努めなければならない。」（同法5条1項）とされている。

　こどもとの信頼関係を損なわないように意思疎通を図りながら，学級担任等の学校関係者や外部機関と連携して，こどもの権利が侵害されないように早期に対処する必要がある。

[解　説]

第1　虐　待

　虐待は，日常用語としては，いじめることやむごい扱いをすることを意味する。

行為主体も，親のこどもに対する虐待，夫婦間のDV（配偶者に対する暴力），高齢の親に対する虐待等，様々な態様が存在する。

こどもに対する虐待が，広く一般に認識されるようになったのは，2000（平成12）年に，「児童虐待の防止等に関する法律」（児童虐待防止法）が成立してからである。もとより，法律が成立したのは，児童虐待が深刻化していたことが理由である。

日本においては，こどもは親の所有物であるとの考えがあり，育児やしつけは親が行うものとして，他人の家庭に口を出すべきではないという考えが未だに根強く存在する。

第2　児童虐待防止法（2条）に定める「児童虐待」

児童虐待防止法（2条）に定める「児童虐待」とは，保護者（親権を行う者，未成年後見人その他の者で，児童を現に監護する者）がその監護する児童（18歳に満たない者）に対して行う虐待のことである。

教師の体罰は，児童が虐待防止法の対象となっておらず，学校教育法11条により禁止されている。

虐待には，身体的虐待（外傷もしくは外傷が生じる恐れのある行為をすること），性的虐待（わいせつな行為をしたり，させたりすること），ネグレクト（養育義務の放棄・怠慢），心理的虐待（心理的外傷を与える言葉や態度）がある。

第3　児童虐待の現状

厚生労働省が2023（令和5）年9月に公表した令和4年度の児童相談所における児童虐待相談対応件数は，21万4,843件で，前年度より7,184件（3.5%）増え，過去最多を更新した。児童虐待防止法施行前の平成11年度（11,631件）に比べると，18.4倍に増加している。

相談の内容別件数は，多い順に，心理的虐待12万8,114件（全体の59.6%），身体的虐待4万9,464件（23.0%），ネグレクト3万4,872件（16.2%），性的虐待2,293件（1.1%）となっている。

増加した要因として，虐待相談窓口の普及などにより，家族親戚，近隣

知人，児童本人等からの通告が増加し，児童虐待防止法の成立により，潜在化していたものが顕在化したのであり，顕在化していない児童虐待がまだ相当数存在していると考えられる。特に，「性的虐待」は顕在化しにくい。

　令和２年度福祉行政報告例の概況によると，虐待を受けたこども（総数205,044件）の内，小学校入学前のこどもが45パーセント，小学生が34.2パーセントと高い割合を占めているが，中学生は13.7パーセント，高校生が7.1パーセントとなっており，部活動をしている中高生も相当数存在していると考えられる（公益財団法人SBI希望財団ウェブサイト「児童虐待現状報告」参照）。

第４　虐待に関する通告義務

　児童虐待防止法６条は，「<u>児童虐待を受けたと思われる児童を発見した者</u>は，速やかに，これを市町村，都道府県の設置する福祉事務所若しくは児童相談所又は児童委員を介して市町村，都道府県の設置する福祉事務所若しくは児童相談所に通告しなければならない。」と定めている。

　従って，教師や外部指導者も，部員が家庭において，虐待を受けたと思われる場合は，児童相談所に通告する義務がある。そして，学校の教師は，特に，学校生活や部活動など生徒の日常生活を観察する機会が多いので，児童虐待防止法５条は，学校の教職員等に対し，「児童虐待を発見しやすい立場にあることを自覚し，児童虐待の早期発見に努めなければならない」と定めている。

　５条の「早期発見」は努力義務であるが，６条の「通告」は必ず行う義務となっているので，生徒が児童虐待を受けていることを知りながら，放置した場合には，通告義務に違背したとして法的責任を負う可能性があることに注意を要する。ただし，虐待があるのではないかと疑念を抱いても，生徒本人や保護者等が否定することも多く，虐待の事実を確認することは困難である。

　それが，６条が「児童虐待を受けた児童を発見した者」ではなく，「児

童虐待を受けたと思われる児童を発見した者」に通告義務があると定めている理由である。

なお，令和4年度の厚労省の調査によれば，児童が虐待の相談経路は，警察等 (52.3%)，近隣知人 (10.3%)，家族 (8.3%)，学校等 (7.3% = 15,835件) となっている（厚生労働省「令和4年度　児童相談所における児童虐待相談対応件数」）。

児童虐待の早期発見・対処には，学級の担任，部活の指導者，養護教諭など学校の教職員その他の関係者が，日常的に関心をもち，連携をとることが重要である。このことは，児童虐待のみではなく，学校内や運動部内のいじめ早期発見・対処のためにも有用である。

そして，部活動の受け皿となる地域のスポーツクラブの指導者も同様の役割を担っていることを銘記すべきである。

第5　児童福祉法改正

児童虐待の相談対応件数の増加など，子育てに困難を抱える世帯がこれまで以上に顕在化してきている状況等を踏まえ，国は，児童福祉法を改正し（令和6年4月1日施行），要保護児童等への包括的かつ計画的な支援の実施するため，市町村における児童福祉に関し包括的な支援を行うこども家庭センターの設置の努力義務を明文化している。

なお，部活動に関わる関係者は，令和6年9月25日施行のこども基本法3条が，以下に掲げる事項を基本理念としていることを第一義として考える必要がある。

①　全てのこどもについて，個人として尊重され，その基本的人権が保障されるとともに，差別的取扱いを受けることがないようにすること。
②　全てのこどもについて，適切に養育されること，その生活を保障されること，愛され保護されること，その健やかな成長及び発達並びにその自立が図られることその他の福祉に係る権利が等しく保障されること。

第6 部活特有の問題

　部活動特有の問題としては，親による行き過ぎた指導の問題がある。試合中，試合後に，こどものふがいなさに，親が暴言を吐き，ひいては，暴力を振るうことがある。指導者の暴力が許されないのは当然であるが，親であっても，許されないことであり，児童虐待防止法に定めに違反する行為であり，部活動の顧問も，このような親に対し，厳正な対処をすることが必要である。

【参考資料】

① 「横浜市　子ども虐待防止ハンドブック（令和4年度改訂版）」（https://www.city.yokohama.lg.jp/kosodate-kyoiku/oyakokenko/DV/gyakutaibousihb.html）

② 「教職員のための児童虐待対応の手引」（奈良県教育委員会，令和6年3月改訂版，jidougyakutainotebiki.pdf）

③ 東京都福祉局ウェブサイト「東京OSEKKAI化計画—虐待を見かけたら」（https://www.fukushi1.metro.tokyo.lg.jp/osekkai/howto/）

（白井　久明）

第2章 保護者への対応

Q 40 部活動について生徒の保護者から「顧問の先生の教え方はおかしいので前の顧問に戻してほしい。他の子も皆そう言っている。」といったものをはじめ，多くの要望や抗議が来ている。どのように対応すべきか。

A 「学校として生徒のためにどうするのが最善なのか」という視点をもって対応すること，事実関係を正確に把握し，迅速かつ誠意ある対応をすることが重要である。

[解 説]

1 基本的方向性

保護者からの要望，抗議について，学校は，真摯に耳を傾け，受け止め，学校として生徒のためにどうするのが最善なのかという視点をもって対応することが重要である。

対応の基本的方向性は以下のとおりである。

(1) 事実に基づいて対応すること

いつ，どこで，誰が，何を，どうしたのか，という具体的かつ客観的な事実の確認を重視すべきである。

(2) 誠意をもって対応すること

保護者等の学校の指導や対応に対する不安や苛立ちを受け止めつつ，できる限り迅速かつ丁寧な説明を心がけることが重要である。

(3) 明確な基準を示すこと

「本校では，これまでずっとこのように対応してきて特に問題はない」等，経験や先例を持ち出しても保護者は納得しない。法的根拠やガイドラ

イン等，できる限り明確な基準を示した回答ができるかを検討すべきである。

(4) 組織的な対応を意識すること

窓口担当者や当該顧問教諭が独断で対応したり，抱え込むことで，意見の不統一や個人への過度の負担を招くことになる。管理職等と共有し，綿密な報告及び意見交換をしながら進めることが重要である。

2 対応の手順

(1) 初期対応

- ○ 「聴く」姿勢を意識し，事実関係と要望等の主な内容を把握する。
- ○ 対応の記録を正確に残す（面談の場合はメモを取る姿勢を示すことで，相手に慎重な発言を促すことにもつながる。）。
- ○ 即答することはできるだけ避け，まず校内での事実確認や協議をした上で改めて連絡することを伝える。
- ○ 可能な限り，複数で対応し，必要に応じて担当者と記録係の分担等を行う。
- ○ 法定代理人である保護者と対応することが原則であり，それ以外の人物との対応は原則として行わない。

(2) 報　告

- ○ 記録を基に関係主任等に報告後，管理職にも報告する。

(3) その後の対応

- ○ 事実関係が明確でない場合は，早急に確認する。
- ○ 事実を基に関係部署等で学校としての対応を検討し，組織として取り組む。
- ○ 状況により，要望のあった保護者等との面談を設定し，学校としての対応を踏まえた説明をして理解を求める。謝罪すべき場合には「何に対する謝罪であるのか」を明確にして真摯に謝罪する。

(4) 文書で謝罪や今後の対応を求められた場合

文書で微妙なニュアンスも含めて表現することは難しく，SNS等で不完全な内容が拡散された場合には他の部員や保護者との関係でも混乱を招く可能性もあることから，保護者等個人に向けた文書での回答は原則として避けるのが望ましい。言った言わないの問題になることを避けるという意

味では，文書の提出に代えて，当該部活動の部員の保護者を集めた場で説明することも考えられる。

(5) 威圧的な言動がある場合

複数対応を原則として，冷静に対応することが重要である。あえてゆっくり話す，落ち着くための時間をおく，場所を変える等の対応も有効であると考えられる。それでも威圧的な言動に変化がみられない場合には，面談の打ち切りもやむを得ない。

(6) 金銭の要求がなされた場合

事故等により補償や賠償の必要が理屈としてはあり得る場合でも，面談で確答することは避けなければならない。早急に教育委員会に報告，相談すべきである。教諭個人に対して支払を要求された場合には，対応できないことを明確に伝える必要がある。

3　カスタマーハラスメント

近年，顧客や取引先からの著しい迷惑行為が「カスタマー・ハラスメント（カスハラ）」と表現されるようになっている。

2024年10月に成立し，2025年4月1日により施行される予定の「東京都カスタマー・ハラスメント防止条例」では，「顧客等から就業者に対し，その業務に関して行われる著しい迷惑行為であって，就業環境を害するもの」と定義されている（2条5号）。同条例11条に基づき作成された「カスタマーハラスメントの防止に関する指針」（令和6年12月）では，「顧客等」として保護者が，「就業者」として学校教諭がそれぞれ典型例の一つとして挙げられており，部活動における保護者の顧問教諭や学校への要望や抗議も，「カスハラ」に含まれ得ると考えられる。

上記指針によれば，保護者が「指導に問題のない顧問の交代を求める」ことや，顧問教諭の指導に何らかの問題があったとしても「人格を否定するような言動を行う」，「多数の人がいる前で名誉を傷つける言動を行う」，「声を荒げる，にらむ，話しながら物を叩くなどの言動を行う」，「長時間の居座りや電話等で拘束する」，「名指しした中傷をSNS等において行う」，

「顔や名札等を撮影した画像を本人の許諾なくSNS等で公開する」，「正当な理由なく，謝罪文を書くよう要求する」，「抽象的な行為（誠意を見せろ等）を要求する」等の行為がカスハラに該当する可能性があり，学校側にとっては，保護者の要求等を拒絶する一つの基準になるといえる。

他方，上記条例は，事業者にカスハラ防止のための措置を講じる努力義務を課しており（同14条），学校側も，カスハラを受けた顧問教諭への配慮や初期対応のマニュアルの作成等を検討する必要がある。

今後，全国の自治体においてカスハラ防止条例の制定が進めば，自治体ごとに条例に応じた対応が求められることになろう。

【参考資料】
① 文部科学省ウェブサイト「保護者等からの過剰な苦情や不当な要求への対応に関する教育委員会における取組について」
② 東京都「学校問題解決のための手引」（令和4年3月改訂，https://e-sodan.metro.tokyo.lg.jp/works/support/tebiki0403.html）
③ 静岡県「学校における保護者等の対応に関する手引」（令和2年1月，https://www.mext.go.jp/content/20200630-mxt_syoto02-000006216_02.pdf）
④ 岐阜県「来校者等対応マニュアル」（平成30年4月，https://www.mext.go.jp/content/20200630-mxt_syoto02-000006216_01.pdf）
⑤ 鳥取県「保護者と地域住民のより良い関係づくりのために―学校への意見や要望等への対応―」（平成28年7月，jidougyakutainotebiki.pdf）
⑥ 香川希理ほか『カスハラ対策実務マニュアル』（日本加除出版，2022年）

（宮田　義晃）

第3章 金銭管理

Q41 部活動顧問として，必要な経費を生徒・保護者から徴収する場合，どのような点に注意すればよいか。

A 徴収の際には，理由を明確にし，必要経費は予算書等を作成するなど，精査した上で徴収金額を算出し，できる限り，徴収理由や金額の根拠等を明確にした依頼文書をもって保護者らに通知すべきである。

徴収後は，領収書を発行した上で，銀行口座等で管理し出納簿を作成するなど，適切な金銭及び出納管理に努める必要がある。定期的（年1～2回）な報告に加え，保護者から問合せがあった場合には，明確な説明ができるような準備をしておくことが肝要である。

[解 説]

1　部活動における経費

部活動においては，日常の活動における消耗品等の購入費や施設の使用料等に加え，大会参加，遠征，合宿等，その都度様々な経費が必要となる。この場合の徴収主体は，保護者会やOB・OG会等のこともあるが，生徒・保護者から顧問教諭が部費，遠征費，合宿費等の名目で金銭を徴収し，保管することも多い。

部活動においては，強豪校になると，部員の人数や活動範囲も拡大し，徴収する金額も自ずと高額になるといえ，学校（顧問教諭）にも高度の管理責任が求められることになる。

2 金銭管理者の責任

(1) 民事上の責任

　部活動の顧問は，部活動のために使うという目的を定めて金銭を預かり，必要に応じてそこから支出をすることを委託されているから，顧問・学校と生徒・保護者との間には委任契約が締結されていることになる（民643条以下）。それゆえ，顧問は，善良な管理者の注意をもって金銭を管理し（民644条），また，保護者らからの請求があれば事務処理状況等を報告する義務（民645条）等を負うことになる。

(2) 刑事上の責任

　部活動の顧問が生徒や保護者から部費等を預かり管理する場合，顧問はこれらの金銭を業務上管理することになるから，これを部活動の目的外で費消した場合には，業務上横領罪（刑253条）に問われる可能性がある。後日補填するつもりで預かり金を一時流用する場合であっても判例上横領罪は成立するとされていることから（最三小判昭24・3・8刑集3巻3号276頁），徴収した部費はそれ以外の金銭と厳格に分離して管理することが肝要である。

3 経費徴収・管理にあたっての留意点

(1) 徴収の際には，理由を明確にし，必要経費は予算書等を作成するなど，精査した上で徴収金額を算出する必要がある。また，生徒・保護者へ徴収を依頼する場合には，できる限り，徴収理由や金額の根拠等を明確にした依頼文書をもって通知すべきである。

　少額の部費等の徴収であっても，年度当初に同様の通知をし，保護者への連絡が必要である。

(2) 徴収後は，まず，領収書を発行すべきである。

　また，会計管理は必ず複数顧問でチェックする体制をとり，金銭は「銀行口座」等で管理し出納簿を作成するなど，適切な金銭及び出納管理に努める必要がある。

　部費とは別に，大会参加，練習試合や遠征合宿等に関わり，一時的に

金銭を徴収した場合には，目的のイベントが終了した後，速やかに収支決算報告書を作成するとともに，同様に書面で保護者に通知し，必要に応じて返金等の手続を行う必要がある。

　さらに，定期的（年1～2回）に保護者宛てに報告するのが望ましく，保護者から問合せがあった場合には，明確な説明ができるような準備をしておくことが肝要である。

参考判例

(1)　大学ラグビー部の会計報告に関して，部長兼監督の地位を有する教授に対して，学校法人の要請に応じ，ラグビー部関係の金銭収支を明らかにする領収書，帳簿等の提出に協力すべき職務上の義務があるとして，協力を拒否した教員に対する懲戒行為を肯定した（東京地判平11・12・28労働経済判例速報1757号3頁）。

(2)　高校バレー部の生徒の保護者が，同部の監督に対し，監督が保護者の預託した遠征費・合宿費の余剰金を不正に領得した等として損害賠償請求をしたところ，監督が会計報告をしていないこと，余剰金を返還していないことをもって直ちに不法行為を構成するとはいえないが，遠征費・合宿費は，遠征・合宿に要する実費の預託と解するべきであり，こから監督やコーチの交通費・宿泊費・食事代・懇親会費・お土産代等を支出することはできないと解するべきであり，監督には清算義務・会計報告義務違反があるとして損害賠償を認めた（広島高判平14・7・25裁判所ウェブサイト）。

（宮田　義晃）

部活動とお金

　部活動にかかる費用は，どの程度だろうか。

　中学・高校の部活動の費用は，学校から支給されるいわゆる公費と生徒会費として支出されるものがある。生徒会費は，文化祭や体育祭など生徒会主催の行事を行うための費用として，生徒から徴収されている。学校によって，異なるようであるが，公費の各部への分配は職員会議等で決められ，生徒会費は，部活の顧問や部長たちによって決められる。

　その他，部費として，別途徴収される費用がある。これも，学校の状況によって異なり，年3,000円から月10,000円と様々である。

　部費の使途も様々である。日常的な練習等に必要なベースやネットなどの費用があり，健康飲料やケガ等に備える医薬品などの購入費用がある。また，正式な大会出場には，登録手続が必須であり，競技により1,500円や3,000円などの登録料が必要となる。県大会，ブロック大会や全国大会に出場する場合には，選手の旅費や宿泊費の補助として支出されることもある。

　部費には，指導者の指導料は含まれていない。公的に支出されている部活動の指導料は，残業手当や休日手当に比し，金額が僅かであることの是非が問題となっているが，いずれにしても，部活動の指導者に対する指導料が部費から支出されることはない。

　部活動に要する費用には，用具，ユニフォーム，練習着，ウィンドブレーカー，ベンチコートなどがあり，練習試合のための交通費，練習場の使用料，合宿，遠征の費用などがある。

　部費を管理する指導者や父母会の会計責任者が，部費を私的なことに流用したり，指導者がユニフォーム代や合宿費用について，業者からキックバックを得ていることがある。このような事態が発覚すると，部活動の運営にトラブルや混乱が生じることになる。

　競技団体のガバナンスが問題とされているように，学校の部活動においても，部活動の運営や会計に関し，透明性を図り，民主的な運営を図ることが必要である。

　これらの費用は，父母会，後援会やOB会が負担しているものもあるが，

個人負担となるものも相当額ある。特に，ユニフォームなどのウェアやシューズは，個人負担とされることが多い。用具によっては，数万円もする高価なものがあり，シューズ等は，数か月で消耗するものもある。

　このように，部活動の費用は，高額になっており，費用負担ができないために，部活動を断念するこどもも少なくない。経済的に理由により，部活動を諦めているこども達が部活動に参加できる方策を考える必要がある。

　なお，部活動が地域に移行したときには，活動費として，追加負担が生じる可能性があるが，徴収した費用の収支を明確にし，毎年，部員・保護者に報告する必要がある。

（白井　久明）

第5編 部活動と指導者

第1章　顧問教師の時間外勤務

Q42　公立中学の国語の教師をしている。校長から，サッカー部の顧問を命ぜられ，指導に当たっている。前任の顧問は，熱心な指導者で，定期試験の時期に休養日がある程度で，平日の練習は3時間，土曜・日曜は，毎週のように，練習試合を組んでおり，県大会でもベスト4になるなど，強豪チームとなっている。

　私は，生徒や保護者の要望もあり，前任者の指導方針を踏襲し，月80時間以上，部活の指導に携わっているが，このような状態を10か月以上，続けていると，精神的にも，身体的にも疲労が蓄積し，本来の授業の準備も十分にできない状態だ。どうしたらいいか。

A　1か月あたりおおむね80時間を超える時間外労働が，6か月以上続くと，脳や心臓疾患が発症するリスクが大きくなる。また，ストレスが高い状態が続くと，「うつ」などのメンタルヘルス不調を生じるリスクがある。

　専門医の診察を受けるとともに，校長に，業務の軽減等の措置を講じてもらう必要がある。

[解　説]

第1　労働基準法と労働災害
1　労働基準法
　労働基準法32条は、労働時間の上限を1日について8時間（休憩時間を除く。）、1週間について40時間と定めている。ただし、同法36条は、労使が合意して協定（36協定）を結べば、これを超える上限を設定できる。

　この法定労働時間を超える労働のことを時間外労働といい、この時間外労働に対しては、1日8時間を超過した勤務に関して2割5分増以上、深夜に及んだ場合には5割増以上、法定休日に労働させた場合には3割5分増以上、深夜に及んだ場合には6割増以上の割増賃金（残業手当）を支払う必要がある。

2　厚生労働省の労働災害認定
　厚生労働省は、労働者に発症した脳や心臓疾患を労働災害（労災）として認定する際の認定基準として、「発症前1か月間におおむね100時間、または発症前2〜6か月間に、1か月あたりおおむね80時間を超える時間外労働があった場合」に、業務と発症との関連性が強いと評価できるとし、おおむね45時間を超えて時間外労働時間が長くなるほど、業務と発症の関連性が徐々に強まるとしている。

　そして、労災の認定要件としては、業務に関連して、①「発症直前から前日までの間に、精神的・身体的負荷のかかる異常な出来事に遭遇したこと」、②「発症に近接した時期において、特に短期間の過重な業務に就労したこと」、③「発症前の長期間にわたって、著しい疲労の蓄積をもたらす特に過重な業務に就労したこと」などの観点から総合的に判断される。この認定要件は、過労死ラインといわれている。

3　労働者が労災により傷病・死亡した場合
　労働者が労災により傷病・死亡した場合には、休業補償給付などの労災

保険給付の請求を労働基準監督署長宛てに行い，労災と認定された場合には保険給付がなされる。

　労基署が労災ではない等の認定をした場合には，労働者が不服のある場合には，審査請求・再審査請求をすることができ，一定の要件の下に，保険給付処分の取消しの訴えを提起することができる。

4　メンタルヘルス問題

　近時，職場におけるメンタルヘルス問題が深刻化しており，メンタル不調は早期に対処しないと回復に時間が掛かることが多く，休職や退職に至るケースも少なくない。

　労働安全衛生法は，平成27年12月から従業員50名以上の全事業場に対してストレスチェック実施を義務付けた。ストレスチェックの結果は，原則として，従業員のみしか知ることはないので，高ストレスと診断された者は，積極的に，医師の面接指導を受けることが望まれている。

第2　日本の教員の労働実態

1　日本の教員（中学）の勤務時間

(1) 2018（平成30）年6月のOECD（経済協力開発機構）は，世界48の国と地域の中学校にあたる学校の学習環境と教員の勤務環境に関する調査結果を公表した（国立教育政策研究所ウェブサイト—OECD国際教員指導環境調査（TALIS）—OECD「教員環境の国際比較：OECD国際教員指導環境調査（TALIS）2018報告書」）。1週間の勤務時間は参加国平均の（中学校）38.3時間に対し，日本の教員（国公私立中学校）の教員は56時間で最長であった。授業の時間は18時間で参加国平均の20.3時間より短く，授業とその準備などに費やす時間は5.6時間で，参加国平均2.7時間より長く，部活など課外活動指導7.5時間（参加国1.9時間），事務作業5.6時間（参加国平均2.7時間）と，授業以外に費やす時間が飛び抜けて高かった。

(2) 文部科学省は，令和5（2023）年4月28日，令和4年度の教員勤務実態調査の結果（速報値）を公表した。1か月の残業が同省の定める上限

(45時間)に達した教員の割合は，小学校で64パーセント，中学校で77パーセントとなっており，精神疾患の休職者も増え，令和4年度は過去最多の6539人となっている。中学の部活動顧問の週当たり活動日数は，平成28年度は，6日以上が64.3パーセントであったが，5日ないしは6日が62.53パーセントとなり減少している。

(3) スポーツ庁は，平成29年度運動部活動等に関する実態調査をした。同調査の報告書によれば，平日の活動時間について，1日2時間以内としている中学校は18.8パーセント，高等学校は3.2パーセント，3時間以内としている中学校は16.4パーセント，高等学校は12.7パーセントで，学校としては決まりを設けているとしているが，具体的な時間の回答がなかった学校が過半数を占めており，また，高等学校においては，顧問に任せているとの回答も21.9パーセントあった。

学期中における休日の部活動について，土日又は3連休の1日以上の休養日設けるとしている中学校は39.0パーセント，高等学校は8.1パーセントであり，顧問に任せているとしている中学は15.7パーセント，高等学校は47.0パーセントであった。

すなわち，運動部活動の在り方に関する総合的なガイドライン（平成30年3月）を超えて，部活動が行われていると考えられる。

なお，部活動指導員（学校設置者が任用した自校の職員）・外部指導者（自校の教職員以外の部活指導者）の平均指導時間は，平日で1～3時間，休日で3～4時間であるが，教員が指導を丸投げしていないかぎり，顧問の教員も上記運動部活動に立ち会っていると考えられる。

2 日本の教員の勤務時間の管理と時間外手当

(1) 教員の1日あたりの正規の勤務時間は，7時間45分とされているが，出退勤の記録は自己申告で，休日の業務時間数を記録しておらず，実際の勤務時間はさらに長時間勤務になっている。
(2) 学校の部活動は，学習指導要領上，教育課程外のものと位置づけられ，生徒の自主的，自発的な参加により行われるものであり，教員もまた，

自主的・自発的に，部活動の顧問となっているとされている。

　従って，教員が勤務時間外に部活動に携わっても，その時間は時間外手当の対象ではないとされていた。

(3) 公立学校の教員については，原則として時間外勤務を命じないものとし，時間外勤務を命ずる場合は，校外実習，修学旅行，職員会議，非常災害等緊急の措置を必要とする場合等，臨時又は緊急のやむを得ない必要があるときに限るものとされている（公立の義務教育諸学校等の教育職員を正規の勤務時間を超えて勤務させる場合等の基準を定める政令）。

　従って，法令上も，部活動については時間外勤務を命じることができないことになっている。顧問の教師の部活動の指導は，勤務時間外の自主的・自発的な活動とされている。

(4) 現在の「公立の義務教育諸学校等の教育職員の給与等に関する特別措置法」（給特法）は，公立学校の教員に残業代を支払わず，代わりに教職調整額を支給すると定めている。文部科学省は待遇を見直して教員不足の改善につなげようと，教職調整額を現在の月給4パーセント相当から3倍超の13パーセントに増額する案をまとめ，2025年度当初予算の概算要求で関連費用を計上した。

　なお，2024年11月，公立学校教員の処遇改善を巡り，残業時間に応じた手当を支払う仕組みを導入する案が政府内で浮上し，関係省庁が検討を始めたとしており，教職調整額を定額で支払う制度が廃止される可能性がある（共同通信：2024年11月3日）。

(5) 2016（平成28）年7月27日，文部科学省は，休日に部活動を指導した公立中学校教員に支給する「部活動手当」について，4時間従事した場合に，現在支給している3000円から2割増額し，3600円とする方針を発表し，2018（平成30）年より実施されている。

　ただし，4時間以内であれば支給されないし，4時間を超えても，支給額は変わらない。時給換算すると900円となるが，この金額が時間外手当として妥当か否かも問題である。

　なお，部活動手当は，教員給与と同様に国が3分の1，都道府県が3

分の2を負担する。平日の指導分は，時間外手当の代わりに本給に上乗せされている「教職調整額」の範囲内として支給されない。
(6) 私立学校の教員に関しても，公立学校の教員と同様に，勤務時間及び勤務内容の特殊性を理由として，部活動手当等，各種手当を支給するという例が多いようである。

第3　今後の方向性
1　文科省「学校における働き方改革」

　文科省は，現在「学校における働き方改革」を進めており，2017（平成29）年8月29日，「学校における働き方改革に係る緊急提言」を出した。緊急提言の内容は，① 校長及び教育委員会は，学校において「勤務時間」を意識した働き方を進めること，② 学校・教職員の業務改善の取組を強く推進していくこと，③ 国として持続可能な勤務環境整備のための支援を充実させることを提言している。

2　スポーツ庁「運動部活動の在り方に関する総合的なガイドライン」

　スポーツ庁は，2018（平成30）年3月，少子化が進展する中，運動部活動においては，従前と同様の運営体制では維持は難しくなってきており，中学・高校の運動部活動に関し，教員の業務負担の軽減，担当スポーツ未経験の教員が顧問をせざるを得ず技術的指導が難しい状況，休養日の設定等，児童・生徒の身体的負担や学校生活全体でのバランスの問題など，学校や地域によっては存続の危機にあり，運動部活動の在り方に関し，抜本的な改革に取り組む必要があるとして，下記の内容の「運動部活動の在り方に関する総合的なガイドライン」を公表した。

(1) 今後の運動部活動の運営の在り方

　各地方公共団体，学校では，生徒の多様なニーズを把握するとともに，運動部活動への参加の効果を一層高めるために，活動内容や実施形態の工夫，シーズン制等による複数種目実施，複数校による合同実施等の様々な

取組が望まれる。

　運動部活動を持続可能なものとするためには，学校の取組だけではなく，総合型地域スポーツクラブ等との連携や地域のスポーツ指導者，施設の活用など，地域社会全体が連携，協働した取組も必要であるとしている。

(2) 指導の在り方

　校長及び運動部顧問は，運動部活動の実施に当たっては，文部科学省が平成25年5月に作成した「運動部活動での指導のガイドライン」に則り，生徒の心身の健康管理（スポーツ障害・外傷の予防やバランスのとれた学校生活への配慮等を含む。），事故防止（活動場所における施設・設備の点検や活動における安全対策等）及び体罰・ハラスメントの根絶を徹底する。

(3) 「適切な休養日等の設定」については，Q30を参照。

(4) 部活動指導員の活用

　イ　校長は，生徒や教師の数，部活動指導員の配置状況を踏まえ，指導内容の充実，生徒の安全の確保，教師の長時間勤務の解消等の観点から円滑に運動部活動を実施できるよう，適正な数の運動部を設置する。

　ロ　学校の設置者は，各学校の生徒や教師の数，部活動指導員の配置状況や校務分担の実態等を踏まえ，部活動指導員を積極的に任用し，学校に配置する。

(5) 地域との連携等

　公益財団法人日本スポーツ協会，地域の体育協会，競技団体及びその他のスポーツ団体は，総合型地域スポーツクラブやスポーツ少年団等の生徒が所属する地域のスポーツ団体に関する事業等について，都道府県もしくは学校の設置者等と連携し，学校と地域が協働・融合した形での地域のスポーツ環境の充実を推進する。

3　部活動の地域移行

　地域の実情により進み方やその内容が異なっているが，上記ガイドラインの策定等により，部活動を地域に移行するという流れが確実に進んでいる。

　顧問教師の時間外勤務の関係で注意しなければならないのは，教師が学

校の部活動を離れて，スポーツ指導をする場合である。

　兼業となるので，服務を監督する教育委員会の許可を得る必要がある。

　さらに，許可を得たとしても，労働基準関係法令や勤務時間管理，教師等の健康管理等の観点から様々な留意事項がある。

　本稿の時間外勤務の関係では，教師等の健康管理等の観点から，服務監督教育委員会（及び学校）ではあらかじめ，①地域団体の事業内容，②地域団体における当該教師等の雇用形態・期間や業務内容，③労働時間通算の対象となるか否か等について確認するとともに，④兼職兼業の許可後も，定期的に当該教師等の労働時間・在校等時間について確認し，加重労働とならないように配慮することが必要となる。

【参考資料】

① 萬井隆令「なぜ公立学校教員に残業手当がつかないのか」（日本労働研究雑誌，2009年4月号）

② スポーツ庁「平成29年度運動部活動等に関する実態調査」（https://www.mext.go.jp/sports/b_menu/sports/mcatetop04/list/detail/1406073.htm）

③ 令3・2・17付2初初企第39号文部科学省初等中等教育局初等中等教育企画課長通知「「学校の働き方改革を踏まえた部活動改革について」を受けた公立学校の教師等の兼職兼業の取扱い等について（通知）」（https://www.mext.go.jp/content/20221011-mxt_syoto01_01.pdf）

④ 文部科学省初等中等教育局初等中等教育企画課・スポーツ庁 地域スポーツ課・文化庁参事官（芸術文化担当）「公立学校の教師等が地域クラブ活動に従事する場合の兼職兼業について」（https://www.mext.go.jp/content/20230130-mxt-syoto01-000025338_5.pdf）

参考判例

(1) 給特法（現「公立の義務教育諸学校等の教育職員の給与等に関する特別措置法」）の規定及びこれに基づく条例には合理性があるから日本国憲法14

条に違反しないとし，教育職員が自主的，自発的，創造的に正規の勤務時間を超えて勤務した場合には時間外勤務手当は支給されないが，教育職員の自由意思を強く拘束するような状況下で時間外勤務がなされ，しかも給特法の趣旨を没却するような場合には違法となり，教員の時間外勤務が極めて長時間に及んでいたことを校長が認識，予見できたことがうかがわれる場合には，国家賠償法に基づく損害賠償義務があるとした（大阪高判平21・10・1労働判例993号25頁）。

(2) **公務外認定処分取消請求**

中学校の教員が，学校祭において実施したユニホック競技の模範試合出場後に脳出血により倒れ，高次脳機能障害等の後遺症を負ったことにつき，脳出血は公務の過重性が原因であったとして，地方公務員災害補償法に基づく公務災害認定の請求をしたが，公務起因性が認められないとして，公務外認定処分を受け，その取消しを求めた事案。

裁判所は，脳出血発症前4週間は，暑く寝苦しい時期で，一般に良質な睡眠をとることは難しく，また，当該教員は，陸上部の部活指導，学校祭の準備，新学期における生徒指導等，その業務も繁忙であった等として，公務外認定処分を取り消し，公務災害であるとした（名古屋高判平24・10・26・LLI／DB判秘（事件番号：平23（行コ）第54号））。

（白井　久明）

第2章 外部指導者

Q 43 部活動に教員ではなく，外部指導者を起用する制度が検討されているそうだが，問題はないか。

A 部活動は，顧問である教員にとって，平日の時間外労働，土曜・日曜などの休日労働と過重な負担となっている。また，知識・経験がない専門外の指導を求められるなどの問題も指摘されていた。生徒にとっても，指導者がいないため，選択したい部活動がない，また，希望する部活動に入っても，専門的な知識をもつ指導を受けることができないなどの問題があった。このような問題を解決するために，現在，「部活指導員」制度の採用が検討されている。

【解説】

第1 外部指導者
1 部活動指導員

　スポーツ庁は，2017（平成29）年4月から，学校における部活動の指導体制をするために，スポーツ，文化，科学等に関する教育活動（学校の教育課程として行われるものを除く。）に係る技術的な指導に従事する「部活動指導員」の制度を導入するとした。「学校教育法施行規則の一部を改正する省令の施行について（通知）」（平29・3・14付28ス庁704号スポーツ庁次長・文化庁次長・文部科学省初等中等教育局長通知）によれば，部活動指導員は，校長の監督を受け，技術的な指導に従事するとされている。以下，同通知の内容に従って，部活指導員について，記述する。

2 部活動指導員の職務

部活動指導員の職務は，以下の通りである。
① 実技指導
② 安全・障害予防に関する知識・技能の指導
③ 学校外での活動（大会・練習試合等）の引率
④ 用具・施設の点検・管理
⑤ 部活動の管理運営（会計管理等）
⑥ 保護者等への連絡
⑦ 年間・月間指導計画の作成
⑧ 生徒指導に係る対応
⑨ 事故が発生した場合の現場対応

また，上記に関し，部活指導員は，以下のことを行うこととしている。
① 部活指導員が年間・月間指導計画をする場合は，教育課程との関連を図るために，必要に応じ教諭等と連携し，校長の承認を得ること。
② 部活動指導員は，部活動中，日常的な生徒指導に係る対応を行うこと。
　いじめ暴力行為等の事案が発生した場合等には，速やかに教諭等に連絡し，教諭等とともに学校として組織的に対応を行うこと。
③ 部活動指導員は，事故が発生した場合は，応急手当，救急車の要請，医療機関への搬送，保護者への連絡等を行い，必ず教諭等へ報告すること。特に，重大な事故が発生した場合には，学校全体で協力して対応する必要があるため，直ちに教諭等に連絡すること。

第2 部活指導員と部活動の顧問

部活動の指導（顧問）は，従前と同様に，教師も行うことができるが，校長は，部活動指導員に部活動の顧問を命じることができる。そして，部活動指導員のみを顧問とする場合は，当該部活動を担当する教諭等を指定し，年間・月間指導計画の作成，生徒指導，事故が発生した場合の対応等

の必要な職務に当たらせる。

　さらに，部活動指導員は，当該部活動の顧問，担当である教諭等と，日常的に指導内容や生徒の様子，事故が発生した場合の対応等について情報共有を行うなど，連携を十分に図ることとしている。

第3　部活指導員の身分（法的地位）

　学校の設置者は，部活動指導員の身分，任用，職務，勤務形態，報酬や費用弁償，災害補償，服務及び解職に関する事項等必要な事項を定めることとし，災害補償については，地方公共団体において部活動指導員を非常勤職員として任用する場合，労働者災害補償保険の適用となる。

　学校の管理下において部活動指導員が部活動の指導を行った際に生徒に負傷等の事故が発生した場合には，独立行政法人日本スポーツ振興センターの災害共済給付制度（学校安全保険）が適用される。

　部活動の指導や大会への引率をする「部活動指導員」が学校教育法に基づく学校職員と位置づけられると，公立学校の部活指導員は，国家賠償法の適用対象となるので，生徒の負傷事故に関し，国や地方公共団体が損害賠償責任を負い，部活指導員は公務員同様に個人責任を負わないことになるが，この点については明確ではない。

第4　運動部活動での指導のガイドライン

　部活動指導員は，上記の通り，教育活動の一翼を担うことから，指導するスポーツや文化活動等に係る専門的な知識・技能のみならず，学校教育に関する十分な理解を有する者であることが必要となる。

　学校の設置者及び学校は，「運動部活動での指導のガイドライン」（文科省，平成25年5月）等を踏まえ，部活動指導員に対し，事前に研修を行うほか，その後も定期的に研修を行うこととしている。

　前記文科省の通知（252頁参照）を受け，大会参加に顧問教師の引率を必要としていた中体連及び高体連は，部活動指導員による引率を認めた。

第5　部活指導員における問題点

前記のように，部活指導員の任用により，部活動の在り方が大きく変わっていく可能性があるが，現実には多くの課題がある。

1　前記第3記載の通り，学校設置者が部活動指導員の身分，任用，報酬等を定め，部活指導者を配置するとしているが，多額の費用が掛かる。学校設置者とは，公立中学，高校は市町村，都道府県県立高校は都道府県であり，財源の手当ができるかどうかが問題となる。

2　専門的な知識・技術を有する部活動指導員を任用するには，それにふさわしい待遇を図る必要がある。部活動指導員の任用形態としては，学校設置者が直接，雇用・委任等の直接契約をするか，もしくは会社・NPO等から派遣を受けることなどが想定されるが，いずれも，十分でない報酬の短期契約となり，部活動指導員の経済的地位は不安定となる可能性が大きい。優秀な部活指導員の確保ができるか不安がある。

3　部活動が学校教育の一環である以上，部活動指導員は，校長の監督を受けるとともに，部活の顧問ないしは部活担当の教師と情報を共有し，連携していく必要がある。部活動指導員を採用しても，教師の負担がどの程度負担が少なくなるか不透明である。

4　教師が顧問をしている部活動においても，体罰等の不祥事が起きている。前記第4記載の配慮をし，徹底したとしても，部活動指導員による体罰等の不祥事が起きないとする保証はない。

このような課題を念頭において，今後，部活動指導員の在り方を継続的にみていく必要がある。

【参考資料】

○　「運動部活動での指導のガイドライン」（文部科学省，平成25年5月，https://www.mext.go.jp/sports/b_menu/sports/mcatetop04/list/detail/__icsFiles/afieldfile/2018/06/12/1372445_1.pdf）

第2章 外部指導者

【参考事例】

◎ 2013年，相模原市教育委員会が中学柔道部の外部指導者として委嘱しているY道場の男性館長と県警警察官の男性コーチから，生徒数名が平手打ちを受けた。同館長らは「暴力の認識はない」と説明していたが，11月「不適切な指導があった」として外部指導者を辞任した。調査を進めていた全柔連は同年12月，館長が過去に同中の男子，同中の女子を平手打ちし，男性コーチも同中の男子を平手打ちしていたとし，館長を半年の会員登録停止，コーチを3か月停止とする処分を課した。

柔道部員の大半が道場の寮に住み込み，実質的な指導は全て道場側が請け負い，全国大会で優勝する実績を残していた（神奈川新聞：2013年12月7日）。

（白井　久明）

部活動指導員・外部指導員・地域民間クラブ

1　部活動の地域移行を進める国の方針について地域の受け止め方は様々である。

地域の実情に応じて，部活動を民間の「地域クラブ等」に，完全に移行させるとしている地域がでてきている反面，従前の学校の部活動を維持するという地域もある。また，土日などの活動を部分的に移行するという地域もある。

国もまた，地域の実情に応じて，地域が決めていくことを認めているようである。

いずれにしても，学校が主体として部活動を行っていく場合と，民間の地域クラブが受け皿となって，部活動を行っていく場合では，法的な枠組みが異なることに留意する必要がある。

2　部活動指導員

2017（平成29）年の学校教育法施行規則の改正により，「部活動指導員」が制度化された。

部活動指導員は，学校の教育計画に基づき，生徒の自主的，自発的な参加により行われるスポーツ，文化，科学等に関する教育活動（学校の教育課程として行われるものを除く。）である部活動において，校長の監督を受け，技術的な指導に従事する。

具体的な職務としては，部活動にかかる以下の事項がある。

- 実技指導
- 安全・傷害予防に関する知識・技能の指導
- 学校外での活動（大会・練習試合等）の引率
- 生徒指導に係る対応
- 事故が発生した場合の現場対応　等

大会の引率者については，大会の主催者が定める大会規定に従うことになるので，大会規定などを確認する必要がある。

学校長は，部活動指導員に部活動の顧問を命じることができる。

また，「部活動指導員」は，「期間の定めのある非正規の公務員（会計年度任用職員）」として任用される例が多いと思われる。

地方公務員法22条の2第1項1号は，会計年度任用職員（以下「パートタイム会計年度任用職員」）の勤務時間は，休憩時間を除き，4週間を超えない期間につき1週間当たり38時間45分に満たない範囲内で，任命権者が定めるとしている。

「部活動指導員」には地方公務員法が適用されるため，地方公務員としての服務規程が適用されるほか，個人として不法行為責任を負わないことになる（国賠1条）。

3　外部指導員

部活動にかかる者として，「部活動指導員」とは別に，「（部活動）外部指導員」という人がいる。学校設置者と雇用関係を持たない部活動の指導を行う人で，部活動の顧問である教員と連携して，技術的な指導や運営サポートを行う。「外部指導員」の報酬の有無や条件，待遇の取扱いは，各

学校設置者や学校との契約により定まる。

　また，ボランティアとして活動するケースも多く，報酬を支払っていない自治体もある。

　「外部指導員」は一般民間人となるので，個人として不法行為責任等を負うことがあり得るが，学校の部活動の一環での事故であれば，学校や地方自治体の責任が問題となる。

４　地域クラブ等

　部活動が地域の民間クラブに完全に移行する場合には，地方自治体がどのような枠組みで，民間クラブ等に部活動を委託していくのかによる。

　いずれにしても，地方自治体，民間クラブ，活動に参加する指導者の各役割・相互の契約関係並びにこども（保護者）と民間クラブとの契約関係を整理・整備する必要が生じる。

　また，事故等に備えて保険の内容を検討し，加入することも必要となる。

（白井　久明）

第6編 生徒間の法律問題

第1章 けんか

Q44 テニス部の部活中に「わざと自分に有利なミスジャッジをしている」と部員同士が口論になった。その場では顧問教諭の私が注意して治まったが，部活後の更衣室で怒りが治まらない部員が先ほどの口論の相手方を殴って怪我させてしまった。顧問である私は，部活中はコート上で監視監督していたが，更衣室にはいなかった。被害部員が顧問教諭と学校を訴えるというが，私は損害賠償責任を負うか。

A 顧問教諭は部活中の部員同士の口論につき適切に指導して争いを治めており，部活後の更衣室での出来事についてまでは監視指導義務はない。日頃から当該加害部員が粗暴であった等の本件殴打行為が予見可能であるような特段の事情の無い限り，顧問教諭に過失は認められず，損害賠償責任は負わない。

［解 説］

第1 けんかとは

けんかとは，言い争ったり，暴力を振るって争ったりすることである。こどもが成長する過程において，けんかは一般的に見られる事象である。

特に学校教育という集団教育の場では，生徒が他の生徒との日常的な接触や衝突を繰り返しながら，社会生活の仕方を身につけ，成長していくという面がある。

　もっとも，けんかが生徒の生命・身体又は財産に重大な被害を及ぼすおそれがあるような場合は，もはや日常的な衝突として看過することはできない。本項ではこういったけんかの法的責任につき検討する。

第2　けんかの法的責任
1　刑事責任

　けんかによって，人の生命・身体・財産に重大な被害を及ぼした場合，加害者に刑事罰が科されることがある。

　けんかで刑事責任を問われる場合は，暴力行為がほとんどである。

　人の身体に対する不法な攻撃方法の一切が暴行であり，暴行罪（刑208条）に該当する。殴る・蹴る・平手打ち・小突く等は勿論のこと，着衣を掴んで引っ張る，毛髪の切断・剃去，物を投げる行為等も暴行である。

　暴力行為によって他人の身体を傷つけた場合は傷害罪（刑204条）に該当し，傷害によって死亡の結果が生じた場合は傷害致死罪（刑205条）が適用される。傷害罪や傷害致死罪の犯罪行為が行われるにあたって現場で助勢した者には，自ら人を傷害しなくとも現場助勢罪（刑206条）が適用される。

　他人を殺した場合は殺人罪（刑199条）が適用される。

2　民事責任

　けんかによって傷害を受けた被害者や生命を失った者の遺族は，けんかの加害者に対して，その被害・損害や被った精神的苦痛に関する賠償を請求することができる（民709条・710条）。

　もっとも，けんかの端緒（例：被害者が挑発した）や経緯（例：被害者も暴力を振るった）によっては，被害者の過失が認められて過失相殺がなされ，賠償金が減額されることがある（民722条）。

　けんかの加害者の両親に対しても，損害賠償を請求できる場合がある

（民709条・714条）。

　けんかが部活動等において行われ，教育活動における安全配慮義務違反が認められる場合には，学校設置者たる地方公共団体，学校法人，担任教諭・顧問教諭，監督，コーチ等に対しても損害賠償を請求できる場合がある（民415条・709条・715条，国賠1条等）。

第3　部活動における顧問教諭の注意義務

(1) 部活動は一つのコミュニティであり，部内では緊密な人間関係が構築されるため，日常的な接触・衝突が日々繰り返される。このうち，「いじめ」についての検討・考察は非常に重要であるため，設問を別にして述べることとする（Q45参照）。
(2) 部活動の顧問教諭をはじめとする学校側は，生徒を指導監督し，事故の発生を未然に防止すべき一般的な注意義務を負っている。

　成長過程でかつ血気盛んな中学生・高校生は体力があり余っている一方で，未だ自律能力・判断能力が不十分であるため，些細なことでけんかになりやすいとともに，けんかによって重大な結果を引き起こす場合があるので，指導者においては注意が必要である。日頃から紛争が生じた場合に暴力に訴えることが無いように教育・指導が徹底されなければならない。

　もっとも，部活動は本来生徒の自主性を尊重すべきであるから，何らかの事故が発生する危険性を具体的に予見可能な場合はともかく，そうでない限り顧問教諭は個々の活動に常時立ち会い，監視指導すべき義務までを負うものでない。具体的には，過去において生徒間の対立があったか，粗暴あるいは問題行動の多い生徒であったか，教諭による普段からの教育指導内容等が総合検討され，個別の注意義務違反の有無が判断される。

　合宿や対外試合の際には，解放的あるいは興奮・高揚した気分となり，生徒が羽目を外す場合があるため，顧問教諭においては特に注意が必要である。

第1章　けんか

■ **参考判例**

(1) 公立中学1年のバレーボール部員が，放課後の体育館で無断でトランポリンで遊んでいた生徒に，部活の邪魔だから止めるよう注意するも同生徒が反発したため，顔面を手拳で2，3回殴打して左眼を網膜剥離により失明させた件につき，顧問教諭や学校に生徒を指導監督し事故の発生を未然に防止すべき一般的な注意義務を認めながら，生徒の自主性を尊重すべき部活動においては何らかの事故の発生する危険性を具体的に予見可能な場合を除いて顧問教諭は個々の活動に常時立ち会い，監視指導すべき義務を負わないとした（最二小判昭58・2・18判時492号175頁）。

(2) 公立中学の修学旅行中，14歳の生徒が消灯後自室を抜け出し他の部屋を襲撃し，投げた雪駄が被害生徒の右眼に命中し網膜萎縮による視力低下（右眼視力1.5→0.09）の後遺障害を負わせた件で，公立学校教諭に教育活動の一環である修学旅行に際し生徒を保護監督する職務上の義務を認め，特に14,5歳の中学3年生は未だ自律能力，判断能力が不十分で解放的気分から規律を乱し喧嘩沙汰等集団行動ゆえの事故も予測されるから，修学旅行の引率教諭は具体的状況に応じて事故防止上の配慮をする義務を負うとし，無断で室外に出た生徒を夜間巡視中に発見しながらも説諭指導や監視強化せずに放置したことにつき引率教諭の過失を認め，学校設置者である市に国家賠償法1条に基づく責任を認めた（広島高判昭63・12・7判時1311号74頁。公立，中学，賠償金1900万円）。

（片岡　理恵子）

第2章　いじめ・パワハラ

Q 45　いじめとはどういった態様でなされるものを言うのか。自分が顧問教諭を務める部活動において，他の部員たちからいじられたり，からかわれている生徒がいるが，これはいじめだろうか。顧問教諭としてどう対応したら良いか。

　いじめとは，殴る・蹴るといった暴力による身体的な攻撃のみならず，悪口を言う・無視する・仲間はずれにする・物を隠すといった精神的な攻撃を加えて被害者に心身の苦痛を与える行為も含まれる。よって，いじりやからかいと見られる言動でも，被害者の受け止め方や悪質性・継続性・集団性等の態様によってはいじめに当たる場合がある。まずは，被害者側，加害者側のそれぞれから事情聴取して事実関係を把握する。いじめや今後いじめに発展しかねない不適切行為があった場合には，加害者に注意，指導，処分を行うとともに，部全体に対しては「いじめ絶対禁止」の啓蒙，指導を行う。

［解　説］

第1　いじめとは

　一般に「いじめ」とは，児童・生徒に対して，当該児童・生徒が在籍する学校に在籍している等当該児童・生徒と一定の人的関係にある他の児童・生徒が行う心理的又は物理的な影響を与える行為（インターネットを通じて行われるものを含む。）であって，当該行為の対象となった児童・生徒が心身の苦痛を感じているものをいう（いじめ防止対策推進法2条1項）。

　いじめは，いじめ被害者を追い詰める行為であり，最悪の場合には「自

分は生きていていいのかわからない」，「死んだら逃れられる」等と自殺に追い込むことすらある非常に残酷な行為であるから，いじめは例外なく「絶対に」許されない行為である。

　いじめは，被害者の教育を受ける権利を著しく侵害し，その心身の健全な成長及び人格の形成に重大な影響を与えるのみならず，その生命又は身体に重大な危険を生じさせるおそれがあるとして，2013（平成25）年6月に「いじめ防止対策推進法」が成立した（同年9月28日施行）。同法はいじめ防止の対策を総合的かつ効果的に推進すべく，いじめ防止対策の基本理念を定め，いじめの禁止を規定し，かつ国・地方公共団体・学校等の責務を定めているにもかかわらず，2023（令和5）年度には小中高校・特別支援学校におけるいじめの認知件数は73万2568件で前年度から7パーセント増加し，過去最多となった。うち，重大事態の発生件数は1306件で，前年度比42パーセント増となった（こども家庭庁ウェブサイト―いじめ防止対策に関する関係省庁連絡会議（令和6年11月8日）・文部科学省初等中等教育局「令和5年度児童生徒の問題行動・不登校等生徒指導上の諸課題に関する調査結果の概要」）。

第2　部活におけるいじめ事案

1　運動部活動においてはスポーツマンシップやフェアプレーが尊ばれるが，残念ながら部内におけるいじめやパワハラ事件の報道，判例が後を絶たない。いじめが生じる背景事情には大きく2通りある。

(1)　一つは同級生間におけるいじめで，競技初心者や技術・体力・体格が劣る者，転校・途中入部して間もない者，内向的ないしは性格的に気弱な者，真面目な優等生，知的もしくは身体的な障害のある者，人種差別等がいじめの対象・原因になりがちである。いわゆる「(仲間から) 浮いている子」，「目立つ子」がいじめの被害に遭うことが多い。クラス内でいじめを受けている生徒がその延長で部活動でもいじめに遭うことも多い。このケースでは最初は面白半分のからかい・いじりや悪ふざけ，じゃれ合いがいじめにエスカレートするので，そうならないように早期発見・早期対応が肝要である。

(2) もう一つは，特に高校生・大学生に多く散見されるケースで，先輩・後輩間の指導・命令服従関係やその歪みから来る嫉妬心が原因で上級生部員から下級生部員へのいじめが生じる。この場合，技量に優れるエリート選手やレギュラー選手，あるいは正論をはっきり述べる正義感の強い生徒等が上級生から生意気だと目を付けられて，いじめの対象となる。指導と称して理不尽・過剰なトレーニングをさせたり，体罰を加えることもある。

2 いじめ行為の具体的態様としては，①殴る・蹴る・平手打ち等の暴行によって肉体的苦痛を与える行為，②使いっ走りや雑用，破壊行為や万引き等違法行為，性的に辱める行為を強要するなど意に沿わない行為の強要，③集団で無視して孤立させたり，蔑称で呼んで蔑む等して精神的苦痛を与える，④金員を喝取する，といった態様が散見される。部活動におけるいじめ行為の具体的態様については，後記「参考判例」に実際に発生した具体的ないじめ事案の判例を掲げたので，参照されたい。

第3 いじめの法的責任

1 刑事責任

悪質ないじめをした者には刑事罰が科されることがある。教諭・指導者はいじめは犯罪行為で，懲役刑や罰金が科され得ることを生徒らに周知すべきである。殴る・蹴る・平手打ち・小突く等の暴力行為は暴行罪（刑208条），暴力行為によって他人の身体を傷つけた場合は傷害罪（刑204条），傷害によって死亡の結果が生じた場合は傷害致死罪（刑205条）が適用される。無視や仲間はずれ，悪口等のいじめ行為を長期間に亘って続けた結果，これによって相手方がうつ病など精神的な病を発症した場合は他人の身体を傷つけた場合に該当し，傷害罪が適用される。相手を脅して金銭や物品を喝取する行為は恐喝罪（刑249条），相手方の反抗を抑圧する暴行又は脅迫によって金員等を強奪する行為は強盗罪（刑236条），相手の財物を盗む行為は窃盗罪（刑235条）が適用される。相手の生命，身体，自由，名誉若し

くは財産に害を加える旨告知して脅す行為は脅迫罪（刑222条），生命，身体，自由，名誉若しくは財産に害を加える旨告知して脅し，又は暴行を用いて他人に義務なきことを行わせ，又は権利の行使を妨害する行為は強要罪（刑223条）が適用される。洋服や靴等を隠したり捨てたり壊す行為は器物損壊罪（刑261条）が適用され，悪口を言ったり侮蔑・蔑視したあだ名で呼ぶ行為は名誉毀損罪（刑230条）や侮辱罪（刑231条）が適用される。

2　民事責任

いじめによって傷害を受けたり，金員を喝取・盗取されたり，あるいは精神的苦痛を負った者は，いじめ行為を行った者に対して，その被害・損害や被った精神的苦痛に関する賠償を請求することができる（民709条・710条）。いじめ行為を行った者の両親に対しても，損害賠償を請求できる場合がある（民714条）。

いじめが部活動等において行われ，教育活動における安全配慮義務違反があった場合には，当該学校法人や担任教諭・顧問教諭，監督，コーチ等に対しても損害賠償を請求できる場合がある（民415条・709条・715条，国賠1条等）。

第4　いじめ防止策及びいじめ発生時に指導者のとるべき対応

1　いじめ防止策

部内でいじめが生じない環境，雰囲気を作ることが肝要である。「いじめ絶対反対」の風土を根付かせ，仲間を思い遣る温かい雰囲気や互いに相談しやすい雰囲気・体制を作る必要がある。指導者のみならず，学校全体，保護者，地域住民も含めた全体で「いじめ防止」に取り組み，これを継続的することが有効である。

(1) いじめは絶対に許されないことを指導者自身も理解し，いじめを誘発・助長しかねない行為，体罰や暴言は勿論，特定の生徒を疎んじたり，いじめを見て見ぬふりを絶対にしないよう自ら厳に戒めなければならない。指導者は「いじめ絶対禁止宣言」を行い，「いじめる側が悪い。い

じめは絶対に許さない。いじめられた生徒を守り抜く。」とメッセージを発信し，強い姿勢・リーダーシップを示す必要がある。
(2) いじめ禁止の道徳教育や啓発も必要である。軽い気持ちで発した心ない言葉が他人を傷付けて追い詰めてしまうこと，いじめた側も後に良心の呵責に苦しむこと，見て見ぬふりはいじめへの荷担であること，いじめを見付けたら大人に報告すること等を生徒に理解させる。泣き寝入りを防ぐべく，自らの意見を表明・主張できるよう生徒自身の自立心を養う指導も重要である。問題解決力やコミュニケーション力の向上も有用である。
(3) 学校としては，いじめの通報・相談窓口（可能であれば，窓口は複数あることが望ましい。）の設置など相談・救済体制を設けて，この存在を生徒に周知しておくことも重要である。

2　いじめ発生時に指導者の執るべき対応

　いじめは対応が手遅れになると，被害生徒が精神的な病を発症したり，最悪の場合には自殺など深刻な被害が生じる場合があるので，早期発見・早期対応が肝要である。いじめの端緒を見付けたら，教諭・指導者は生徒らの自主性に任せて静観するのではなく，積極的にイニシアティブを取って，生徒らの間に介入していくべきである。生徒のみならず，教諭・指導者も見て見ぬふりは厳禁である。

　いじめの原因を探り，その原因を除去すべく，まずは当事者らから聞き取り調査を行う。被害生徒の聴取にあたっては，被害生徒の告白に真摯に耳を傾けて，共感して受け容れることが大事である。「あなたにも悪いところがあるのではないか」とか，「彼（加害者）はそんなことをする人ではない」等と述べて，被害生徒を叱ったり，辛抱や我慢を強いてはならない（二次被害の防止）。並行して周囲の生徒らからも事情聴取を行い，事実関係を確認し，その上で加害者生徒と話をする。加害生徒からは，いじめの事実確認を行った上で，いじめた動機を聞き，いじめられた生徒がどう感じたのかを伝え，いじめを二度としないよう前向きに指導する。学校や家庭

との連携，スクールカウンセラーの活用も有用。いじめが悪質で，被害生徒に深刻な被害が出ている場合には警察や弁護士に相談する。

参考判例

(1) 中学男子がクラス内でいじめを受けるほか，サッカー部においても技術が劣り，持病通院のため練習を休みがちであったことから，同級生らから練習中に殴る，蹴る，サッカーボールを蹴りつけられる等の暴行を受け，「ヘボグループ」，「ホモグループ」等と呼ばれ，下級生からもボールの後片付けを押しつけられる等侮られ，中学3年時にいじめを苦にして自殺した件につき，自殺については予見可能性を否定したが，精神的，肉体的苦痛に対する損害賠償責任を認めた（福岡地判平13・12・18判時1800号88頁。公立，中学，示談で受領済みの600万円を控除後の賠償金1000万円）。

(2) 高校相撲部員が相撲部同級生からシャワー室で熱湯をかけられ，ガス銃の射撃の的にされ，柔道ごっこやプロレスごっこと称して体の上にのしかかったり寝技を掛けられ，かかとの裏にライターの火をつけられる等の暴行を受けるとともに，財布やキャッシュカードを取り上げられ，中古品のCDを無理矢理買い取らされ，金員を何度も喝取される等の度重なる嫌がらせを受けて高校を退学した件につき，相撲部コーチに不法行為責任を，被告学校法人に使用者責任を認めた（浦和地判平7・12・22判時1585号69頁。私立，高校，賠償金55万円）。

(3) 中学男子がクラス内でいじめを受けるほか，サッカー部においても部員らから財布からお金を取られ，お金を返せと言ったら殴られ，暴行を受け，他部員らから無視される等のいじめに遭い，いじめを苦にして自殺した件につき，自殺については予見可能性を否定したが，肉体的・精神的損害を回避すべき安全配慮義務違反を認めた（新潟地判平15・12・18判自254号57頁。公立，中学，賠償金230万円）。

(4) 中学柔道部1年生が，普段から暴力的で警察出動事件を起こしたこともある粗暴な同級生から部活後の更衣時間中に暴行を受けて障害を負っ

た件につき，顧問教諭らには特段の事情が存しない限り部活に常時立ち会う義務は無いとしつつも，当該加害生徒に関しては事故が発生する危険性を具体的に予見できたとして，更衣時間における立会監視義務を怠った過失を認めた（神戸地判平21・10・27判時2064号108頁。公立，中学，賠償金800万円）。

(5) セレクションを受けて高校入学した野球部員が，野球部上級生らから練習態度が悪いと腹部や顔面を殴打された後に濡れたモップで顔面や腹部を4，5回押しつけるように叩かれたり，返事の仕方が悪いと腹部や顔面を殴打，頬を平手で張る等の暴行を受けるとともに，休憩時間や練習後に買い物，食器返却等の後片付け，道具の手入れ等の雑用を押しつけられる等のいじめに遭い，自律神経失調症を発症し退学を余儀なくされた件につき，顧問教諭は当時予見可能な範囲内で被害部員の安全保護のために相当な措置を講じていた等として，顧問教諭及び学校の保護監督義務違反・安全配慮義務違反を否定した（大阪地判平12・9・13判時1765号86頁）。

(6) 高校柔道部1年生が，柔道部上級生らから部活中や授業合間の休憩時間に絞め技をかけられ「参った」と合図しても絞め続けられて気を失ったり，部活前の更衣中に十数発殴られたり，頬を殴られたり足を蹴られたり，部活中に度々理由なく腕や大腿部を竹刀で殴られたり，拳より大きな石で頭を叩かれたり等，多数回にわたって生命に関わる暴行・いじめを受け登校拒否に至った件につき，加害生徒らに対する退学処分の是非が判断され，退学処分とされた4人のうち，3人は処分の取消しとなり，一人は維持された（仙台地判平5・11・24判時1510号76頁。公立，高校）。

(7) 私立高校サッカー部員であった原告がサッカー部の上級生部員から暴行を受けて難聴の傷害を負い，更にその後の高校の不適切な対応によって高校退学に至ったとして，被告学校法人に損害賠償を求めた事案。サッカー部において上級生部員の下級生部員に対する暴行が常態化していたことや，原告が複数回にわたって上級生部員から指導と称して複数回顔面や胸や腹を蹴られたり，複数回顔面を平手打ちされた暴行事実を認め，被告学校法人の教職員に安全配慮義務違反を認めるも，暴行と難

聴や退学との間に相当因果関係を認めず，慰謝料額は30万円にとどまった（東京地立川支判平30・6・28裁判所ウェブサイト。私立，高校，賠償金30万円）。

(8) 私立高校1年生野球部員であった原告が他の野球部員からいじめを受けたとして，いじめ調査を十分に尽くさなかった安全配慮義務違反や転入学協力義務違反を理由に被告学校法人に，被告高校に適切な調査を行わなかった不法行為を理由に被告県高野連にそれぞれ損害賠償を求めた事案。原告は同学年部員から「バー外（メンバー外）」，「デブ」等のあだ名を付けられたり，テストでカンニングしたと言いふらされたり，携帯電話のパスワードを変えられて使えなくされるいじめを受けた。2年生部員からは，野球部の寮内で着替えを寮の湯船の中に入れられたり，私服の帽子をシャワーで濡らされたり，お風呂で食器洗剤をかけられたり，火傷しない程度の熱湯をシャワーでかけられたり，バケツで水をかけられたり，「黙れ，殺すぞ」と暴言を吐かれるいじめを受けた。判決は上記事実を認定し，これらをいじめに該当するとしたが，被告高校にはいじめへの対応につき一定の合理的な裁量があり，重大事態調査組織を設置しなかったことは債務不履行には該当しないとして安全配慮義務違反は認めなかった。他方，転入学協力義務違反は認め，慰謝料10万円のみを認めた（名古屋地判令5・9・29裁判所ウェブサイト。私立，高校，賠償金10万円）。

(9) 県立高校1年生の女子駅伝部員（原告）が同校退学に至ったのは，女子駅伝部顧問教諭が原告に対して粗暴な個別指導や部活動停止措置を執る等不適切指導を行ったこと及び他の駅伝部員への指導を怠って原告に対するいじめを放置したこと，並びに同校校長がいじめ調査を十分に行わなかったのが理由として，被告県に慰謝料を請求した事案。判決は，原告以外の駅伝部員の多くが原告に対する不満や良くない感情を抱いていたこと及び原告と他の駅伝部員との間に起こった数々のトラブルやその顛末を詳細に認定したものの，同校のいじめ防止対策委員会の「いじめと判断するに足る事実は認められない」との判断や個別面談において原告自身が「いじめられているということ等は何も無い」と述べていた

ことから，いじめ事実は認定しなかった。他方で，顧問教諭が原告との個別面談において大きな声で感情的に問い詰めるような粗暴な個別指導を行ったことや，「何様のつもりだ」，「父親が警察だからといって俺をなめるな」等と暴言を吐いたり，「おまえが定期券を盗んだのではないか」等と強い口調で問い詰めて，他の駅伝部員らに対する謝罪を強要した指導，並びに上記個別指導において原告が非を認めなかったことから原告に部活動停止措置を執ったことは極めて不適切で違法と認め，慰謝料30万円を認めた（岐阜地判平31・3・29・ウエストロー（事件番号：平28(7)140号）。公立，高校，賠償金30万円）。

(10) 私立高校3年生男子が，高校1年時から複数の同級生から断続的に受け続けていた数々のいじめ（繰り返しの暴力（肩を殴る，頭を叩く，顎を殴打する，足蹴りする，画鋲の乗った椅子に座らせる，セロハンテープを何重にも巻かれて椅子に縛り付ける，調理実習の麻婆豆腐を熱いままお玉杓子で口元に押し当て口内に入れる等），身体的特徴の侮蔑的なあだ名（「アゴ」）で呼ぶ，使い走り等の強要等）を苦にして自死した件につき，被害生徒が自死の前年に首に痣を作っていたのを担任教諭は現認しており，被害生徒がいじめを苦にして自死を試みた可能性や，校内アンケート結果から担任クラス内でいじめ被害事実があり得ることを分かっていながらも校長や教頭らに報告せず，被害生徒やその両親，周囲の生徒等からの事情聴取もせず，なすべき情報共有や調査等を適切に行わず，いじめを阻止する義務を怠ったとして高校の安全配慮義務違反を認め，高校の損害賠償責任を認めた（福岡地判令3・1・22裁判所ウェブサイト。私立，高校，死亡見舞金2800万円控除後の賠償金2600万円）。

(11) 公立中学の生徒が，同学年の生徒から集団的な暴行，侮蔑等の嫌がらせによるいじめ行為を受け，統合失調症を発症したとする事案。加害生徒及び加害生徒の一人の親に対し不法行為による慰謝料等の損害賠償責任を認め，さらに，担任の教師に対しが上記のいじめ行為を早期に認識してこれを防止するための適切な措置を講じなかったとして国家賠償法に基づき，地方公共団体に対し損害賠償責任を認めた。被害生徒の統合

失調症の発症についても，加害生徒の違法行為との自然的な因果関係の存在を認めた上，一般人からみて予見可能な結果発生であると判断した（広島地判平19・5・24判時1984号49頁。被害生徒について賠償金660万円）。

（片岡　理恵子）

第3章　生徒間の事故

Q 46 生徒間で事故が生じた場合，誰がどのような責任を負うか。また，生徒間で事故が生じた判例にはどのようなものがあるか。

A 加害生徒，加害生徒の両親，学校教諭（担任教諭・部活顧問教諭・校長・養護教諭等）あるいは学校設置管理者たる自治体等がそれぞれ責任を負う場合がある。

判例は，後記「参考判例」記載のとおり。

［解説］

第1　生徒間で事故が生じた場合の民事法律関係

1　加害生徒の責任

　スポーツ中であっても故意又は過失（注意義務違反）によって，他人の身体に怪我を負わせたり死亡させてしまった場合，加害者は被害者に対して，不法行為に基づく損害賠償義務を負う（民709条）。

　もっとも，スポーツには本質的に生命身体を損傷する事故の危険が内在しているから，当該スポーツの競技規則に従って行為していた場合や正当な行為，社会的に相当範囲内の行為であった場合には，加害行為の違法性は否定される。

　また，未成年者が加害行為をした場合で自己の行為の責任を弁識するに足りる知能を備えていなかったとき（責任無能力）は，当該未成年者は加害行為につき賠償の責任を負わない（民712条）。11歳11か月で責任能力が認められた判例（大判大4・5・12民録21輯692頁）と12歳7か月で責任能力が否定された判例（大判大10・2・3民録27輯193頁）がある。加害生徒が中学生や

高校生である場合には責任能力が認められる場合が多いであろう。

2　親権者の責任

2022（令和4）年4月1日より，成年年齢が20歳から18歳に引き下げられた。18歳未満の子は未成年者として，親の親権に服する。

未成年者たる加害者が責任無能力の場合，加害者の監督者たる親権者の両親は，監督義務を怠らなかったとき又は監督義務を怠らなくても損害が生ずべきであった場合を除き，加害者が被害者に加えた損害を賠償する責任を負う（民714条1項）。

また，未成年者が責任能力を有する場合でも，監督者たる親権者の両親は，両親の監督義務違反と未成年者の不法行為による結果との間に相当因果関係がある場合は不法行為責任を負う（民709条）。

3　教師・学校設置者の責任

学校教諭は，学校における教育活動により生ずるおそれのある危険から生徒を保護すべき義務を負い，課外クラブ活動であってもそれが学校教育活動の一環として行われるものである以上，その実施につき，顧問教諭を始め学校側には生徒を指導監督し，事故の発生を未然に防止すべき一般的な注意義務が存する。

その上で，顧問教諭や監督，校長や養護教諭等には，具体的事案に応じて具体的な注意義務（予見義務・回避義務）が課せられており，教諭に注意義務違反（＝過失）があった場合，不法行為責任を負う。もっとも，国公立学校においては，公権力の行使にあたる公務員たる教諭がその職務を行うにつき過失により違法に損害を加えたものであるから，国家賠償法1条1項に基づき，学校設置管理者たる自治体等が損害賠償責任を負う。

第2　生徒間で生じた事故の事例

生徒間又は児童間で生じた事故に関する判例としては，後記「参考判例」(1)～(6)がある。裁判を申し立てて長期間の審理を経て判決に至って裁

判例として公表されている事案は被害者死亡事案や重篤な後遺障害が残った事案が多いが，そこまで至らない軽傷の事故事案では当事者間で見舞金を支払う等して示談で解決している例が多いものと想像される。

　粗暴な生徒，暴行傷害等問題行動を繰り返す生徒に関しては，親権者に加えて，顧問教諭や担任教諭も日頃から適切な指導監督する必要があるとともに，顧問教諭は練習中は勿論のこと練習前後においても立ち会い，目配りして監視指導をして事故発生を未然に防止すべきである。

■ 参考判例

(1) 市立中1年柔道部員が部活中，3年有段部員から大外刈りを掛けられ後頭部強打し意識不明で脳挫傷，急性硬膜下血腫により死亡した。① 被告部員には，初心者との指導練習では，相手の技術や疲労度を把握し，技を加減して練習実施すべき危険防止義務があるが，これを怠った過失があり不法行為責任を認めた。② 被告部員の両親には，被告部員は部活で下級生への配慮に欠ける傾向があり，過去の経緯を鑑みると練習で下級生にことさら厳しい練習を強いるかもとの認識は可能ゆえ，被告両親は被告部員に日頃から一般的な注意を与えるべき義務があったが，これを怠った過失があり不法行為責任を認めた。③ 顧問教諭は，柔道部の練習に原則立ち会って監督すべき義務を負うし，万が一自らが立ち会えない場合には練習中止させる，自己に代わる指導監督者を付する，部員が勝手に危険な練習をしないよう練習場所の使用を管理する等して安全確保すべき義務があるが，これを怠った過失があり，市の損害賠償責任を認めた（静岡地判平6・8・4判時1531号77頁。公立，中学，賠償金4900万円）。

(2) 私立高1年柔道部員が練習開始前に柔道部室掃除中，被告2年部員からプロレス技をかけられ頭部から床に落下し，頸随損傷の傷害を負い完全四肢麻痺等の後遺障害が生じた。① 被告部員は，しゃがんで拭き掃除中のプロレス競技の専門的訓練経験もない原告に対して，危険な投げ技を事前承諾や予告なく掛けようとして突然原告を持ち上げ，自身のバ

ランスを崩して技を掛け損なって失敗して傷害を負わせたから不法行為による責任を負う。② 学校と顧問教諭は，柔道部ではプロレス技掛け合いが練習前後にほぼ毎日行われており，事故発生の危険は予見可能であり，事故発生を未然に防止すべく監視指導の強化等適切な措置を講じる義務があったが，これを怠ったとして学校の損害賠償責任を認めた（横浜地判平13・1・16判タ1116号256頁。私立，高校，賠償金1億5100万円）。

(3) 大学合気道部の夏期合宿で各組が投げ技の練習中，主将で初段の被告4年部員が受け手を投げ飛ばしたら，受け手の腰部と付近で練習中の1年部員の右側頭部が衝突し，1年部員が脳挫傷，急性硬膜下血腫の傷害で死亡した。十数組超の集団が道場で相乱れて連続的に投げ合う動作を繰り返すから，取り手は受け手を投げる際受け手同士が衝突しないよう，各組の間隔を十分広くとり，投げる方向場所の安全を確認しなければならない。本件では両組の間隔が取られており，被告部員は視野に入る状況を元に経験と勘で安全確認しており，両組が安全と判断して投げた方向場所が偶然一致して発生した事故だから，社会的に許容された方法で注意義務違反（過失）は認められない。部長や指導者，学校の責任も認められない（浦和地川越支判昭55・12・12判時1019号111頁）。

(4) 市立中学1年柔道部員が，練習後の柔道場で同級生から跳び蹴りされて壁に後頭部を強打し，その後反撃すると，加害部員に押し倒され馬乗りになって手拳で多数回殴打され，外傷性低髄液圧症候群等の障害を負った。① 加害部員は13歳で同年代の子に比して知能は低くなく，殴打後「ごめん」と謝罪し，尋問でも適切に応答しているから，責任能力が認められる。② 加害部員の両親は，加害部員が以前に複数回の暴行傷害事件を起こし，教諭からも注意を要請されていたから，加害部員が暴行を行う危険性を具体的に予見し得，適切に指導監督を行うべき義務を負っていたが，これを怠った過失がある。③ 顧問教諭は，加害部員への十分な指導が必要なことを認識していたから，他部員が負傷する事態を十分予想でき，本件事故の危険性を具体的に予見できる特段の事情が存した。顧問教諭らは，加害部員が他部員に暴力を振るうことの無い

よう部活終了後の更衣時間に立ち会い，加害部員が下校するまで見届けるべき義務があったが，これを怠った過失があるから，市は賠償責任を負う（神戸地判平21・10・27判時2064号108頁。公立，中学，賠償金800万円）。

(5) 小学5年生の体育授業におけるサッカー競技中，女子児童が自陣営に転がってきたボールを敵陣に向かって夢中で蹴り返したところ，偶然追いかけてきた男子児童の顔面に当たり左眼を負傷した。蹴られたボールが他の児童に当たる事態を当然予測しながら，なおサッカーが体育授業として肯認されており，この程度の危険の存在が児童に危険予知やその回避能力を養成し体育授業の意義や効用に寄与するから，ボールを蹴返すことを禁ずるとすればサッカーは成り立たないし，女子児童がとりたてて危険な蹴り方をしたものとも断じ難いとして，学校側の過失を否定して損害賠償責任も否定した（大分地判昭60・5・13判タ562号150頁）。

(6) 町立中学1年生が始業前の教室で同級生の被告から自在箒（ほうき）を投げつけられて右眼を損傷し，視力低下・視野欠損等の後遺障害を負った。① 被告生徒はやり投げのように箒を投げつけたから，不法行為に基づく損害賠償責任を負う。② 被告生徒両親は，被告生徒が精神的に幼く自己抑制力に乏しく，そのため悪ふざけに及んで他生徒に危害を及ぼす可能性を認識していたにも拘わらず，適切な指導を行わなかった過失がある。③ 始業開始45分前に発生した本件事故は学校教育活動と質的，時間的に密接な関係を有する学校生活関係の中で生じたと認められ，教諭らは被告生徒が精神的に幼く自己抑制力の乏しさに随伴する危険性及びこれによって他生徒に危害が及ぶ危険性を具体的に認識していたにも拘わらず，適切な指導を行わなかった過失があるから，学校設置者である町は損害賠償責任を負う（仙台地判平20・7・31判タ1302号253頁。公立，中学，災害共済給付金及び見舞金合計800万円控除後の賠償金3300万円）。

（片岡　理恵子）

付　録

- 資　料
- 索　引

附 錄

傳 記
世 系

資料1　熱中症予防のための運動指針

資料1

熱中症予防のための運動指針

熱中症予防運動指針

この指針は、「熱中症予防5ヶ条」のポイントを理解したうえで、環境温度に応じてどのように運動したらよいかの目安を示したものです。
「熱中症を防ごう」ページ、「スポーツ活動中の熱中症予防ガイドブック」も併せてご確認ください。

熱中症予防運動指針

WBGT℃	湿球温度℃	乾球温度℃		
31	27	35	運動は原則中止	特別の場合以外は運動を中止する。特に子どもの場合には中止すべき。
28	24	31	厳重警戒（激しい運動は中止）	熱中症の危険性が高いので、激しい運動や持久走など体温が上昇しやすい運動は避ける。10～20分おきに休憩をとり水分・塩分を補給する。暑さに弱い人※は運動を軽減または中止。
25	21	28	警戒（積極的に休憩）	熱中症の危険が増すので、積極的に休憩をとり適宜、水分・塩分を補給する。激しい運動では、30分おきくらいに休憩をとる。
21	18	24	注意（積極的に水分補給）	熱中症による死亡事故が発生する可能性がある。熱中症の兆候に注意するとともに、運動の合間に積極的に水分・塩分を補給する。
			ほぼ安全（適宜水分補給）	通常は熱中症の危険は小さいが、適宜水分・塩分の補給は必要である。市民マラソンなどではこの条件でも熱中症が発生するので注意。

1) 環境条件の評価にはWBGT（暑さ指数とも言われる）の使用が望ましい。
2) 乾球温度（気温）を用いる場合には、湿度に注意する。
　湿度が高ければ、1ランク厳しい環境条件の運動指針を適用する。
3) 熱中症の発症のリスクは個人差が大きく、運動強度も大きく関係する。
　運動指針は平均的な目安であり、スポーツ現場では個人差や競技特性に配慮する。
※暑さに弱い人：体力の低い人、肥満の人や暑さに慣れていない人など。

（出典：公益財団法人日本スポーツ協会ウェブサイト「熱中症を防ごう」ページ掲載「熱中症予防のための運動指針」）

資料2

スポーツ活動中の熱中症予防ガイドブック

　万全の体調でトレーニングにのぞむことが、熱中症予防はもとより、より効果的なトレーニングを進めるためにも重要になります。ここでは、熱中症予防の観点から、指導者が選手の体調を管理するうえで必要になるチェックポイントを紹介します。

選手の特性チェック

指導者は選手の特性をあらかじめ把握しておきます。
1つでもチェックが入れば、その選手の日頃のトレーニングに目を配ります。

☐ 経験年数が少ない　☐ 過去に熱中症を経験したことがある
☐ 肥満気味である　☐ 体力が低い

環境チェック

以下の環境チェックに応じて、トレーニングメニューを考慮し、
選手指導の参考にします。

● WBGTの確認
　　☐ 運動中止　☐ 厳重警戒　☐ 警戒　☐ 注意　☐ ほぼ安全
● 天候の特徴
　　☐ 急に暑くなった　☐ 特に蒸し暑い

トレーニング前の体調チェック

選手には、練習日誌などを用い、練習の前に自分の体調をチェックする習慣をつけさせます。
1つでもチェックが入れば、その選手のトレーニングメニューを軽くして、
常にその選手に目を配るようにします。

☐ 睡眠が不足している（よく眠れなかった）　☐ 熱がある、熱っぽい
☐ 喉が痛い　☐ 風邪を引いている　☐ 下痢をしている　☐ 朝食を抜いた

（出典：公益財団法人日本スポーツ協会『スポーツ活動中の熱中症予防ガイドブック』
49頁「体調チェック」（公益財団法人日本スポーツ協会，第5版，2019年））

資料3

JFA 熱中症対策ガイドライン

第1条　目的
本ガイドラインは，本協会に登録する個人（選手等）及び関係者の命を守り安全なプレー環境を整えることで熱中症を防止することを目的とする。

第2条　対象
本ガイドラインの適用対象は，屋内・屋外で実施されるサッカー，フットサル及びビーチサッカーにおける本協会公式戦とし，当該大会・試合では本ガイドラインを遵守する義務を負う。

ただし，公式戦以外の練習試合，練習等においても，選手等の安全を確保する観点から本ガイドラインを準用することとする。

第3条　湿球黒球温度（WBGT）計
(1) 大会主催者は，試合開催において湿球黒球温度（以下，WBGTという）計を備え，計測した数値により対策を講じる。
(2) WBGT計の計測方法は以下のとおりとする。

①	必ずピッチ上で，WBGT計の黒球が日影にならないように計測する。計測時のWBGT計の高さは，プレーする選手の年齢の平均身長の2／3とする。
②	計測する時間はできる限り試合開始の直前，かつロッカーアウトするまでに両チームに対応方法を伝達できるタイミングとする。
③	試合中もピッチに近い場所で計測し続け，数値を把握する。
④	ハーフタイム時（できる限り後半開始の直前）の数値により後半の対応方法を決定し，両チームに伝達する。 ※原則として，前後半のプレー中に数値が変わっても対応方法の変更はしない。

第4条　クーリングブレーク
試合においてクーリングブレークを採用する場合は，前後半1回ずつ，それぞれ3分の2の時間が経過した頃（45分ハーフの場合は30分頃）に3分間のクーリングブレークを設定し，選手と審判員は以下の行動を取る。

①	日影にあるベンチに入り，休む。
②	内部・外部から身体冷却する。

③	水分補給する。(スポーツドリンクを推奨する)

(2) クーリングブレークを採用する場合は，以下の点に留意する。

①	原則として試合の流れの中で両チームに有利・不利が生じないようなアウトオブプレーの時に，主審が判断して設定する。
②	戦術的な指示も許容する。
③	チームが身体冷却用器具を持ち込む際は，事前に大会運営責任者の了解を得る。
④	審判員はクーリングブレークの時間を遵守するため，試合再開時には選手に速やかにポジションに戻るように促すと同時に，出場選手の確認を行う。
⑤	サブメンバーは出場メンバーとの識別のため必ずビブスを着用する。運営担当者は試合再開時に出場メンバーの確認について審判員をサポートする。
⑥	クーリングブレークに要した時間は「その他の理由」によって費やされた時間として前後半それぞれの時間に追加される。
⑦	クーリングブレークを設定する場合は試合前またはハーフタイム時のロッカーアウトまでに両チームに伝達する。また，WBGT値に応じて，前半と後半の対応が異なる場合がある。
⑧	状況に応じて，クーリングブレークを前後半それぞれ2回以上取ることは妨げない。

第5条 飲水タイム

試合において飲水タイムを採用する場合は，以下のとおりとする。

①	前後半それぞれの半分の時間を経過した頃，試合の流れの中で両チームに有利，不利が生じないようなボールがアウトオブプレーの時に，主審が選手に指示を出して全員に飲水をさせる。もっとも良いのは中盤でのスローインの時であるが，負傷者のための担架を入れた時や，ゴールキックの時も可能である。
②	選手はあらかじめラインの外に置かれているボトルをとるか，それぞれのチームベンチの前でベンチのチーム関係者から容器を受け取って，ライン上で飲水する。
③	主審，副審もこの時に飲水して良い。そのために第4の審判員席と，第2副審用として反対側のタッチライン沿いにボトルを用意する必要がある。
④	スポーツドリンク等，水以外の飲料の補給については，飲料がこぼれて，その含有物によっては競技場の施設を汚したり，芝生を傷めたりする恐れもある。大会主催者が水以外の持ち込み可否及び摂取可能エリアについて，使用会場に確認をとって運用を決定するので，その指示に従って，飲水する。

資料3　JFA 熱中症対策ガイドライン

⑤	飲水タイムは30秒から1分間程度とし，主審は選手にポジションにつくよう指示してなるべく早く試合を再開する。 飲水に要した時間は，「その他の理由」により空費された時間として，前後半それぞれに時間を追加する。
⑥	時間の経過にともなって環境条件がかなり変わった場合は，飲水を実施するかしないかの判断をハーフタイムに変更してよい。
⑦	飲水を行う場合は，試合前（あるいはハーフタイム時）に両チームにその旨を知らせる。
⑧	飲水タイムは，あくまでも飲水のためである。戦術的指示を行うことはできない。
⑨	飲水タイムとは別に，従来どおり，ボールがアウトオブプレーのときにライン上で飲水できる。
⑩	状況に応じて，飲水タイムを前後半それぞれ2回以上取ることは妨げない。

第6条　熱中症予防対策

試合開催にあたり，熱中症予防のため以下の対策を講じること。

(1) 事前準備

① 大会・試合を開催予定期間の各会場（都市）における，過去5年間の時間毎のWBGTの平均値を算出し，加えて当日の気象予報データを収集し，それらの数値によって大会・試合スケジュールを設定する。

　必要に応じて，試合時間を調整して早朝や夜間に試合を行う，ピッチ数を増やす，大会期間を長くするなどの対策を講じる。

参考	
環境省熱中症予防情報サイト（全国の暑さ指数　過去データ）： 環境省熱中症予防情報サイト 過去データ-データリスト　地点（都府県） (env.go.jp)	
熱中症警戒アラート： 環境省熱中症予防情報サイト-熱中症警戒アラート(env.go.jp)	
ウェザーニューズ　MiCATA： MiCATA-天気を味方に	
Yahoo!天気 Yahoo!天気・災害-天気予報／防災情報	

資料3　JFA 熱中症対策ガイドライン

② 熱中症に関する知識の習得，情報の収集を行う。(症状，予防対策，暑熱順化，発生時の対応等)

※本格的な暑熱期間が始まる前に，1～2週間程度暑熱順化（暑さに身体を慣れさせる）を行うことを推奨する。

参考	
本協会フィジカルフィットネスプロジェクト　熱中症予防サイト： 熱中症予防｜フィジカルフィットネスプロジェクト｜指導者｜日本サッカー協会(jfa.jp)	
公益財団法人日本スポーツ協会　熱中症を防ごうサイト： 熱中症を防ごう-JSPO(japan-sports.or.jp)	
厚生労働省　熱中症予防のための情報・資料サイト： 熱中症予防のための情報・資料サイト｜厚生労働省(mhlw.go.jp)	

(2) 試合当日

STEP1(必須事項)	
以下の方法を組み合わせ，試合の前・中・後に身体冷却を行う。 ・外部冷却：アイスバス，アイスパック，クーリングベスト，ミストファン，送風，頭部・頸部冷却，手掌冷却　等 ・内部冷却：水分補給，アイススラリー(氷と飲料水が混合したシャーベット状の飲料物)　等	

STEP2(28℃≦WBGT実測値の対策事項)	
①	ベンチを含む十分なスペースにテント等を設置し，日射を遮る。 ※全選手及びスタッフが同時に入り，かつ氷や飲料等を置けるスペース。 ※スタジアム等に備え付けの屋根が透明のベンチは，日射を遮れず風通しも悪いため使用不可。
②	ベンチ内でスポーツドリンクが飲める環境を整える。 ※天然芝等の上でも，養生やバケツの設置等の対策を講じてスタジアム管理者の了解を得る。
③	各会場にWBGT計を備える。
④	審判員や運営スタッフ用，緊急対応用に，氷・スポーツドリンク・経口補水液を十分に準備する。
⑤	観戦者のために，飲料を購入できる環境(売店や自動販売機)を整える。

⑥	熱中症対応が可能な救急病院を準備する。特に夜間は宿直医による対応の可否を確認する。
⑦	クーリングブレークまたは飲水タイムの準備をする。
⑧	試合時間の短縮，ハーフタイムの時間の延長を積極的に検討する。 ※予め大会要項に規定しておく。

　31℃≦WBGTの場合は試合を中止・中断又は延期する。ただし，STEP1＋2に加えて，以下STEP3＋クーリングブレークの全てを実施した場合に限り，主催者判断で試合を実施することができる。

STEP3	
⑨	屋根の無い人工芝ピッチは原則として使用しない。
⑩	会場に医師，看護師，BLS（一次救命処置）資格保持者，JFAスポーツ救命ライセンス講習会（救命講習会）又はJFA＋PUSHコース（簡易救命講習会）受講者のいずれかの受講者を常駐させる。 ※いずれの該当者もいない場合，例えば監督会議後にJFA＋PUSHコース開催等を検討する。
⑪	クーラーがあるロッカールーム，医務室が設備された施設で試合を行う。 ※選手等が試合中すぐ利用可能な距離にあること。

　※上記対策全てを講じたとしても熱中症のリスクは０にはならないことを十分認識し，個人，チームで選手等の体調状態を事前に把握しておくこと。

第7条　試合の実施

　試合の実施については，WBGT値に基づき以下のとおり対応する。

危険度	試合前予測値（℃）	対応
Ⅰ	31≦WBGT 運動は原則中止	・当該時間帯にキックオフ時刻を設定しない ・試合中に当該状況が予測される場合は，STEP1＋2＋3を講じる
Ⅱ	28≦WBGT＜31 厳重警戒	STEP1＋2を講じる
Ⅲ	25≦WBGT＜28 警戒	STEP1＋2を講じる

資料3　JFA 熱中症対策ガイドライン

危険度	試合中実測値(℃)	対応
↑ Ⅰ	31≦WBGT 運動は原則中止	試合を中止・中断又は延期する ※ただし，STEP1＋2に加えて，STEP3＋クーリングブレークの全てを実施した場合に限り，主催者判断で試合を実施することができる
Ⅱ	28≦WBGT＜31 厳重警戒	高校生以上：STEP1＋2＋（クーリングブレーク又は飲水タイム）実施を条件に，試合を実施することができる
Ⅱ		中学生以下：STEP1＋2＋クーリングブレーク実施を条件に，試合を実施することができる
Ⅲ	25≦WBGT＜28 警戒	高校生以上：両チームが事前に合意した場合に限り，飲水タイムを実施することができる。
Ⅲ		中学生以下：STEP1＋2＋（クーリングブレーク又は飲水タイム）実施を条件に，試合を実施することができる

※屋根の無い人工芝ピッチで試合を行う場合は，天然芝等に比べてWBGT計実測値が数℃大きくなる傾向にあるため，十分留意したうえで対応をすること。

※試合中止・中断・延期を決定するタイミングは，原則として試合前またはハーフタイム時とし，前後半のプレー中の中止はしない。

第8条　熱中症発生時の対応

熱中症の疑いのある症状が発生した場合，別紙の手順に従い対象者へ応急処置を行う。症状が改善しない場合は，医療機関へ搬送する。

heatstroke_firstaid.pdf（jfa.jp）

第9条　懲罰

本ガイドラインに違反した場合，懲罰規程に従い懲罰の対象となる場合がある。

第10条　改廃

本ガイドラインの改正は会長が行う。

第11条　施行

本ガイドラインは，2016年3月10日から施行する。

改正
2016年6月16日
2024年5月21日

資料3 JFA 熱中症対策ガイドライン

別紙
1. 熱中症の応急処置
2. 熱中症予防対策　試合当日チェックリスト

別紙1　熱中症の応急処置

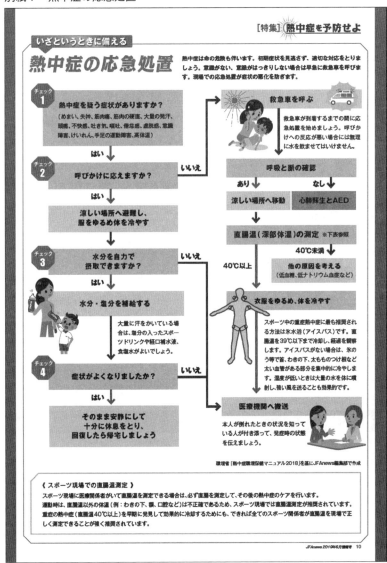

資料3 JFA 熱中症対策ガイドライン

別紙2　熱中症予防対策　試合当日チェックリスト

STEP1（必須事項）	✔
以下の方法を組み合わせ，試合の前・中・後に身体冷却を行う。 ・外部冷却：アイスバス，アイスパック，クーリングベスト，ミストファン，送風，頭部・頸部冷却，手掌冷却　等 ・内部冷却：水分補給，アイススラリー（氷と飲料水が混合したシャーベット状の飲料物）　等	

STEP2（28℃≦WBGT実測値の対策事項）		✔
①	ベンチを含む十分なスペースにテント等を設置し，日射を遮る。 ※全選手及びスタッフが同時に入り，かつ氷や飲料等を置けるスペース。 ※スタジアム等に備え付けの屋根が透明のベンチは，日射を遮れず風通しも悪いため使用不可。	
②	ベンチ内でスポーツドリンクが飲める環境を整える。 ※天然芝等の上でも，養生やバケツの設置等の対策を講じてスタジアム管理者の了解を得る。	
③	各会場にWBGT計を備える。	
④	審判員や運営スタッフ用，緊急対応用に，氷・スポーツドリンク・経口補水液を十分に準備する。	
⑤	観戦者のために，飲料を購入できる環境（売店や自動販売機）を整える。	
⑥	熱中症対応が可能な救急病院を準備する。特に夜間は宿直医による対応の可否を確認する。	
⑦	クーリングブレークまたは飲水タイムの準備をする。	
⑧	試合時間の短縮，ハーフタイムの時間の延長を積極的に検討する。 ※予め大会要項に規定しておく。	

31℃≦WBGTの場合は試合を中止・中断又は延期する。ただし，STEP1＋2に加えて，以下STEP3＋クーリングブレークの全てを実施した場合に限り，主催者判断で試合を実施することができる。

STEP3		✔
⑨	屋根の無い人工芝ピッチは原則として使用しない。	

資料3　JFA 熱中症対策ガイドライン

⑩	会場に医師,看護師,BLS(一次救命処置)資格保持者,JFAスポーツ救命ライセンス講習会(救命講習会)又はJFA+PUSHコース(簡易救命講習会)受講者のいずれかの受講者を常駐させる。 ※いずれの該当者もいない場合,例えば監督会議後にJFA+PUSHコース開催等を検討する。
⑪	クーラーがあるロッカールーム,医務室が設備された施設で試合を行う。 ※選手等が試合中すぐ利用可能な距離にあること。

(出典:公益財団法人日本サッカー協会「JFA　熱中症対策ガイドライン」)

資料4 サッカーにおける脳振盪に対する指針［メディカル関係者向け情報］

　サッカーにおける脳振盪は，決して珍しいスポーツ外傷ではありません。選手が脳振盪になったときに，意識が戻ったら試合に復帰させていませんか？今，脳振盪に対して慎重な対応が世界中で求められています。それは，脳振盪を複数回生じると記名力障害や集中力の低下など，社会生活にも支障をきたすような慢性期症状が生じる可能性があるからです。有望なサッカー選手が，このような脳振盪の後遺症を生じて，サッカー選手として，また，将来社会人としての輝かしい道を閉ざさないために，しっかりした対応が必要です。

　2012年3月1日に，日本サッカー協会スポーツ医学委員会（当時）が「Jリーグにおける脳振盪に対する指針」を作成いたしましたが，Jリーグだけでなくサッカー界のあらゆる方に知っていただくために，2014年11月17日，「サッカーにおける脳振盪に対する指針」として再作成いたしました。これはJリーグだけでなく，日本でサッカーを行っているすべての人に，指針として使用していただけると幸いであります。ぜひ一度，お読みください。

　※2016年2月18日，JFA理事会にて，「競技中，選手に脳振盪の疑いが生じた場合の対応」が決定されましたので，サッカー日本代表およびJリーグ（トップチーム）の試合につきまして，「1．ピッチ上での対応」は別途取り扱うこととといたします。

「競技中，選手に脳振盪の疑いが生じた場合の対応」〔略〕
〈サッカー日本代表およびJリーグ（トップチーム）の試合を対象とする〉

1．ピッチ上での対応

　ピッチ上で頭部外傷を被った可能性がある選手に対する対応は，以下の通りの順序で行うのが望ましい。

- 呼吸，循環動態のチェックをする。
- 意識状態の簡単な確認後，担架などでタッチラインへ移動させる。この際には，頸部の安静には十分に注意する。
- 簡易的な脳振盪診断ツールを用いて，脳振盪か否かの判断をする。これは，チームドクターによる診断が望ましいが，不在の場合にはATなどが代行する。

資料4　サッカーにおける脳振盪に対する指針［メディカル関係者向け情報］

- 診断ツールで脳振盪が疑われれば，試合・練習から退くべきである。短時間のうちに回復したとしても，試合復帰は避けるべきである。

2．24時間以内の対応

　脳振盪が疑われた場合，短時間で症状が回復した場合も含めて，以下のような手順で選手を扱うのが望ましい。

- タッチライン沿い，ベンチあるいは控室などで休息をとる。この間はチームドクターあるいはATなどが頻回に選手の状態をチェックする。可能であれば，SCAT 2を用いて，脳振盪の状況を客観的に評価する。
- 受傷時に数秒単位以上の意識消失や健忘があった場合には，たとえ意識が正常に復したと思われても病院へ搬送をする事が望ましい。
- 頭痛，吐き気，嘔吐などが新たに出現してきたり，一向に改善しない，あるいは悪化するようであれば，専門施設へ搬送する。これは脳振盪に併発し得る外傷性頭蓋内出血の可能性を考慮してのことである。
- 経過が良好のときは帰宅を許可するが，24時間以内は単独での生活は避け，のちに頭痛，吐き気などが生じた場合には即座に病院を受診するように指導する。

3．復帰へのプログラム

　脳振盪と診断あるいは疑われた場合には，すぐに練習に復帰せず，表1のごとくの段階的プログラムを組んで復帰をする。

- まず，十分な休息により症状がないことの確認の後に第2ステージに移行し，徐々にステージをあげ，ステージ6を試合復帰とする。各ステージには最低1日を費やすこととする。
- 各ステージにおいて，脳振盪関連の症状が出現した場合には，24時間の休息をとり（ステージ1），症状が生じていなかったステージから再開する。
- 判断に迷う場合には，復帰へのプログラムの早い時期に専門医を受診することが望ましい。

資料4　サッカーにおける脳振盪に対する指針［メディカル関係者向け情報］

追記

本指針は，スポーツ関連脳振盪の管理に携わる者を対象として，現段階において，もっとも適切と思われる知見に基づいてガイド的な役割を示したものであり，実際には個々の管理は各々の事例や環境に即して行うべきである。

表1　脳振盪からの段階的復帰

ステージ1	活動なし	体と認知機能の完全な休息。
ステージ2	軽い有酸素運動	最大心拍数70%以下の強度での歩行，水泳，室内サイクリングなど抵抗のないトレーニング
ステージ3	スポーツに関連した運動	ランニングなどのトレーニング。頭部への衝撃となる活動は控える。
ステージ4	接触プレーのない運動	パス練習などのより複雑な訓練で運動強度を強めていく。
ステージ5	接触プレーを含む練習	医学的チェックで問題がなければ通常練習を行う。
ステージ6	競技復帰	通常の競技参加。

（出典：JFA「サッカーにおける脳振盪に対する指針［メディカル関係者向け情報］」）

資料5　サッカー活動中における落雷事故防止対策について（抄）

資料5

サッカー活動中における落雷事故防止対策について（抄）

①はじめに

近年の温暖化や環境変化の影響に伴い、年々全国での落雷件数が増加しており屋外でのサッカー活動における事故防止対策がより求められている。
特にグラスルーツでの活動は、周辺施設など必ずしも緊急時に安全性が確保されている環境下ではないケースも多く、より一層の事前の準備も含めた安全確保と周知徹底に努めるようお願い申し上げます。

原則

① 危険・兆候が確認されたら公式戦・練習にかかわらず躊躇なく中止すること。

② 周辺で雷注意報・兆候がある場合、専門的なウェブサイトで常時天候情報を確認すること。（新規）

※雷警報は存在しないため、雷注意報の段階で細心の注意を払うこと。

②気象情報の確認方法

気象庁提供情報の「雷注意報」の発表状況や、「雷ナウキャスト」で実際にどこで落雷・雷発生が高まる予測になっているのか情報収集を行う。
また事前に危険が予想される場合、日程・時間を調整する等の対策を講じる。

資料5　サッカー活動中における落雷事故防止対策について（抄）

②気象情報の確認方法（目視・音での確認）

積乱雲がみるみる大きくなる

急に冷たい風が吹く

黒い雲が近づき、暗くなる

急に冷たい風が吹く

雷光が見える、雷鳴が聞こえる
※雷鳴が聞こえた時には既に約10km以内で雷が発生

③避難場所の確認

安全	危険
・自動車等の乗り物の内部	・避雷設備のないあずま屋 　（屋根と柱だけで壁のない建物）
・鉄筋コンクリート製の建物の内部	・テントや掘っ建て小屋
・避雷設備の施された建物の内部	・木のそば
・本格的な木造建築物の内部	

【近くに安全な建物や乗り物がない場合】
電線や鉄塔、電柱の高さ5m以上の高い建物の付近。ただし2m以上離れる。
※木は電気を通しにくいため側撃が起こりやすく距離を取っても危険

資料5　サッカー活動中における落雷事故防止対策について（抄）

④中断からの再開基準

気象情報提供先より周辺の落雷・雷注意報を確認し、雷活動(雷鳴、雷光)が止んでから20～30分以上経過し、活動を再開すること。

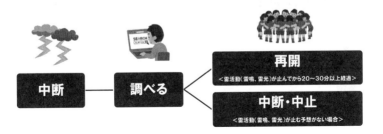

中断 → 調べる →
- 再開　＜雷活動(雷鳴、雷光)が止んでから20～30分以上経過＞
- 中断・中止　＜雷活動(雷鳴、雷光)が止む予想がない場合＞

JFA

⑤雷に打たれた時の対応

雷に打たれた場合、「心肺停止」「やけど」「意識障害」「鼓膜穿孔(鼓膜がやぶれること)」の症状の可能性がある。

上記可能性がある場合、救急車を呼び救急車が到着するまでの間、心肺蘇生法や火傷の手当てなど応急処置を施す。

■心肺停止の場合
・AED、心肺蘇生の実施
　即座に応急処置を施せば、助かる可能性がUP

■やけどの場合
・急いで冷たい水、水道水を注いで痛みが取れるまで冷やす。
・衣類を脱がさないで、そのまま衣類の上から冷水をかける。

JFA

資料5　サッカー活動中における落雷事故防止対策について（抄）

⑥チェックリスト

チェックリスト	
①	気象情報提供先にて周辺の落雷・雷注意報の確認
②	避難場所の確認
③	AEDの有無
④	実施可否判断者の明確化

（出典：公益財団法人日本サッカー協会「サッカー活動中における落雷事故防止対策について」）

資料6　ゴール等の転倒による事故防止対策について

(出典：スポーツ庁ウェブサイト「体育活動中の事故防止―平成29年度―ゴール等の転倒による事故防止対策について」，https://www.mext.go.jp/sports/b_menu/sports/mcatetop04/list/1417536.htm（2025年2月10日に利用））

資料7　合宿の案内通知（例）

保護者の皆様へ

年　月　日

神奈川県立〇〇高等学校
校　長　〇〇〇〇
〇〇〇〇部
顧　問　〇〇〇〇

年度〇〇〇〇部〇季合宿について

　〇〇の候、保護者の皆様におかれましてはますますご健勝のこととお喜び申し上げます。また、日ごろから(平素は)〇〇〇〇部の活動にご理解とご協力を賜り、誠にありがとうございます。
　さて、この度〇〇〇〇部では、個々の技術向上とチーム力の充実を目的として、次のとおり夏季合宿を計画いたしました。
　つきましては、ご家族でのご予定もあると思いますが、趣旨をご理解のうえ部員の参加についてご承諾いただきますようお願い申し上げます。
　なお、参加申し込みにつきましては、合宿費を添え　月　日（　）までに、担当者までご提出ください。

1．目　的　　個々の選手の技術向上とチーム力の充実を図る。
2．日　時　　　年　月　日（　）～　月　日（　）　泊
3．場　所
4．宿　舎
5．費　用　　　〇〇,〇〇〇　円
　　内訳　宿泊費・食費　　　　　円
　　　　　交通費　　　　　　　　円
　　　　　施設費　　　　　　　　円
　　　　　雑費　　　　　　　　　円

```
問い合わせ先
〇〇〇〇部
顧　問　〇〇〇〇
電　話
```

------------------------------------- きりとり ---------------------------------------

参　加　申　込　書

年　月　日

神奈川県立〇〇高等学校
校　長　〇〇〇〇　殿
　　　　年度〇季合宿に参加することを承諾し、申し込みをします。

年　組　生徒氏名＿＿＿＿＿＿＿＿＿　保護者氏名＿＿＿＿＿＿＿＿＿＿　印

原　符	領　収　書
No.＿＿＿＿	No.＿＿＿＿
金　〇,〇〇〇　円 年度〇〇部合宿費用として	金　〇,〇〇〇　円 年度〇〇部合宿費用として
保護者氏名＿＿＿＿＿＿＿＿＿納	保護者氏名＿＿＿＿＿＿＿＿＿様
年　月　日 ［取扱者印］	年　月　日 神奈川県立〇〇高等学校 校長　〇〇〇〇 顧問　〇〇〇〇印

（出典：神奈川県教育委員会「部活動指導ハンドブック」（令和2年5月改訂）
参考資料⑪）

資料8　部費徴収通知（例）

保護者の皆様へ

　　　　　　　　　　　　　　　　　　　　　　　　　　　　年　月　日

　　　　　　　　　　　　　　　　　　　　　神奈川県立〇〇高等学校
　　　　　　　　　　　　　　　　　　　　　校　長　〇　〇　〇　〇
　　　　　　　　　　　　　　　　　　　　　〇　〇　〇　〇　〇　部
　　　　　　　　　　　　　　　　　　　　　顧　問　〇　〇　〇　〇

年度〇〇〇〇部部費の集金について

　〇〇の候、保護者の皆様におかれましてはますますご健勝のこととお喜び申し上げます。また、日ごろから（平素は）〇〇〇〇部の活動にご理解とご協力を賜り、誠にありがとうございます。
　さて、本年度も〇〇〇〇部の1年間の必要経費として部費を集金させていただきたいと存じます。
　つきましては、　月　日までに次の金額を顧問まで納入いただきますようお願いします。
　なお、年度末には監査を実施し、文書により会計報告をさせていただきます。

　　金　額　　〇,〇〇〇円

　　使　途　　・大会参加費
　　　　　　　・医薬品代
　　　　　　　・消耗品代
　　　　　　　・サプリメント代　など

　　　　　　　　　　　　　　　　　　　　　｛問い合わせ先
　　　　　　　　　　　　　　　　　　　　　　〇〇〇〇部
　　　　　　　　　　　　　　　　　　　　　　顧　問　〇　〇　〇　〇
　　　　　　　　　　　　　　　　　　　　　　電　話　　　　　　　　｝

------------------------------きりとり------------------------------

　　　　　　　　　No._____　　　　　　　　　　　　　No._____
原　符　　　　　　　　　　　　　　　　　領　収　書

　　　金　〇,〇〇〇　円　　　　　　　　　　金　〇,〇〇〇　円

　　年度〇〇〇〇部部費として　　　　　　年度〇〇〇〇部部費として

　保護者氏名_____納　　　　　　　保護者氏名_____様

　　　平成　年　月　日　　　　　　　　　　平成　年　月　日

　　　　　　　　　　　　　　　　　　　　　　神奈川県立〇〇高等学校
　　　　　　　　　　　　　　　　　　　　　　校　長　〇　〇　〇　〇
　　　　　　　　　　｜取扱者印｜　　　　　　顧　問　〇　〇　〇　〇　〇印

（出典：神奈川県教育委員会「部活動指導ハンドブック」（令和2年5月改訂）
参考資料⑫）

資料9　現金出納簿（例）

現 金 出 納 簿

　　　　年度　　　　　　　　　会計

（単位 円）

月 日	整理番号	摘　要	収入額	支出額	残　額

（出典：神奈川県教育委員会「部活動指導ハンドブック」（令和2年5月改訂）
参考資料⑬）

資料10　会計報告（例）

　　　　　　　　　　　　　　　　　　　　　　　　　　　年　月　日

保護者の皆様へ

　　　　　　　　　　　　　　　　　　　　　　神奈川県立〇〇高等学校
　　　　　　　　　　　　　　　　　　　　　　校　長　〇　〇　〇　〇
　　　　　　　　　　　　　　　　　　　　　　〇　〇　〇　〇　〇　部
　　　　　　　　　　　　　　　　　　　　　　顧　問　〇　〇　〇　〇

年度〇〇〇〇部部費会計報告について

　〇〇の候、保護者の皆様におかれましてはますますご健勝のこととお喜び申し上げます。
　さて、今年度納入いただきました〇〇〇〇部部費についての会計報告を次のとおり行いますので、ご了承くださいますようお願い申し上げます。
　なお、ご不明な点は、顧問までお問い合わせください。

１．収入の部
　　(1)部　　　　費　　　〇,〇〇〇円×〇〇名＝〇〇,〇〇〇円
　　(2)前年度繰越金　　　　　　　　　　　　〇,〇〇〇円
　　(3)利　子　等　　　　　　　　　　　　　　〇〇円
　　　　合　　　計　　　　　　　　　　　　〇〇,〇〇〇円

２．支出の部
　　(1)大会参加費
　　　　・〇〇〇〇大会　　〇〇〇円×〇〇名＝〇,〇〇〇円
　　　　・〇〇〇〇大会　　　　　　　　　　　〇,〇〇〇円
　　　　　　　　計　　　　　　　　　　　　〇,〇〇〇円
　　(2)△△△△代　　　　　　　　　　　　　〇,〇〇〇円
　　(3)〇〇〇〇代　　　　　　　　　　　　　〇,〇〇〇円
　　(4)□□□□代　　　　　　　　　　　　　〇,〇〇〇円
　　　　合　　　計　　　　　　　　　　　　〇〇,〇〇〇円

　　〇〇,〇〇〇円－支出〇〇,〇〇〇円＝残額〇,〇〇〇円
　　残額〇,〇〇〇円は、次年度部費に繰り越させていただきます。

　このとおり報告します。
　　　　年　月　日　　　　　　　会計担当　〇　〇　〇　〇　印
　監査の結果、適正に処理されていました。
　　　　年　月　日　　　　　　　会計監査　〇　〇　〇　〇　印

　　　　　　　　　　　　　　　　｛問い合わせ先
　　　　　　　　　　　　　　　　　〇〇〇〇部
　　　　　　　　　　　　　　　　　顧　問　〇　〇　〇　〇
　　　　　　　　　　　　　　　　　電　話　｝

（出典：神奈川県教育委員会「部活動指導ハンドブック」（令和２年５月改訂）
　　　　参考資料⑭）

事項索引

【アルファベット等】

AED ……………………… 70, 75, 76, 78, 79
ISO26000 …………………………………… 192
JSC ⇒ 日本スポーツ振興センター
LGBT ………………… 146, 147, 157〜160
PTSD ……………………… 79, 138, 148
WADC ⇒ 世界アンチ・ドーピング規程
WBGT …………… 71, 86, 282〜288, 290,

【あ】

アメリカンフットボール（アメフト）
　……………………………… 48, 91, 95
安全配慮義務 ………… 19, 44, 48〜50, 59,
　66〜68, 108, 110, 113, 148, 220,
　223, 261, 266, 268〜271

【い】

いじめ ……………… 132, 136, 158, 159,
　167, 184, 186, 187, 189, 229, 232, 253,
　261, 263〜271
引率 …………… 7, 36, 43, 59〜61, 97, 99,
　217〜219, 253, 254, 257, 262

【う】

運動会 …………… 63, 64, 66〜68, 119,
　124〜126, 128
運動部活動での指導のガイドライン
　……………… 1, 2, 8, 30, 140, 249, 254, 255
運動部活動の在り方に関する
　総合的なガイドライン ……… 1, 5, 8,
　14, 15, 36, 39, 172, 173, 246, 248

運動部における休養日 ……………… 171

【え】

営造物責任 …………………………………… 54

【お】

オーバーユース ……… 16, 171, 204〜206,
　208, 209

【か】

開会式要項 …………………………………… 40
会計処理 ……………… 192, 193, 195, 196
会計責任者 …………………………… 196, 241
外部指導者 ……… 4, 6, 37, 193, 195, 202,
　219, 221, 222, 225, 231, 246, 252, 256
外部指導者連絡協議会 ……………… 195
学習指導要領 ………………… 9〜12, 32, 40,
　63, 184, 246
――の法的拘束力 ……………………… 11
瑕疵 ……………… 54, 55, 57, 108〜110,
　119〜121, 124, 143
過失 ……… 22〜25, 39, 42〜52, 59〜62,
　65〜68, 87〜90, 94, 95, 102, 104, 105,
　108, 109, 113, 115, 121, 132, 174, 176,
　178〜180, 220, 223, 224, 259〜262,
　269, 273〜277
カスタマー・ハラスメント
　（カスハラ） ……………………… 236, 237
学校事故対応に関する指針 … 73, 74, 84
学校設置者 ………… 68, 73, 81, 83, 114,
　151〜154, 246, 255, 257, 258, 261, 262,
　274, 277
学校の管理下 ………… 129, 131〜133, 254

事項索引

活動計画 ……… 70, 171, 196〜198, 203
カヌー ……………………… 39, 97, 98
ガバナンス ……… 189, 191〜193, 195,
　　　　　　　　　 198, 200, 241
空手 ……………………………… 91, 101

【き】

危機管理マニュアル ……… 73〜75, 77,
　　　　　　　　　　　　　　 78, 84
騎馬戦 ………………… 64〜67, 127, 128
基本調査 …………………… 77, 80〜82
基本方針 ……………………… 220〜223
虐待に関する通告義務 …………… 231
キャットウォーク（体育館） …… 55, 123
キャプテン会議 ………………… 194, 221
求償権 ………………… 23〜25, 27, 43
金銭管理 ……………………… 238〜242

【く】

組体操 ………… 64, 65, 67, 68, 125〜128
グラウンド ………… 54, 55, 71, 89, 98, 99,
　　　　　 103, 104, 111, 118, 120, 128, 132, 207

【け】

月経困難症（生理痛） …………… 17, 21
けんか …………………… 211, 259〜261
剣道 ……………………… 18, 25, 50, 148

【こ】

工作物責任 ……………………… 53, 54
校長の役割・責任 ……………… 220〜224
公認スポーツ指導者総合保険
　　　　　　　　　　　……… 130, 133
校務 …………………………… 220, 249
公務員の個人責任 ………………… 23
骨粗鬆症 ………………………… 16, 17

顧問会議 ………………………… 193, 222
ゴルフ ……………………………… 98

【さ】

サーフィン ………………………… 59, 97
災害共済給付制度 …………… 129, 130,
　　　　　　　　　　 132〜134, 254
再発防止 ………… 57, 75, 77, 81〜84,
　　　　　　　　　 191〜193, 197
サッカー ………… 18, 27, 38, 39, 45, 51,
　　　 53, 91, 98, 99, 101, 118, 132, 166, 206,
　　　　 207, 226, 277, 283, 292, 295
サッカーゴール …… 55, 117〜120, 299
サッカー場 ………………………… 53, 55

【し】

自家用車の利用 ………………… 218
自主練習 …………… 109, 129, 132, 133
死戦期呼吸 ……………………… 78, 79
児童虐待 ………………… 138, 229〜233
指導者の暴力行為根絶宣言 ……… 135
指導方針 ………………………… 162, 196
重過失 …………………… 24, 25, 132
柔道 ……………… 48〜50, 70, 91, 94, 134,
　　　　　　　　　　 269, 275, 276
奨学金 ………………… 161〜163, 209
使用者責任 ………… 22, 23, 27, 148, 268
詳細調査 ………………………… 81, 82
消滅時効 ………………………… 43, 132
女性アスリートの三主徴 …… 16〜19, 21
心肺蘇生 ………… 51, 76, 78, 79, 105, 297
審判 ……………………………… 113
心臓震盪 ………………… 100, 101, 104

【す】

水泳 … 32, 70, 71, 90, 101, 106〜110, 166

【す】

スキー ……………………………… 47, 72
スクールカウンセラー ……………… 80, 268
スクラム ……………………………………… 50
ストレスチェック …………………………… 245
スポーツ安全保険 …… 130, 133, 134, 219
スポーツ指導者のための
　倫理ガイドライン ………………………… 159
スポーツ仲裁 ………… 142, 168, 169, 180,
　　　　　　　　　　　　197, 200～202
スポーツファシリティーズ保険
　………………………………………… 130, 133
相撲 …………………………… 70, 89, 91, 268

【せ】

性的姿態等撮影罪 ………………………… 154
生理痛→月経困難症
世界アンチ・ドーピング規程
　（WADC） ………… 174, 176, 178, 179
セカンドインパクト症候群 … 49, 94, 95
セクシュアル・ハラスメント
　（セクハラ） ………… 136, 142, 145～149,
　　　　　　　　154, 155, 186, 188, 189, 221
選考基準 ………………… 161, 198, 202, 203

【た】

体育館 ……………… 53, 55, 56, 71, 72, 87,
　　　　　　　　　　　　89, 103, 121～124
　――の床はがれ事故（床板の剥離）
　…………………………………… 55～58, 121
体操 ………… 18, 32, 44, 48, 49, 64, 65, 67, 68
体罰 ……………………… 1～6, 19, 24, 27, 29,
　　　　　　126, 132, 135～141, 148, 163, 164, 221,
　　　　　　　　　　　　230, 255, 266
代理監督者 ………………… 22, 23, 43, 45
脱水 ………………………………… 61, 85～88
団体の社会的責任 ………………………… 192

【ち】

チアノーゼ …………………………………… 90
地域移行 ……… 5, 7, 8, 14, 25, 31, 34, 36,
　　　　　　37, 130, 134, 140, 173, 226, 249, 256
地域スポーツクラブ ……… 6, 25, 26, 31,
　　　　　　　　　　　　34～39, 74, 133, 249
注意義務 ……………… 18, 24, 44～46, 48,
　　　　　　50, 51, 58, 59, 61, 62, 67, 88, 90, 95, 97,
　　　　　　99, 109, 113, 114, 220, 223, 224, 261,
　　　　　　　　　　　　262, 273, 274, 277
懲戒行為 ………………… 137, 138, 240

【て】

鉄欠乏性貧血 ………………………………… 18
テニス ………………………………… 98, 259
転校 …………………………… 165～168, 264

【と】

盗撮 ………………… 153～156, 187, 189, 191
ドーピング ………… 174～181, 183, 188, 190
特待生制度 ………………………… 161, 162
特定性犯罪 ………………………… 151, 153
登山 …………………… 58～61, 70, 72, 96, 97
土地の工作物 …………………………… 53, 54
飛び込み ………………… 26, 55, 106～110

【な】

雪崩 ……………………… 43, 58～61, 72, 96, 97

【に】

日本スポーツ振興センター（JSC）
　…………………… 20, 29, 56, 65, 84, 120, 126,
　　　　　　　　　　　　128～132, 182, 254
日本版DBS法 ………………… 151, 153, 154

【ね】

熱中症 ················ 58, 60, 70〜72, 85〜90,
　　　　　　　　96, 223, 224, 281〜291

【の】

脳振盪 ············· 49, 70, 91〜95, 292〜294

【は】

派遣費補助金 ··· 195
バスケットボール ············ 1, 18, 88, 140,
　　　　　　　　　　　　　　　166, 206
働き方改革 ············· 13, 15, 31, 248, 250
バドミントン ································· 46, 89
バレーボール ···················· 18, 56, 123, 166
ハンドボール ····························· 32, 87, 223

【ひ】

引き抜き ······································· 166, 168
ピラミッド ···················· 65〜67, 126, 127
ヒヤリハット事例 ····························· 75, 81
疲労骨折 ································· 4, 17, 19

【ふ】

部員会議 ·· 194
プール ············· 26, 53, 55, 71, 90, 106〜110
部活動指導員 ···················· 36, 225, 226, 246
部活動手当 ······································· 247, 248
部活動費 ·· 195
部活問題対策プロジェクト ······················ 3
普通教育 ··· 9, 10
部費 ········· 195, 196, 198, 238, 239, 241, 301
不法行為責任 ··············· 22, 27, 41〜45, 47,
　　　　　90, 135, 147, 148, 257, 258, 274, 275

【へ】

弁護士 ······························· 82, 197, 268

【ほ】

防球ネット ····························· 54, 112, 114
暴力 ······················· 135〜144, 163, 164, 167,
　　　　　　　186, 187, 211, 213〜215, 233,
　　　　　　　259〜261, 263, 265, 268
ボート ························· 58〜62, 72, 97, 98
ボクシング ································· 91, 95
保護者会 ··············· 40, 195, 196, 219,
　　　　　　　　221, 222, 238
ホッケー ································· 51, 91

【ま】

マッサージ ······························· 145, 150

【み】

見舞金制度 ····································· 134

【む】

むかで競争 ································· 64, 68
無月経 ··· 16, 17

【や】

野球 ············· 28, 31, 45〜47, 54, 88〜90,
　　　　　101, 104, 111, 113〜117, 162,
　　　　　204, 208, 209, 269, 270
野球場 ······························· 53〜55, 116

【よ】

ヨット ······························· 59, 97, 98

【ら】

ラグビー ……………… 26, 44, 48, 50, 70, 88,
　　　　　　　　　91, 101, 134, 166, 240
落雷 ……………………… 72, 98, 99, 295

【り】

陸上 ……………………… 19, 20, 51, 98, 251
臨床心理士 ……………………………… 83

【れ】

連帯責任 …………………… 190, 191, 214, 215

【ろ】

労働災害認定 ……………………………… 244

条文索引

◎民法
- 415条 …… 42, 54, 261, 266
- 643条 …… 239
- 644条 …… 239
- 645条 …… 239
- 698条 …… 102
- 709条 …… 22, 42, 43, 260, 261, 266, 273, 274
- 710条 …… 260, 266
- 712条 …… 273
- 714条 …… 43, 261, 266, 274
- 715条 …… 22, 23, 43, 45, 261, 266
- 717条 …… 53
- 722条 …… 260
- 821条 …… 138

◎いじめ防止対策推進法
- 2条 …… 263

◎学校教育法
- 11条 …… 27, 135, 137, 230
- 16条 …… 10
- 29条 …… 10
- 37条 …… 220
- 43条 …… 11
- 45条 …… 10
- 50条 …… 10

◎学校教育法施行規則
- 84条 …… 11

◎学校設置者等及び民間教育保育等事業者による児童対象性暴力等の防止等のための措置に関する法律」（日本版DBS法, こども性暴力防止法）
- 4条 …… 153
- 5条 …… 152
- 6条 …… 152
- 7条 …… 152
- 8条 …… 152

◎学校保健安全法
- 3条 …… 73
- 26条 …… 73
- 29条 …… 73, 75

◎教育基本法
- 16条 …… 9

◎刑法
- 199条 …… 260
- 204条 …… 260, 265
- 205条 …… 260, 265
- 206条 …… 260
- 208条 …… 260, 265
- 222条 …… 266
- 223条 …… 266
- 230条 …… 266
- 231条 …… 266
- 235条 …… 265
- 236条 …… 265
- 249条 …… 265
- 253条 …… 239
- 261条 …… 266

◎国家賠償法
1条 ……………… 23〜26, 51, 67, 114, 149, 257, 261, 262, 266, 274
2条 …………………………………… 54

◎こども基本法
3条 …………………………………… 232

◎雇用の分野における男女の均等な機会及び待遇の確保等に関する法律（男女雇用機会均等法）
11条 …………………………………… 147

◎性的指向及びジェンダーアイデンティティの多様性に関する国民の理解の増進に関する法律
6条 …………………………………… 159

◎児童虐待防止法
2条 …………………………………… 230
5条 ……………………………… 229, 231
6条 ……………………………… 229, 231

◎児童福祉法
6条の3 ………………………………… 131
39条 …………………………………… 131

◎地方公務員法
22条の2 ……………………………… 257

◎独立行政法人日本スポーツ振興センター法
32条 …………………………………… 132

◎独立行政法人日本スポーツ振興センター法施行令
5条 ……………………………………… 131

◎日本国憲法
14条 …………………………………… 250
17条 ……………………………………… 23
26条 ………………………………………… 9

◎労働基準法
32条 …………………………………… 244
36条 …………………………………… 244

◎子どもの権利条約
19条 …………………………………… 139

判 例 索 引

大判大 4・5・12 ……………………… 273
大判大10・2・3 …………………… 273
最三小判昭24・3・8 ……………… 239
札幌地判昭30・7・4 ……………… 61
東京高判昭51・3・25 ……………… 44
最一小判昭51・7・8 ………… 23, 27
山形地判昭52・3・30 ……………… 45
最三小判昭53・7・4 ……………… 54
最二小判昭53・10・20 …………… 24
浦和地川越支判昭55・12・12 …… 276
東京高判昭56・4・1 …………… 138
最二小判昭58・2・18 …………… 262
最二小判昭58・7・8 ……………… 26
福岡地小倉支判昭59・1・17 …… 224
大分地判昭60・5・13 …………… 277
岐阜地判昭60・9・12 ……… 119, 120
京都地判昭61・9・26 ……………… 60
札幌高判昭61・9・30 ……………… 47
東京高判昭61・12・17 …………… 60
最二小判昭62・2・6 ……………… 26
最二小判昭62・2・13 ……………… 46
福岡地判昭62・10・23 …………… 50
広島高判昭63・12・7 …………… 262
東京地判平元・8・31 ……………… 47
最二小判平2・3・23 ……………… 60
千葉地判平3・3・6 ……………… 89
浦和地判平3・12・13 ……………… 49
東京高判平5・4・20 …………… 132
福岡地判平5・5・11 ……………… 66
京都地判平5・5・28 …………… 113
徳島地判平5・6・25 ……………… 88
岐阜地判平5・9・6 ……………… 19
青森地判平5・9・28 ……………… 62

仙台地判平5・11・24 …………… 269
松山地西条支判平6・4・13 ……… 89
東京高判平6・5・24 …………… 113
静岡地判平6・8・4 ……………… 275
福岡高判平6・12・22 ……………… 67
静岡地沼津支判平7・4・19 ……… 88
浦和地判平7・12・22 …………… 268
札幌地判平9・7・17 ……………… 95
神戸地判平10・2・27 …………… 108
金沢地判平10・3・13 …………… 108
神戸地尼崎支判平11・3・31 …… 114
山口地判平11・8・24 ……………… 51
福岡地判平11・9・2 ………… 64, 67
東京地判平11・12・28 …………… 240
神戸地判平12・3・1 ……………… 68
浦和地判平12・3・15 ……………… 61
大阪地判平12・9・13 …………… 269
横浜地判平13・1・16 …………… 276
東京地判平13・5・30 …………… 109
東京地判平13・6・20 ……………… 39
福岡地判平13・12・18 …………… 268
新潟地判平14・5・14 …………… 114
広島高判平14・7・25 …………… 240
横浜地川崎支判平14・9・30 ……… 90
札幌地判平15・4・22 ……… 119, 121
東京地八王子支判平15・7・30 … 109
新潟地判平15・12・18 …………… 268
東京地判平16・1・13 …………… 109
青森地八戸支判平17・6・6 ……… 51
札幌地判平17・11・25 …………… 62
最二小判平18・3・13 ……………… 99
東京地判平18・8・1 ……………… 68
名古屋地判平18・11・28 ………… 114

岡山地倉敷支判平19・3 ・23 ……… 164
広島地判平19・5 ・24 …………… 272
京都地判平19・5 ・29 ……………… 95
熊本地判平19・6 ・15 …………… 138
名古屋地一宮支判平19・9 ・26
　…………………………………… 88, 223
仙台地判平19・9 ・27 ……………… 50
仙台高判平20・3 ・21 ……………… 50
大阪地判平20・5 ・20 …………… 148
さいたま地判平20・5 ・27 ………… 55
仙台地判平20・7 ・31 …………… 277
高松高判平20・9 ・17 ……………… 99
長野地飯田支判平21・3 ・31 …… 104
最三小判平21・4 ・28 …………… 138
大阪高判平21・10・1 …………… 251
神戸地判平21・10・27 ……… 269, 277
名古屋地判平21・12・25 …………… 67
福岡高判平22・2 ・4 ……………… 52
東京高判平23・3 ・10 ……………… 11
大分地判平23・3 ・30 …………… 109
東京高判平23・9 ・16 ……………… 11
鹿児島地判平24・1 ・12 ……… 27, 141
岐阜地多治見支判平24・2 ・9 … 110
札幌地判平24・3 ・9 ……………… 50
名古屋高判平24・10・4 ………… 110
名古屋高判平24・10・26 ………… 251
横浜地判平25・2 ・15 ……………… 95
東京高判平25・7 ・3 ……………… 95
大阪地判平25・7 ・29 …………… 124
横浜地判平25・9 ・6 …………… 114
大阪地判平25・9 ・26 ………… 2, 141
福岡地判平27・3 ・3 ……………… 66
東京地判平28・2 ・24 ………… 2, 141
新潟地長岡支判平28・4 ・20 …… 105
静岡地判平28・5 ・13 …………… 115
大阪地判平28・5 ・24 ……………… 89

大分地判平28・12・22 ……………… 25
大阪地判平29・6 ・23 ……………… 90
東京地判平29・9 ・29 ……………… 68
福岡高判平29・10・2 ……………… 25
大阪地判平30・2 ・16 ……………… 25
金沢地判平30・3 ・29 …………… 149
東京地立川支判平30・6 ・28 …… 270
東京高判平30・9 ・12 ……………… 46
仙台高判平31・2 ・1 …………… 141
岐阜地判平31・3 ・29 …………… 271
京都地判令元・10・24 …………… 115
福岡地判令3 ・1 ・22 …………… 271
東京高判令3 ・4 ・22 …………… 149
静岡地沼津支判令3 ・5 ・26 …… 105
福岡地小倉支判令4 ・1 ・20 …… 115
大阪地判令4 ・3 ・23 …………… 150
福岡地久留米支判令4 ・6 ・24 … 121
金沢地判令4 ・12・9 ……………… 45
広島地福山支判令5 ・4 ・26 ……… 68
宇都宮地判令5 ・6 ・28 …………… 61
名古屋地判令5 ・9 ・29 ………… 270
東京地判令6 ・3 ・26 …………… 110

通 達 等 索 引

平16・7・1医政0701001号（最終改正：平25・9・27医政0927第10号）厚生労働省医政局長通知「非医療従事者による自動体外式除細動器（AED）の使用について」 …………………………………………………………… 101

平27・4・30文科初児生3号児童生徒課長通知「性同一性障害に係る児童生徒に対するきめ細かな対応の実施等について」 ………………………………… 159

平28・3・25スポーツ庁政策課学校体育室事務連絡「組体操等による事故の防止について」 ……………………………………………………………………… 125

平28・12・22付28教指企第1140号区市町村教育委員会教育長通知「平成29年度以降の都立学校における「組み体操」等への都教育委員会の対応方針について（通知）」 ………………………………………………………… 127

平29・3・14付28ス庁704号スポーツ庁次長・文化庁次長・文部科学省初等中等教育局長通知「学校教育法施行規則の一部を改正する省令の施行について（通知）」 …………………………………………………………… 252

平29・5・29施施企第2号文部科学省大臣官房文教施設企画部施設企画課長通知「体育館の床板の剥離による負傷事故の防止について（通知）」 …………………………………………………………………………… 56, 123

令3・2・17付2初初企第39号文部科学省初等中等教育局初等中等教育企画課長通知「「学校の働き方改革を踏まえた部活動改革について」を受けた公立学校の教師等の兼職兼業の取扱い等について（通知）」 ………… 250

令6・2・22スポーツ庁政策課企画調整室・地域スポーツ課事務連絡「学校における体育活動中の事故防止及び体罰・ハラスメントの根絶について」 ……………………………………………………………………………… 126

資　料　等　一　覧

公益財団法人日本水泳連盟プール公認規則 ……………………………………… 106
スポーツ仲裁自動応諾条項 ………………………………………………… 168, 169
日本学生野球憲章 …………………………………………………………… 162, 212
「運動部活動の在り方に関する調査研究報告書」（文部省，1997（平成
　9）年） …………………………………………………………………………… 171
「スポーツ振興基本計画」（文部科学省，2000年）……………………………… 34
「総合型地域スポーツクラブ育成マニュアル」（文部科学省，2008（平成
　20）年） ……………………………………………………………………………… 38
「県立学校部活動における自家用車等の使用に関する取扱要綱」（長崎県
　教育委員会，2010（平成22）年）………………………………………………… 218
「高校野球の事故防止対策について」（公益財団法人日本高等学校野球連
　盟，2013（平成25）年）…………………………………………………………… 113
「スポーツ指導者のための倫理ガイドライン」（公益財団法人日本スポー
　ツ協会，2013年（最新版は2021年））…………………………………………… 159
「運動部活動での指導のガイドライン」（文部科学省，2013（平成25）年）
　……………………………………………………………… 1, 2, 8, 30, 140, 249, 254, 255
「運動部活動の在り方に関する報告書」（文部科学省，2013（平成25）年）
　………………………………………………………………………………………… 37
「スポーツ界における暴力行為根絶宣言」（公益財団法人日本オリンピッ
　ク委員会，2013年）………………………………………………………………… 140
「運動部活動指導の手引」（富山県教員委員会，2014（平成26）年）………… 198
「運動部活動指導の手引」（長崎県教育委員会，2014（平成26）年）………… 198
「学校運動部活動指導者の実態に関する調査報告書」（公益財団法人日本
　スポーツ協会，2014（平成26）年）……………………………………………… 225
「これからの運動部活動（改訂版）」（岐阜県教育委員会スポーツ健康課，
　2014（平成26）年）………………………………………………………………… 198
「スポーツ指導における暴力等に関する処分基準ガイドライン」（文部科
　学省，2014年）………………………………………………………………… 213, 215
「総合型地域スポーツクラブの現状と課題」（文部科学省，2015（平成
　27）年）……………………………………………………………………………… 38
平成28（2016）年度全国体力・運動能力，運動習慣等調査 ………………… 172
「学校事故対応に関する指針」（文部科学省，2016（平成28）年）………… 73, 84

資料等一覧

「学校における働き方改革に係る緊急提言」（文部科学省，2017（平成29）年）... 248

「第2期　スポーツ基本計画」（文部科学省，2017年）.................. 33, 35, 38

「運動部活動の在り方に関する総合的なガイドライン」（スポーツ庁，2018（平成30）年）........................ 1, 5, 8, 14, 15, 36, 39, 172, 173, 246, 248

「学校の危機管理マニュアル作成の手引」（文部科学省，2018（平成30）年）.. 84

「ゴール等の転倒による事故防止対策について」（独立行政法人日本スポーツ振興センター，2018（平成30）年）.. 120

「「学校事故対応に関する指針」に基づく詳細調査報告書の横断整理」（文部科学省総合教育政策局，男女共同参画共生社会学習・安全課，安全教育推進室，2020（令和2）年）.. 84

「学校の働き方改革を踏まえた部活動改革概要」（スポーツ庁，2020（令和2）年）.. 15

「部活動指導ハンドブック」（神奈川県教育委員会，2020（令和2）年改訂）.. 199, 300〜303

「保護者等からの過剰な苦情や不当な要求への対応に関する教育委員会における取組について」（文部科学省，2020（令和2）年）............. 237

「学校の「危機管理マニュアル」等の評価・見直しガイドライン」（「解説編」「サンプル編」，文部科学省，2021（令和3）年）............................ 84

「学校部活動及び新たな地域クラブ活動の在り方等に関する総合的ガイドライン」（スポーツ庁・文化庁，2022（令和4）年）...... 1, 5, 8, 14, 15, 170, 173

「第3期　スポーツ基本計画」（スポーツ庁，2022年）.................. 33, 36, 38

「横浜市　子ども虐待防止ハンドブック・令和4年（2022年）改訂版」............ 233

「カスタマー・ハラスメントの防止に関する指針」（東京都，2024（令和6）年）... 236

「学校事故対応に関する指針【改訂版】」（文部科学省，2024（令和6）年月）.. 73, 74

「教職員のための児童虐待対応の手引」（奈良県教育委員会，2024（令和6）年）.. 233

著 者 略 歴

白 井 久 明（しらい　ひさあき）

京橋法律事務所　パートナー弁護士（第二東京弁護士会）

昭和46年　慶應義塾大学法学部法律学科卒業
昭和50年　弁護士登録
日本スポーツ法学会名誉理事
日本スポーツとジェンダー学会元会長
第二東京弁護士会スポーツ法政策研究会幹事
〈主な著書等〉
　『スポーツガバナンス実践ガイドブック』（共著，民事法研究会，2014年）
　『詳解スポーツ基本法』（共著，成文堂，2011年）
　『セクハラこれが正しい対応です』（共著，中央経済社，1999年）
　　　　　　　　　　　　　　　　　　　　　　　　　　　ほか多数

片 岡 理恵子（かたおか　りえこ）

京橋法律事務所　弁護士（第二東京弁護士会）

平成8年　慶應義塾大学法学部法律学科卒業
平成12年　弁護士登録
第二東京弁護士会スポーツ法政策研究会事務局長（平成20年～平成24年）
株式会社グローバルキッズCOMPANY監査役（平成27年～現在）
一般社団法人キリスト教学校教育同盟　助成選考委員会委員（平成28年～令和4年，令和5年～現在）
第二東京弁護士会スポーツ法政策研究会会員，第二東京弁護士会会社法研究会会員

著者略歴

〈主な著書等〉

『Q&A 要点 贈与税』（共著，法令出版，2012年）

ほか多数

高松 政裕（たかまつ　まさひろ）

京橋法律事務所　弁護士（第二東京弁護士会）

平成 9 年　早稲田大学法学部卒業
平成18年　慶應義塾大学大学院法務研究科修了
平成19年　弁護士登録
平成26年　公益財団法人日本スポーツ仲裁機構（JSAA）理解増進事業専門員
平成27年　イタリア・ローマの法律事務所 Studio Legale Oliverio（isportlaw）にて実務研修（文部科学省委託事業）

慶應義塾大学大学院法務研究科非常勤講師「スポーツ法」（平成26年〜），「Sports Law and Dispute Resolution」（平成30年〜），國學院大学人間開発学部非常勤講師「スポーツと法」，「スポーツ行政論」（平成31年〜），日本スポーツ法学会事務局長・理事，公益財団法人日本スポーツ仲裁機構仲裁人・調停人候補者，日弁連業務改革委員会スポーツ・エンターテインメント法促進PT副座長，The Australian & New Zealand Sports Lawyers Association（ANZSLA）会員

〈主な著書等〉

『アンチ・ドーピングの手続とルール』（共著，商事法務，2021年）

『オリンピック・パラリンピックから考えるスポーツと法』（共著，有斐閣，2021年）

『標準テキスト　スポーツ法学（第3版）』（共著，エイデル研究所，2020年）

『スポーツの法律相談』（共著，青林書院，2017年）

ほか多数

宮田　義晃（みやた　よしあき）

京橋法律事務所　弁護士（第二東京弁護士会）

平成11年　東京大学経済学部経済学科卒業
平成13年　東京大学経済学部経営学科卒業
平成19年　慶應義塾大学大学院法務研究科修了
平成20年　弁護士登録

　第二東京弁護士会司法修習委員会委員長，第二東京弁護士会広報室嘱託，第二東京弁護士会スポーツ法政策研究会会員，日本スポーツ法学会会員，日本刑法学会会員，慶應義塾大学大学院法務研究科非常勤講師，日本弁護士連合会社会科見学担当弁護士

〈主な著書等〉
　『建築紛争における損害賠償算定基準』（共著，大成出版社，2020年）
　『スポーツ事故対策マニュアル』（共著，体育施設出版，2017年）
　『改訂増補　困ったときのくらしの法律知識　Q＆A』（共著，清文社，2015年）

　　　　　　　　　　　　　　　　　　　　　　　　　　　ほか多数

改訂 Q＆A
学校部活動・体育・スポーツの法律相談
―事故予防、施設管理、部活動・スポーツイベントの運営、
注意義務、監督者責任、部活指導員、地域移行―

2017年12月21日　初版発行
2025年3月28日　改訂版発行

著　者	白　井　久　明
	片　岡　理恵子
	高　松　政　裕
	宮　田　義　晃
発行者	和　田　　　裕

発行所　日本加除出版株式会社
本　　社　〒171-8516
　　　　　東京都豊島区南長崎3丁目16番6号

組版　㈱粕川印刷　印刷　㈱精興社　製本　牧製本印刷㈱

定価はカバー等に表示してあります。
落丁本・乱丁本は当社にてお取替えいたします。
お問合せの他、ご意見・感想等がございましたら、下記まで
お知らせください。

〒171-8516
東京都豊島区南長崎3丁目16番6号
日本加除出版株式会社　営業部
電話　　03-3953-5642
FAX　　03-3953-2061
e-mail　toiawase@kajo.co.jp
URL　　www.kajo.co.jp

【お問合せフォーム】

© H. Shirai, R. Kataoka, M. Takamatsu, Y. Miyata 2025
Printed in Japan
ISBN978-4-8178-4998-4

JCOPY　〈出版者著作権管理機構　委託出版物〉
本書を無断で複写複製（電子化を含む）することは、著作権法上の例外を除
き、禁じられています。複写される場合は、そのつど事前に出版者著作権管理
機構（JCOPY）の許諾を得てください。
また本書を代行業者等の第三者に依頼してスキャンやデジタル化することは、
たとえ個人や家庭内での利用であっても一切認められておりません。

〈JCOPY〉　ＨＰ：https://www.jcopy.or.jp，e-mail：info@jcopy.or.jp
　　　　　電話：03-5244-5088，FAX：03-5244-5089

実務 私立学校法

小國隆輔 著
2024年5月刊 A5判 720頁 定価8,800円(本体8,000円) 978-4-8178-4959-5

- 理事選任機関の構成・運営、評議員の選解任、役員等の兼職の制限、役員等の構成の要件、学校法人の意思決定・監査体制、理事・監事・評議員・理事会・評議員会の運営、決算スケジュール等、令和5年改正前後の実務を比較しながら詳説。学校法人寄附行為作成例の逐条解説も収録。

3訂 教職員のための学校の危機管理とクレーム対応
いじめ防止対策推進法といじめ対応を中心に

堀切忠和 著
2024年3月刊 A5判 232頁 定価2,420円(本体2,200円) 978-4-8178-4939-7

- 学校における危機管理のあり方や保護者対応につき、場合により判例を交えて問題点を挙げ、その具体策について解説。
- いじめ防止対策推進法の施行から10年以上が経過し、見えてきた運用上の問題や現場の悩みにこたえる3訂版。

学校と教師のための 労働相談Q&A41
スクールロイヤーと学ぶ学校の働き方

神内聡・小國隆輔・坂本順子 編著
2022年11月刊 A5判 228頁 定価2,970円(本体2,700円) 978-4-8178-4791-1

- 学校法務に携わるスクールロイヤーや教職員経験のある弁護士等の10人が、「法律家／教職員」両方の目線から答える労働相談。学校現場の労働問題に対して、予防・解決の手法と法的な助言をQA形式で解説。教師の労働問題として「労働時間」「部活動」を中心に様々な労働相談を収録。

第2版 学校内弁護士
学校現場のための教育紛争対策ガイドブック

神内聡 著
2019年8月刊 A5判 240頁 定価2,640円(本体2,400円) 978-4-8178-4581-8

- 学級担任を務める弁護士が教える、活きた教育紛争対策サポートブック。
- 学級担任・部活動顧問・学年主任等、現場の教員が直面するそれぞれの法的問題をはじめ、教育紛争の初期対応や保護者のクレーム対応等を類型化し、教育現場の実情を知る弁護士として法的予防策・解決策を提示。

日本加除出版

〒171-8516 東京都豊島区南長崎3丁目16番6号
営業部 TEL (03)3953-5642 FAX (03)3953-2061
www.kajo.co.jp